그림책 속으로

그림책 속으로

이상희

건가
미디어
협동조합

"여러분의 참여로 이 책이 태어납니다.
씨앗과 햇살이 되어주신 분들, 참 고맙습니다."

강충원 권성실 김매화 김미정 김민영 김새롬 김윤영
김정은 김정이 김정현 류지원 박남숙 박미진 박재원
박찬호 박향선 박혜경 박희숙 반민아 백재중 서정식
송영경 송현석 신동호 심재식 엄은희 오숙민 유상미
이기성 이산하 이상희 이석호 이선주 이정원 이하란
이혜경 정옥금 정일용 조영희 조원경 주영숙 최규진
최성미 허수지 황자혜 황하용 그림책도시 야진북스
어린이책예술센터 카코포니앙상블 항꾸네협동조합(51)

추천하는 글

인간을 인간답게 하는
생명의 언어들

류재수_그림책 작가

　시골 외진 곳에 살다보니 호젓한 일상이 자연스럽다가도 가끔은 적적할 때가 있다. 그럴 때면 오솔길 너머로 아련히 다가오는 우편배달 오토바이의 기계음도 정겹게 들린다.
　어느 날 두툼한 소포가 왔다. 곧 보낸다던 바로 그 이상희 님의 원고다. 동봉한 편집자의 편지 끝자락에 기운찬 필치의 "선생님, 평안하시고요." 한마디에 그만 헛웃음이 나왔고, 그동안 평안하던 나의 하루는 이내 긴장 속의 나날이 되어버렸다.
　낮에는 무더위와 씨름하며 시기를 놓치면 안 되는 밭일로 쩔쩔매야 하니 그나마 조금 선선해지는 밤마다 찬찬히 읽어 보기로 했다. 먼저 수록된 그림책 목록을 살펴보니 이미 익숙한 그림책 사이사이 처음 대하는 낯선 그림책이 더 많은 것 같아 머쓱해졌다. 아직도 갈 길이 멀구나 반성하면서 일단 이곳저곳 뒤져 해당 그림책들을 찾아내 옆에 쌓아놓고 친근한 책부터 님의 해설을 선생님 삼아 차근차근 감상하기 시작했다.

하루 이틀 지나면서 준엄한 담임선생님으로부터 독후감 숙제를 받은 소년 시절의 중압감은 어느새 소풍 가기 전날의 설렘으로 뒤바뀌었다.

그러다가 가슴이 저릿해지면서 짧은 한마디가 섬광처럼 스쳤는데 바로, '이 사람은 그림책을 진정으로 사랑하는구나!'였다. 동시에 '아, 얼마 만인가!' 하며, 자신을 향한 순간의 감격에 멋쩍어하면서 한동안 감상에 잠겼다.

나는 왜, 웬만하면 누구에게나 할 수 있고 또 아무나 할 수 있는 지극히 상식적이기도 한 이 한 마디가 그렇게 그리웠을까? 세상에 설명되지 않는 동기는 없다. 요즘의 우리 그림책 문화에 대해 할 말이 참 많지만, 여기는 내 이야기 하는 자리가 아니므로 그냥 넘어가기로 하자.

이 원고를 읽으면서 종종 지난날의 기억이 되살아나기도 했는데, 언젠가 '아는 것만큼 보인다.'는 말이 유행한 적이 있었다. 나는 당시 그 말에 별로 공감이 가지 않았고, 그보다는 '애정 어린 마음만큼 느낀다.'가 더욱 명징한 표현이라고 생각했다.

그림책은 결코 지식으로 이루어지는 세계가 아니라는, 어쩌면 당연한 정의를 이번에도 새삼 확인하였다. 님의 언어는 그림책에 대한 남다른 애정으로부터 우러나오는 한 마디 한 마디이기에 무심코 어떤 부분을 짚어 읽어 보아도 따뜻함이 배었다.

나아가 마치 자신의 새로운 창작품인 양 상상의 세계를 한껏 보태어도 자연스럽게 하나의 메시지로 융합되어 고개를 끄떡이게 한다.

예를 하나 들자면, 에즈라 잭 키츠 『눈 오는 날』의 한 장면에서 "피터는 아침을 먹는 둥 마는 둥 하고 제가 가진 옷 중에서 가장 따뜻하고 마음에 드는 모자 달린 빨간 외투와 빨간 바지를 입고 바깥으로 달려나간다."라고 부연한다. 물론 그림책 어디에도 이런 세세한 묘사는 없다.

그러나 한때 키츠에 심취한 적도 있어 그에 관한 한 속속들이 이해한다고 자부하던 나마저도 '그래, 맞아 그랬을 거야…' 하며 새로운 감흥에 무릎을 쳤다. 그림책 원작자 고유의 감수성과 해설자 나름 감수성의 경계가 의식되지 않는 절묘한 표현력은, 천사의 옷은 기운 흔적이 없다는 말처럼 참으로 멋지다.

그런가 하면 들쥐 시인 이야기『프레드릭』에서는 "홀로 있는 것을 두려워하지 않아야 하고, 홀로 하는 그 일이 마침내는 다른 이들과 함께 할 수 있는 것이라야 하지요."라고 스스로 다짐한다. 이는 님이 강건하고 거시적인 안목의 소유자임을 엿볼 수 있는 대목이다.

어느 날 밤, 여느 때처럼 잠시 마당에 나와 무심결에 환하게 빛나는 달을 올려보다가 불현듯 안데르센의『그림 없는 그림책』이 떠올랐다. 달이 온 세상을 비추며 보고 겪은 애환을 한 가난한 화가에게 들려준 단편 모음집인데, 밤마다 님의 여러 빛깔로 가득찬 따뜻한 이야기를 음미하다 보니 시골 화가인 내가 바로 그 동화 속 주인공이 된 듯했다.

순수, 고결, 존엄, 초월, 인격 등등… 이제는 한낱 부질없는 몸짓으로 전락해버린 언어들. 스스로 진취적인 세계관을 가졌다고 자부하는 독자라면 누구나, 이 책이 전하는 아름다운 메시지를 통해, 인간을 인간답게 하는 그 생명의 언어들이 저마다의 가슴 맨 밑에서 다시, 그리고 서서히 피어남을 경험할 것이다.

작가의 말

그림책에 매혹되었다고 해도 지나친 수다라는 부끄러움을
떨칠 수 없다.
모쪼록, 우연히 이 책을 읽은 무정(無情) 무료(無聊)한 얼굴들이
눈이 동그래진 채 그림책 서가로 다가가는 일이 생기길 바란다.

이 책의 처음과 끝 그 모두에 그득한 글벗 님들 도우심에
감사드린다.
원고를 요청하고 채근하고, 주저하는 마음을 다독여
마무리 짓게 해주었다.

2021년 8월 이상희

차례

추천하는 글 류재수 — 6

작가의 말 이상희 — 9

1부 │ 그림책 도서관 이야기

01 책 읽고 쓰고 배우며 노는 집을 위하여 『도산서원』 — 16
02 돌쇠의 새로운 세상 『책 빌리러 왔어요』 — 21
03 읽고, 읽고, 또 읽다 『책 씻는 날』 — 27
04 천국은 도서관 모양이리라 『모두가 책을 사랑한 세상』 — 33
05 도서관에서 산다면? 『도서관 생쥐』 — 38
06 폐하, 그 마음 저도 압니다 『샤를마뉴 대왕의 위대한 보물』 — 44
07 외로움과 허기, 그리고 책 『브루노를 위한 책』 — 51
08 '독자'의 행복한 결말 『책 읽는 두꺼비』 — 56
09 늑대 앞의 책 『난 무서운 늑대라구!』 — 61
10 나의 아름다운 도서관 『도서관이 키운 아이』 — 66
11 도서관에 사자가 온다면 『도서관에 간 사자』 — 72
12 도서관에 박쥐들이 간다면 『도서관에 간 박쥐』 — 78

| 2부 | 그림책·책·사람 |

01 이야기의 이야기를 만든 이야기 『이야기 귀신』 — 86
02 책의 꿈, 독자의 꿈 『내가 책이라면』 — 92
03 '에밀리 디킨슨'이라는 詩 『나의 삼촌 에밀리』 — 97
04 '책 읽는 시절'을 기다리며 『책 읽기 좋아하는 할머니』 — 104
05 공들여 마음 새겨 담은 책 『바람따라 꽃잎따라』 — 110
06 책이란 무엇인가 『책』 — 115
07 책, 나무에서 나무로 『책나무』 — 121
08 몽키처럼 당당하게 『그래, 책이야!』 — 126
09 책 읽어 주는 아이 『책 읽어 주는 고릴라』 — 132
10 사람 책·책 사람 『모리스 레스모어의 환상적인 날아다니는 책』 — 137
11 책에 바치는 작고 빨간 사랑 『작고 빨간 물고기』 — 143

3부 그림책 주인공 이야기

01 동그란 눈의 천진과 열정 『제랄다와 거인』 — 150

02 사랑스러운 책벌레 『도서관』 — 156

03 빨간 끈에 매혹된 영혼, 길 가던 사자 『빨간 끈으로 머리를 묶은 사자』 — 162

04 단 한 번 참다운 '나'로 사는 고양이 『100만 번 산 고양이』 — 168

05 꽃향기 속에 사는, 좀 다른 황소 『꽃을 좋아하는 소 페르디난드』 — 173

06 눈바람과 결연히 맞선 심부름 『용감한 아이린』 — 178

07 말과 마음이 하나인 친구를 찾아서 『행복한 사자』 — 184

08 콩, 콩, 콩, 가슴이 뛰는 이유 『사랑에 빠진 개구리』 — 189

09 '나'는 무엇이고 누구이며 무엇을 위해 태어났을까 『바바빠빠』 — 194

10 마음 먹고 뛰어 보자, 펄쩍! 『뛰어라 메뚜기』 — 200

11 우연히 필연코 피어나는 꽃 『신기한 주머니』 — 206

12 혼자서 내딛는 발자국, 곰돌이 비디의 가출 『아기 곰 비디』 — 212

4부 그림책으로 자라는 이야기

01 사랑의 또 한 편 절창 『수호의 하얀 말』 — 220

02 세상의 쓸모없는 것들에게 바치는 노래 『구룬파 유치원』 — 225

03 진정으로 자란다는 것 『꼬마 곰과 작은 배』 — 230

04 조용히 부지런히 아름다움에 몰두하기 『소피의 달빛 담요』 — 235

05 세 가지 소망 『미스 럼피우스』 — 241

06 아이들을 제대로 사랑한 어른 『검피 아저씨의 뱃놀이』 — 247

07 빈 손으로 외치는 행복 『행복한 한스』 — 253

08 들쥐 시인의 겨울 나기 『프레드릭』 — 259

09 미래에 대한 통쾌한 대답 『꼬마 부엉이는 무엇이 되었을까?』 — 264

10 잠옷 차림으로, 밤새워 이룬 약속 『크리스마스 선물』 — 269

11 하얗고 하얀 눈 나라 『눈 오는 날』 — 274

추천하는 글 김지은 — 280

엮은이의 글 조원경 — 285

1부 그림책 도서관 이야기

01
책 읽고 쓰고 배우며
노는 집을 위하여

『도산서원』
제소라 그림, 라현선 글, 초방책방

세상 모든 멋진 그림책을 한자리에 모은 그림책 도서관을 열어서, 온 사람이 함께 누리고 즐기며 그림책 연구도 하고 새로운 그림책도 만드는 놀이터 겸 일터를 꾸리고자 하루 하루가 숨찹니다. 몸 고달프고 마음 다칠 때마다 새삼 힘 북돋워 줄 그림책을 찾아 펴들곤 하지요.

'자연을 벗 삼아 한가로이 공부하며 스스로 사람을 이루라'는 퇴계 정신이 고스란히 구현된 도산의 서원을, 오로지 건축물 그림으로 보여 주는 『도산서원』도 그 가운데 하나입니다. 그림책 도서관을 어떤 정신으로 어떤 곳에 어떤 모양으로 지을 것인가를 논의할 때도, 공공 건축 최저입찰가 현실에 주눅 들 때도, 든든한 지침이 되어 줍니다.

> 도산 남쪽 조그마한 산골짜기에 아늑하면서도 앞으로는 멀리 트여
> 강과 들이 내려다 보이는 곳이 있습니다. 숲이 고요하면서도
> 나무와 풀이 무성하고 바위 틈의 돌샘물이 달고 차가와 수양하기 좋은
> 곳이라 하시며
> 퇴계 선생님께서 도산서당을 지으셨습니다.

담백하고 정갈한 글과 함께 펼쳐지는 이 첫 장면은 글에 꼭 어울리는 순정한 그림으로 도산서원 전면을 보여 줍니다. 아름다운 건축물과 그에 깃든 뜻에 집중하려는 기획 의도에 따라 서원을 둘러싼 자연경관은 철저히 배제되었으리라 짐작하면서도 얼마쯤은 아쉽습니다.

'…어찌 알았으랴. / 백 년토록 숨어 닦을 터가 / 평생토록 나물 캐고 고기 낚던 / 바로 그 곁에 있을 줄이야…'(「도산에 가보고 읊은 시」 중)라고 노래했을 만큼, 퇴계 선생이 이 서원을 지은 데에는 지금의 경북 안

동시 도산면 토계리 680번지 집터와 자연 경관에 매료된 이유가 컸으 니까요.

1561년 11월 환갑에 완공된 이곳에서 선생은 마음 닦고 책 읽고 글 쓰고 가르치다 세상을 떠났지요. 계상서당이 너무 좁아서 공부하고 머물기가 불편했던 벗들과 후배 제자들이 처음 도산으로 터를 정하고 서당을 짓겠다고 나섰을 때, 검박한 유학자 퇴계 선생은 거듭 고개를 저었더랍니다.

그러던 어느 날 몸소 도산에 나가보고서는 뒤로 산을 등진 채 앞으로는 멀리 강물을 굽어보며 넓은 들을 이루고 있는 그 경관에 더없이 마음이 끌렸지요. 그러한 도산의 자연 풍경을, 이 그림책에서는 독자가 상상하는 수밖에 없습니다. 덕분에 '도산서원 답사'를 유도하는 책이 되었어요.

이즈음 읽은 멋진 책들을 통해 새삼 깨닫는 것 또한, 좋은 책은 마지막 페이지를 덮고 나서 바깥으로 자연으로 나가게 이끈다는 사실입니다. 그림책 글은 계단식으로 배치된 도산서원 곳곳을 차근차근 돌아보게 합니다. 글 자리에 조그맣게 그려진 쪽 그림으로 중요한 부분을 놓치지 않게끔 안내하면서요. 입구는 유정문, 첫걸음부터 곧고 바르게 공부하라는 뜻이 담긴 이 문을 통해 도산서당으로 들어갑니다.

도산서당입니다. 디딤돌과 밑돌 위에 앉아 있는 서당 안으로 햇볕이 가득히 모였습니다. 서쪽에 작은 부엌, 중앙에는 글 읽는 방 완락재, 그리고 동쪽에는 새 기운을 얻는 마루 암서헌이 있습니다. 퇴계 선생님께서 쓰신

현판에는 도산의 모양도 담겨있습니다.

글과 그림 모두 서당 곳곳을 더듬는 품새가 각별히 경건합니다. 그림책을 만드느라 거듭 현장답사 다니고 자료를 읽다 보면 주인공을 더욱 깊이 흠모하게 되는 법, 그러한 작가들 마음이 짚입니다. 독자도 꼭 그런 마음인 채 '동쪽 마루 암서헌에 앉아 바라보는 정우당' 장면에 몸을 앉혀 봅니다. 그러다 '…더러운 진흙에 뿌리를 두지만 아름다운 꽃을 피우며 물을 맑게 하는 연꽃을 맑은 친구라 부르셨지요…'라는 글과는 달리, 그림 속 연못이 연꽃 한 송이 없이 텅 빈 것을 깨닫고 어리둥절해집니다.

하지만 곧 그림책 전체에서 유일하게 등장하는 이 장면의 산수자연 즉 매화나무 가지들이 잎새 없이 꽃만 보스스한 것이 눈에 들어옵니다. 매화꽃 피는 이른 봄, 그러한 시간 배경에 따라 연못이 이처럼 정갈하게 비워졌구나… 고개를 끄덕이게 되지요. 이 매화나무는 퇴계 선생이 형이라 부르며 사랑했던 나무, 세상 떠나는 날 아침에도 조카를 시켜 화분에 물을 주게 했던 그 나무였지요.

암서헌과 하나로 터서 제자들이 한꺼번에 모여앉아 선생의 강론을 듣게끔 마련된 완락재 드넓은 강당의 다음 장면은 뒤뜰을 거닐며 바라지창 통해 내다보이는 토담입니다. 흡사 인물이 등장하지 않은 연극 무대 세트처럼 비워진 이 그림에서 정말 '끊어 쌓은 담 사이로 냇물 소리와 새 소리가 들려'오는 듯합니다. 제자들의 기숙사 격인 농운정사 그림에서는 '글 읽는 소리와 책장 넘기는 소리'가 들리고요.

'참된 공부의 길은 뒤로 물러서지 않고 끝까지 나아가는 것'이라는 뜻을 담은 진도문을 통해 퇴계 선생이 돌아가신 뒤에 증축된 전교당으로 올라갑니다. 이 진도문 양옆에 놓인 높다란 건물 두 채가 도서관 격인 서고(書庫) 광명실! 선비들은 이곳을 드나들며 책을 찾아 읽고 읽고 또 읽었겠지요. 다시 이곳을 가게 되면 바로 이 광명실과 전교당 뒤편 장판각에 들어가 보리라는 것이 제 소망 가운데 하나입니다. 선생의 신위를 모신 사당 상덕사 앞에서도 걸음 멈추고 향 피워 절하고 싶습니다.

선생이 모은 책의 집에서 기운을 얻고, 끊임없이 공부하며 마음 닦았던 이의 자취를 더듬고 싶습니다. 서원의 살림집 고직사까지 둘러보고 층층이 이어진 담장을 따라 내려오는 길을 보여 준 다음, 작은 쪽문으로 나오게끔 인도하는 이 그림책에는 기획하고 쓰고 그리고 디자인한 이들이 한 마음으로 동의하고 흠모한 주인공이 생생합니다. 영정 한 점 없이 말이지요. 시끌벅적 현란하기 쉬운 그림책 서가에서 고즈넉한 향내가 은은히 아름다운 책입니다.

02
돌쇠의 새로운 세상

『책 빌리러 왔어요』
정승희 그림, 오진원 글, 웅진주니어

이따금 지갑에 꽂힌 도서 대출증들을 책상 위에 쭉 늘어놓아 보곤 합니다. 그러고 있으면 어깨가 쭉 펴지거든요. 어떤 식의 가난이든, 한순간에 싹 잊게 됩니다. 언제든 책을 빌릴 수 있다니, 그저 한없이 마음 든든하고 넉넉해지는 거지요. 처음으로 도서 대출증을 갖게 된 것은 중학교에 들어가서였지 싶습니다. 초등학생 때 학교 도서실에서 책을 빌린 기억이 없는 걸 보면, 아마도 관외 대출을 할 수 없을 만큼 장서가 빈약했던 모양이에요.

어쨌든, 그날 이후 지금껏 내 생의 일부는 수없이 새로운 대출증을 만들고 만들며 대출과 반납을 거듭하는 데 쓴다는 생각이 듭니다. 서가를 누비며 너무 많이 고른 책들을 대출대 앞에서 덜어내느라 번번이 쩔쩔매고, 반납 날짜에 대느라 헐레벌떡 도서관으로 달려가던 시간들 말이지요.

언젠가 내게도 한가한 날이 오면 서랍 깊숙이 간직된 대출증들을 모티프로 수제본 북아트 책을 만들어 볼 생각입니다. 그 또한 내가 좋아하는 이야기인 '책·그림·이야기 책'이 되겠지요?

『책 빌리러 왔어요』는 조선 시대 아이를 통해 당시의 수도 한성에만 있었다는 책 대여점 '세책점'의 이모저모를 생생하게 보여 주는 그림책입니다. 나무꾼 아이 돌쇠는 나무를 팔러 장에 나왔다가 당시 전기수로 불리던 거리의 이야기꾼이 홍길동전을 구연하는 이야기 판에 끼게 됩니다. 도서관이라는 것은 궁궐에나 있던 시절, 책 구경 한번 제대로 못 해본 돌쇠는 자기 마음대로 분신을 만들어 내고, 혼자 힘으로 군대를 물리치며, 옳지 않게 치부한 양반네 곳간을 털어 가난한 백성을 돌보는 의적 홍길동 이야기에 푹 빠지지요.

어느새 홍길동 이야기가 끝나버리자 돌쇠는 미처 못 들었던 대목을 다시 듣고 싶다고 전기수를 졸라봅니다. 그러나, 정 궁금하면 세책점에 가서 『홍길동전』을 빌려보라는 가혹한 대답만 돌아오지요. 하지만 그 대답을 귀담아 들은 덕분에 돌쇠 인생의 새로운 국면이 펼쳐집니다. 정말 세책점을 찾아간 돌쇠는 대문에 뭔가 붙어 있는 것을 보고 애써 흥분을 가라앉힙니다.

돌쇠는 한글을 어지간히 읽을 줄 압니다. 세책점 대문에 붙어 있는 것이 이른바 세책 목록이고, 그걸 보아하니 이야기책이라는 게 『홍길동전』뿐이 아님도 깨닫습니다. 그래도 돌쇠는 조금 전에 들은 '홍길동 이야기'가 정말 세책점에 있는지, 그것만이 궁금할 따름입니다. 돌쇠는 오직 『홍길동전』 생각만 하며, 자기도 모르게 세책점 안으로 들어섭니다. 그러다 사방이 책으로 빼곡한 세상을 맞닥뜨리게 되지요.

그러나 그 신세계로 발을 들이려면 적잖은 비용을 치러야 합니다. 『홍길동전』을 보려면 놋그릇 같은 담보도 걸어야 하고, 책 빌려보는 값 2전도 내야 한다는 세책점 주인 말에 돌쇠는 통사정을 하지요.

"담보로 맡길 물건은 없습니다. 대신 제가 앞으로
닷새 동안 나무를 해다 드릴게요.. 닷새째 되는 날에
책을 빌려주세요."

세책점 주인 역시 어떤 식으로든 책에 매혹된 영혼이어서, 돌쇠의 안달을 이해합니다. 돌쇠의 청을 받아들일 뿐 아니라, 사흘 꼬박 나뭇짐을 해 나르는 돌쇠의 진정성을 높이 사서 닷새로 약정된 노역의 이틀을 감해 줍니다. 게다가 세책점 심부름꾼 일자리까지 제안하지요. 일을 열심히 하면 책도 거저 빌려주겠다면서요!

청소를 하는 돌쇠 얼굴에 싱글벙글 웃음이 떠나질 않아.
세책점을 이렇게 돌아다닐 수 있다니 꿈만 같았거든.

이제 돌쇠는 본격적으로 책의 세계에 진입하게 됩니다. 청소와 잔심부름을 넘어 세책점 한쪽에 자리 잡은 필사장이들의 작업을 거들고 배우지요. 2009년 국립중앙박물관에서 열렸던 '한글 옛 소설' 전시회를 관람한 이후 저는 이 생면부지의 필사장이들에게 깊은 친밀감을 품었습니다. 이 그림책 뒤에 붙은 정보글 '한 걸음 더'에 나오는 대로 '글씨를 잘 못 썼다고 흉보지 말고 재미있게 읽으라'는 식의 다채로운 필사 후기도 정겹거니와, 책 넘기는 자리의 글이 독자들의 손길에 지워지는 것을 염려해 오른쪽 맨 첫줄 맨 끝 글자 자리를 비워놓고 필사한 실물을 보면 그들의 체온이 생생하게 느껴진답니다.

돌쇠는 베껴 쓸 글을 필사장이한테 불러 주는 한편 다 베껴 쓴 책장에 들기름 칠하기, 순서대로 차곡차곡 정리하기, 표지 만들어 덮고 엮어 실로 묶기, 책 틀에 넣어 누르기 등 온갖 제책 공정을 경험하게 됩니다. 주인 아저씨의 심부름으로 '세책'의 본산지 격인 대형 세책점에 가서는 세책이 생산되고 유통되는 과정 또한 어렴풋이 꿰어 볼 수 있게 되지요.

사직동 세책점에 도착한 돌쇠는 눈이 휘둥그레졌어.
세책점 크기도 엄청나고, 책도 엄청나.
이 세상의 책이란 책은 다 있는 것만 같아.
주인 아저씨가 때때로 이곳에서 책을 빌려다가 베껴서
책을 만든다는 말이 실감이 났어.

주인 아저씨의 견습 직원 훈련은 계속됩니다. 돌쇠에게 세책점의 서가 정리를 시켜놓고 외출한 거지요. 잠시 동안이나마 혼자서 세책점을 떠맡은 돌쇠는 서가를 정리하다가 눈이 번쩍 뜨이는 책을 발견합니다. 자기를 그리로 끌어들였으나 책무에 쫓겨 까맣게 잊었던, 그토록 읽고 싶던 『홍길동전』을 맞닥뜨린 겁니다. 당연히 돌쇠는 정신없이 책 읽기에 빠지고 말지요.

이 장면에서 저는 잠깐 큭큭대며 웃었습니다. 어릴 적, 낡은 책 창고를 겸한 다락의 책 정리 담당으로 뽑혀 오빠들 어깨를 딛고 올라가서는 온종일 내내 거기 있는 언니 오빠들의 국어 책 읽기에 빠지곤 했던 제 모습을 떠올리면서요. 돌쇠를 홍길동의 세계에서 깨어나게 한 것은 당시 세책점의 주요 고객이던 아씨 마님들이었습니다. 돌쇠는 느닷없이 하녀를 대동한 세책 손님까지 상대하게 되었지요.

휴! 다행이야.
손님이 찾는 춘향전은 아까 책들을 살필 때
눈여겨봐 뒀거든.
손님한테 담보로 놋그릇을 받고 세책 장부에다
기록을 하고는 춘향전을 가져다줬지.
어느새 조마조마하던 마음은 간데없고,
제대로 해냈다는 생각에 마음이 뿌듯해졌어.

돌쇠의 행운은 계속됩니다. 일을 끝내고 돌아가려는데 주인 아저씨가 『홍길동전』을 빌려주겠다며 인정을 베푸는 겁니다. 하지만 벌써 『홍길동전』을 독파한 돌쇠는 『전우치전』을 집어 들지요. 그건 일하면서 벌써 다 읽었다고, 고백하면서요.

> 돌쇠는 담뱃대를 휘두르는 세책점 주인을 피해 얼른 달려 나가.
> 돌쇠의 뒷모습을 보는 세책점 주인의 얼굴에도 미소가 번져.
> 몰래 읽은 건 괘씸하지만,
> 이렇게 책을 좋아하는 독자가 생겼으니 말이야.

돌쇠는 세책점의 책들을 읽고, 읽고, 또 읽었겠지요. 그러고는 마침내 필사장이가 되었거나 또 다른 세책점 주인이 되었겠지요. 그래서 세책점 주인과 거기서 만난 필사장이들처럼 책에 매혹된 또 다른 아이를 격려하고 지원해 주었겠지요.

『책 빌리러 왔어요』 덕분에 예전에 내게 책을 빌려준 도서관들과 지금 빌려주는 도서관들, 등하굣길에 드나들던 서점들이 마구 떠오릅니다. 다정히 반겨주던 사서 선생님들과 틀림없이 작가가 될 거라고 어깨 두드려 주던 서점 아주머니 아저씨들도 떠오르고요. 그리고 얼마 전, 작가 지망생이라며 내가 지킴이하는 날 일부러 그림책버스에 찾아왔던 아이도 떠오릅니다.

03

읽고, 읽고,
또 읽다

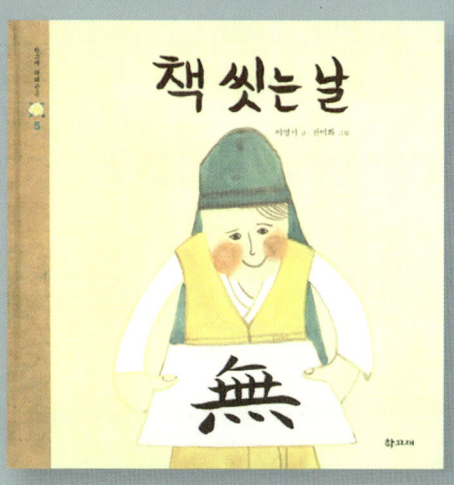

『책 씻는 날』
전미화 그림, 이영서 글, 학고재

도서관의 어린이 자료실 서가, 특히 자연과학 책 서가를 들여다볼 때면 부러움에 겨워 한숨이 나오곤 합니다. '나 어릴 적에도 이처럼 자연과학 정보를 맛나게 요리한 책들이 있었더라면!' 하는 안타까움에서입니다. 늦둥이 막내를 위한 어린이 책이 변변찮았던 탓에 언니 오빠들의 국어 교과서까지 뒤지며 이야기 글을 탐했지만, '산수'니 '자연'이니 하는 쪽 책들은 끔찍한 물건 그 자체였으니까요.

도무지 뭐가 어쨌다는 얘긴지도 알 수 없었거니와, 뜻 모를 공식과 명제가 돌출하는 것도 영 재미가 없었지요. 그런 공부 또한 삼라만상과 세상을 이해하는 길이 된다는 걸 알았더라면, 그래서 꿋꿋이 읽고 읽고 또 읽어 나갔더라면, 지금의 나는 좀 더 풍부한 인간이 되지 않았을까요. 어쨌든 아이들 눈높이와 흥미에 맞춰 요렇게도 꿰어 보여 주고 조렇게도 엮어 조근조근 풀어 보여 주는 이즈음의 책들이 고맙습니다.

『책 씻는 날』의 어린 주인공 몽담이가 읽고 익혀야 했던 책은 필자의 어릴 적과도 비할 바 없이 심란한 것이었겠지요. 우리말도 아닌 한문으로, 세상과 인생의 이치를 궁구하며 깨쳐야 했으니 말이지요. 몽담이는 더구나 또래에 비해 표나게 늦된 아이입니다. 그 날도 서당 공부를 끝내고 밭 갈아 씨 뿌리는 봄들을 지나 집으로 가는 길인데, 몽담이는 '저 잣거리 책방에서 글 읽기에 빠져 있으니…' 오늘 배운 문장을 못다 외운 채 앞 대목만 되풀이하느라 나귀 등에서 안절부절 끙끙댑니다.

그러다 또 떨어질라, 도련님을 걱정하던 머슴 한섬이는 고삐를 늦춘 채 뒤돌아서며 나머지 대목을 외워 줍니다. "'한 번 읽기만 하면 주머니에 간직한 듯 잊지 않는구나.'" 하필 그 문장의 내용은 중국의 선비 왕충이 책 한 권 살 수 없이 가난하던 어린 시절, 책점에서 책을 통째로 외웠을 정도로 총명했다는 얘기입니다. 수백 번을 읽어도 글이 술술 새어 버리는 몽담이에게는 그 내용부터가 가혹했겠습니다.

　씨 뿌리던 밭에 수박이며 참외가 영글고 논에도 파릇파릇 모가 자라는 여름날 하교 길을 보여 주는 다음 장면, 장대로 밤을 터는 가을날의 마당을 보여 주는 그 다음 장면에서도 몽담이는 여전히 「백이전」의 그 문장 하나를 못다 외워 끙끙거리고 있습니다. 봄이 가고, 여름이 오고 또 가고, 가을이 오도록 말이지요.

　누가 봐도 안쓰럽고 답답한 노릇이 아닐 수 없습니다. 집안 어른들 또한 이런 몽담이가 걱정스럽지 않을 리 없습니다. 하루는, 아마도 훈장님과 가까이 지내는 듯한 외삼촌이 집에 들러 몽담이 걱정을 합니다.

"제 평생 몽담이처럼 둔한 아이는 처음 봅니다."
아버지는 외숙의 얘기를 듣고만 있었어요.
"백 번, 천 번을 읽어도 뜻을 깨치기는커녕
첫 구절조차 외지 못해요. 몽담이 글 읽는 소리에
따라다니는 종놈조차 그것을 욀 지경인데
바보가 아니고서야…쯧쯧."

　사랑채 문 밖에서 몽담이가 인사드리려 들어오는 참인 줄도 모르고, 외삼촌은 말이 나온 김에 내처 모질게 쐐기를 박습니다. 글공부할 머리를 못 타고 났으니, 차라리 활쏘기와 말타기를 가르치라고요.

　그러자 조용히 듣고 있던 아버지마저 마침내 대답하길, 외삼촌 말이 틀리지 않다고 동의합니다. 아버지도 자기를 바보로 여기는 모양이라고, 낙담한 몽담이는 그만 댓돌을 되돌아 내려가 마당에 주저앉고 맙니다.

"하지만…, 나는 말일세. 저 아이가 저리 둔하면서도
공부를 포기하지 않으니 그것이 오히려 대견스럽네.
우리 집에서 저 아이의 글 읽는 소리가 끊이는 걸 본 적이 있나?
큰 그릇을 만들려면 오랫동안 공을 들여야 하지."

이어지는 아버지의 말씀은 다행스러웠지만, 그래서 더욱 몽담이는 자신의 처지가 서럽게 여겨집니다. 숨죽여 우는 소리에 놀란 어른들이 나오고, 노자의 도덕경 구절로 병풍을 두른 사랑채에서 아버지와 단둘이 마주 앉은 몽담이는 하소연합니다. 백 번 천 번을 읽어도 글이 깨쳐지지 않으니 외삼촌 말대로 자기는 바보천치인 모양이라고, 길에서도 밥상 앞에서도 잠자리에서도 책을 놓은 적이 없는데, 좀처럼 글이 익혀지지 않는다고 말이지요.

아버지는 몽담이가 태어날 무렵 노자(老子)를 만나는 꿈을 꾸었던 일이며, 그 꿈을 좇아 몽담이 이름을 지은 일을 얘기합니다. 그리고 참된 스승이자 아비로서, 자식에 대한 지극한 믿음을 내보입니다.

"너는 학문으로 세상에 이름을 떨칠 게야.
아비는 한 번도 그것을 의심한 적이 없어."
몽담이의 눈가에 고였던 눈물이 책상 위로 툭 떨어졌어요.
"백 번 천 번을 읽어도 깨치지 못하면 어쩌겠느냐?"
몽담이는 눈물을 닦고 대답했어요.
"만 번을 읽겠습니다."
"그래도 깨치지 못하면?"
"억 번을 읽겠습니다."

몽담이는 힘 주어 대답했어요.
"그렇지. 그렇게 부지런히 익힐 수 있겠느냐?"
아버지는 몽담이와 눈을 맞추었어요.
"예, 깨칠 때까지 읽고 또 읽겠습니다."

그것은 바로 부자가 마주 앉은 사랑방의 병풍 글, 노자 『도덕경』 가운데 '나에게 세 가지 보배가 있으니, 간직하여 보존하고 있다. 첫째는 자애이고 둘째는 검약이며 셋째는 감히 천하에서 앞서지 않는 것이다. 자애로우므로 용감할 수 있고, 검약하므로 널리 베풀 수 있으며, 감히 천하에 앞서지 않으므로 천하의 으뜸이 될 수 있다.'에 흐르는 뜻과 다르지 않은 진리이자 대의입니다.

달 뜨고 해 지고 새싹 돋고 꽃 피고 지고 눈 서리 내리는 시간이 거듭 지나도록 몽담이는 아버지께 약속드린 대로 책을 읽고, 또 읽고, 또 읽습니다. 그리하여 마침내 『천자문』을 떼어 '책씻이' 날을 맞지요.

동기들이 여러 차례 책씻이를 하고 새 책을 읽어내는 동안 홀로 뒤처졌던 몽담이가 구경꾼들에게 둘러싸인 채 훈장님께 시험을 치릅니다. "『천자문』 중에서 친구와의 사귐에 대한 글을 외워 보거라." 몽담이는 머릿속이 텅 비는 듯한 곤경을 간신히 이겨내고, 천자문의 첫 구절부터 한 자 한 자 더듬어 '교우투분 절마잠규(交友投分切磨箴規) 친구를 사귀어 뜻을 함께 나누고, 서로 열심히 닦고 배워서 사람의 도리를 지켜야 한다'를 떠올립니다.

몽담이는 물론, 구경하던 이들 모두가 안도의 한숨을 내쉬는데, 그러나 훈장님의 말씀이 뜻밖입니다. 이번에도 몽담이는 책씻이를 못하겠다는 겁니다. '책씻이'란 다 배운 책을 깨끗하게 손질해 글공부하는 동생들에게 물려주는 의식인데, 몽담이의 책은 낡고 해어진 채 밑줄마저 수없이 그어져 있으니 물려줄 수가 없겠다는 얘기지요.

 게다가 훈장님은 책 떼는 아이마다 앞으로 글공부를 해 나가는 데 지침 삼아 주는 글자로, 몽담에게는 없을 '無'자를 줍니다. '내가 아무것도 모르는 무식쟁이라는 뜻인가보다.' 지레짐작한 몽담이는 울음이 터질 지경인데 훈장님 말씀으로 또다시 상황은 반전됩니다.

 "오늘 몽담이의 책을 보니 난 비로소 부지런할 '근(勤)'자의 의미를 알겠구나.
 배움은 그 시작도 마침도 모두 부지런함이다.
 몽담이는 그것을 잘 아는구나. 난 몽담이에게 더 당부할 것이 없다."

 게다가 이 훌륭한 훈장님이 덧붙이기를, 맹자가 천하의 영재를 얻어 가르치는 것이 군자의 즐거움이라고 했지만 부지런한 몽담이를 가르침이 천하의 영재를 얻는 것보다 더 즐겁다는 거예요. 이제 몽담이가 그토록 소원하던 책씻이 잔치상을 받습니다. 길게 배움을 이으라는 뜻을 담은 국수, 머릿속을 배움으로 꽉 채우라는 뜻을 담은 송편, 학문으로 해처럼 세상을 비추기를 바라는 뜻을 담은 둥근 경단이 차려졌습니다.
 조선 중기의 뛰어난 시인 김득신의 어릴 적 일화입니다. 작가 상상력으로 재구성한 이 이야기를, 아둔함에도 배움에 정성스런 주인공 캐릭터와 두 손바닥 합쳐지듯 잘 맞는 그림과 함께 읽고 읽고 또 읽었습니다. 이즈음 우리의 책 읽기와 배우고 익히는 모습을 돌이켜 보며, '읽고 읽고 또 읽어서 깨치기'라는 순정한 방식이 참으로 아름답습니다.

04

천국은
도서관 모양이리라

『모두가 책을 사랑한 세상』
스티븐 팔라토 지음, 신윤조 옮김, 마루벌

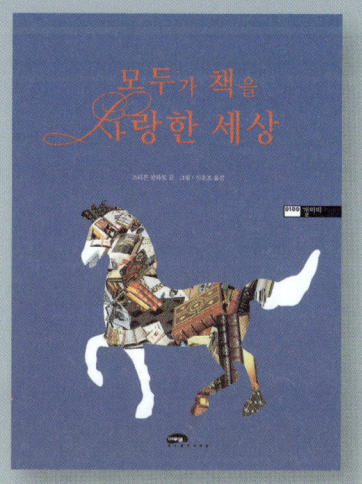

거대 도시 서울의 중간 크기 구(區)만 한 지방으로 삶터를 옮기면서, 가장 먼저 느꼈던 차이는 보통 사람들이 '책'을 대하는 태도였습니다. 한 해 걸러 이사 다닐 때마다 '책방 하다가 망했나 보네. 우리 같은 사람들은 책 안 키워요, 이게 이사할 때엔 돌덩어리나 마찬가지거든요!' 하고 함부로 내던지다시피 빈정거리고 투덜대던 서울의 이삿짐 센터 아저씨들과는 달리, 우리 집 살림의 절반쯤 되는 책 박스들을 조금도 홀대하지 않았으니까요.

대도시 일꾼들에 비해 확실히 일 처리가 재바르다고, 미끈하다고 말할 수 없는 그 아저씨들은, 그 무거운 책 짐들을 오히려 얼마간 달리 취급하는 눈치였습니다. 무엇보다도 '책을 가진 사람들'에 대한 호감이랄까 경외감 같은 것을 슬쩍 내비치곤 했지요. '어휴, 이 책들을 어떻게 다 읽으십까? 대단하시네요.' 하고 말이지요. 그런 분들이니만큼 일을 끝내고 돌아갈 때가 되면 자연스레 책 선물을 안겨 드렸고, 지나칠 정도의 감사를 답례 받으며 근사한 기분을 누렸더랬습니다.

어느새 여러 해 흘렀습니다. 이런 지방에서 살자면 시시때때 급히 참고해야 할 책을 서점이나 도서관 어디에서도 구할 수 없습니다. 꼭 봐야 할 영화나 공연은 아예 들어오지도 않는 문화적 공황 상태를 견뎌야 합니다. 이런 현실에 넌더리를 내면서도, 그날, 마침내 '모두가 책을 사랑하는 세상'에 도착한 듯한 그 이삿날의 흐뭇함을 지금껏 잊지 못합니다.

잊다니, 사실 나 같은 탐서가는 그런 장면을 세상의 그 어떤 풍경보다 애지중지하며 기억 앨범에 모아두곤 하는 편입니다. 지난해 이른 봄밤에 맞닥뜨렸던 황홀한 광경도 그 중 하나랄까요. 그 날 안으로 급히 봐야 할 자료를 낮에는 좀처럼 보러 갈 짬이 안 나서 야간에 이용하겠다고 인터넷으로 신청해 놓고 꽤 쌀쌀한 밤길을 뛰어 국립도서관의 야간 열람실에 들어섰을 때였습니다.

정말이지 '천국은 도서관 모양'이라 했던 어느 시인의 말이 지금 내 눈앞에 구현되었구나, 싶었습니다. 그 깊은 밤, 2층 높이는 족히 될 듯이 툭 트인 천장 아래 웬만한 빌딩 한 층을 다 터놓은 듯 광활한 열람실 곳곳에서 시간을 잊은 듯 저마다 묵묵히 책 읽기에 푹 빠진 사람들….

그들이야말로 나와 같은 태생의 동족이고, 바로 거기가 내가 바라는 세상이란 생각마저 들었습니다. 책에 의한, 책을 위한, 책의 삶을 사는 이들로서의 동족. 그리하여 온몸의 체세포 하나하나와 뇌와 심장에서 뛰는 피톨 하나하나에까지 문장이 아로새겨진 동족들이 사는 세계 말입니다. 거기 어딘가에는 틀림없이 '오로지 책 읽기만을 즐거움으로 여겨 춥거나 병들거나 주리는 것을 몰랐던' 이덕무 같은 간서치나 '이 인간 여행에서 발견했던 책들이 내게는 최상의 양식'이라 말했던 몽테뉴의 영혼도 앉아 있으리라 믿어지는 것입니다.

그 '모두가 책을 사랑한(하는) 세상'을, 미국 작가 스티븐 팔라토는 훨씬 즉물적으로 그려내고 있습니다. 사람들은 물론 동물들도 책 읽기를 좋아하는 그 세상에서는 책을 읽은 존재들이 깊이깊이 그 내용에 감동하고 감응되어 원래 모습마저 기꺼이 바꿉니다.

꽃에 대한 책을 읽은 남자는 꽃으로 가득 차게 되고, 곤충과 벌레에 대한 책을 읽은 남자는 온갖 쐐기벌레와 풍뎅이와 개미로 가득 찹니다. 거북이에 대한 책을 읽은 토끼는 솜뭉치 꼬리까지 거북이 지느러미로 채워진 철저한 거북이가 되고, 생쥐와 들쥐와 햄스터 같은 쥐목 동물에 대한 책을 읽은 고양이는 머리부터 꼬리 끝까지 이런저런 쥐들로 채워집니다. 쥐의 속성까지 갖춰, 세상의 온갖 이야기를 물어오지요.

천사에 대한 책을 읽은 여자는
　　천사가 되었습니다.

어떤 존재들은 읽은 책 내용 그대로를 온몸에 담은 것에서 한 단계 더 나아가, 좀 더 역동적인 변이를 경험하기도 합니다.

　　천둥 번개 치는 날
　　새에 대한 책을 읽은 여자는
　　폭풍우 속을 날아가는
　　새가
　　되었습니다.

　코뿔소는 나비와 애벌레에 대한 책을 읽고 온몸 가득 나비 날개가 돋아나 자신의 아름다움을 자랑할 줄 알게 되고, 수말은 자신과 너무나도 다른 뱀과 도마뱀에 대한 책을 빌려 읽고는 속속들이 뱀과 도마뱀으로 가득 차게 되지요. 땅을 박차고 허공을 날듯이 달리던 기억을 간직한 채 기어다니는 존재들로 이루어진 몸을 움직이게 된 거지요.
　암말은 물고기에 대한 책을 재미있게 읽고 나서 친구에게 똑같은 책을 선물합니다. 그러고는 친구한테 답례로 선물 받은 토끼와 다람쥐에 대한 책을 읽고, 그 조그맣게 고물거리는 존재들의 이야기에 매혹되어 점점 책 읽기에 빠져들지요. 마침내 도서관에서 국기가 나오는 책을 빌려 읽고는 갈기 대신 국기를 휘날리며 내달립니다.

　　책을 읽은 암말은 자부심으로 가득 차

처음 보는 사람에게도 손을 흔들었습니다.

그러고는, 아마도 그 책이 너무도 마음에 든 나머지 어딜 가든지 꿰어차고 다니다가, "도서관에 책을 하루 늦게 반납하여 벌금을 내야 했습니다."

작가는 최대한 짧은 글로 '책을 사랑한 존재'들을 하나씩 늘어놓고, 르네상스 시대의 이탈리아 화가 주세페 아르침볼도 작품을 패러디한 그림으로 변화된 존재들을 보여줍니다. 그러나, 이를테면 아르침볼도가 크고 작은 가죽 장정의 책들과 책 속에서 흘러나온 가름끈과 책 터는 먼지털이 등으로 사서의 이미지를 묘사했던 방식과는 다르게, 팔라토는 원래 존재의 외형은 고수한 채 그 책의 주제와 소재를 안쪽에 빼곡히 채우는 방식을 구사합니다.

그것은 독자가 흔히 겪는 '동일시 경험'을 상징하는 이미지, 유쾌하거나 불쾌하거나 행복하거나 아픈 상태를 투시한, 독서 이후의 우리 내면 모습일 테지요. 아직 그 같은 복잡한 경험을 맛보지 못한 어린이 독자 입장에서는 마냥 신기하고 재미나게 여겨지는 이미지일 테고요. 결국 팔라토가 그려낸 '모두가 책을 사랑한 세상'은, 존재를 변화시킬 만한 완벽한 책들과 그 책들에 의해 독자가 새로운 존재성과 삶을 자유자재로 경험하는 세상인 듯합니다.

책다운 책의 진품이 그득한 세상… 그래서 그 책들을 읽은 독자가 마음껏 순정한 변화를 체험하는 세상은 모두가 책을 '사랑할 만한' 세상이라 할 수 있겠지요.

05
도서관에서
산다면?

『도서관 생쥐』
다니엘 커크 지음, 신유선 옮김, 푸른날개

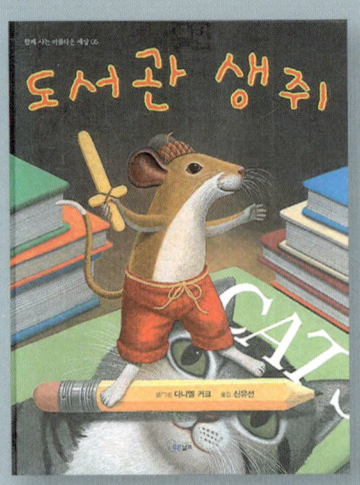

도서관 사서가 되고 싶었던 어릴 적 소망을 곰곰 돌이켜보면 '도서관에서 살고 싶다'는 바람을 나름대로 현실화한 것이었다는 생각이 듭니다. 먹지도 않고 잠들지도 않고 재미있는 책을 읽고 읽고 또 읽으면서 지낼 수 있는 곳이 도서관이라고 생각했으니까요.(지금과는 다르게 밤낮 골골거리며 앓아누워 지내기 일쑤인 빼빼 말라깽이는 밥 먹는 것도 잠자는 것도 힘겨워 해서 부모님 애를 태웠지요.)

그래서 도서관에 간 날은 문 닫을 시각이 다가오면 그 작은 머리가 터지도록 '엄청난 일'을 궁리하곤 했던 기억이 납니다. 서가와 서가 사이의 묘하게 후미진 사각지대에 몸을 숨겨 볼 요량으로 머뭇거린다든지, 연감류 서가 맨 아래쪽 빈 자리에 몸을 굽히고 들어가 앉아 본다든지, 바닥까지 닿는 두꺼운 커튼 속에 숨어 본다든지 하면서 말이지요.

하지만 사서 선생님이나 주임 선생님이 모종의 고생을 하실 것이 두려워 한 번도 실행하지 못했습니다. 이다음에 사서 선생님이 되면 퇴근하지 않고 마음껏 밤을 새우리라, 자신을 달래면서요. 이 숙원을 이룰 겸 그림책버스에서 '밤 새워 그림책 읽고 놀자' 행사를 한다는 얘기는 전에 고백한 바 있고요, 혼자서도 아주 이따금 밤새워 책 읽고 논다는 사실을 새로이 고백합니다.

다니엘 커크의 『도서관 생쥐』는 필자처럼 도서관에서 살고 싶어 하는 이의 소망을 대신 실현시켜 주는 그림책입니다.

샘은 도서관에 사는 생쥐입니다. 어린이 참고서 칸 뒤쪽 벽에 구멍이 나 있는데, 바로 거기서 살아요. 샘은 하루하루가 굉장히 즐거웠어요.

도서관 생쥐 샘은 낮에는 구멍 집 속 침대에서 자고 이용객들이 모두 돌아간 밤에 깨어나 도서관을 독차지하고 마음껏 책을 읽습니다.『꿈틀 꿈틀 애벌레』『세계의 이야기』『채소의 모든 것』『끔찍해!』『노자』『아인슈타인의 생애』『2006 야구연감』 등등 온갖 책을 뽑아다 놓고는 읽고 읽고 또 읽었지요.

비록 구멍 집 속에서 살지만 책 덕분에 우주를 탐험하고, 비행기를 발명해 하늘을 날고, 야구선수가 되어 보기도 해요. 개 썰매를 몰고 눈 세상을 탐험하기도 하고, 빙하를 건너기도 하고, 모나리자 쥐를 그리는 다빈치 쥐가 되기도 하고요. 이제 샘은 '도서관 생쥐'답게 온갖 지식과 정보로 그득해집니다. 들어간 것이 많으면 저절로 나오기도 하는 법, 어느 날 밤에 샘은 자기도 책을 써 보고 싶다는 생각을 하지요.

샘은 도서관 사서 책상에서 조그마한 종이를 가져왔습니다. 그리고는 종이를 접어서 여러 장으로 만들고, 마침 책꽂이 아래에 굴러 떨어져 있는 연필을 주워 글을 쓰기 시작했어요. 샘은 글쓰기 책에서 '자신이 아는 것을 써라.'라는 글을 읽은 적이 있었어요. 그래서 생쥐로 산다는 것에 대해 쓰기 시작했지요.

생쥐 샘은 아이들이 빠트리고 간 커다란 몽당연필로 부모님 얘기부터 써나갑니다. 고양이와 대적하는 용감한 자기 모습을 상상하는 대목에서는 사서 선생님의 분첩 거울을 펼쳐놓고 자세를 잡아가며 스케치 연습도 하지요. 아마도 샘은 수많은 책을 읽으면서 작가들이 어떻게 글을 쓰고 그림을 그려 하나의 작품을 탄생시키는지 깨달았을 거예요. 오로지 그 일에만 매달려서 집중하고 몰두해야 한다는 것을 말이지요. 샘도 그렇게 해서 마침내 책 한 권을 완성합니다.

제목은 '찍찍! 어느 생쥐의 삶'으로 지었어요. 그리고 표지에 '글·그림 샘'이라고 적었지요. 샘은 '전기 및 자서전' 칸으로 가서 자신의 첫 작품을 책꽂이에 꽂았어요. 샘은 쥐구멍으로 다시 돌아가 기다렸습니다.

그림책 작가 『닥터 수스』, 체로키 문자 창시자 『세쿼이아』와 『슈베르트』 다음에 꽂힌 샘의 수제품 자서전을 발견한 이는 한 여자아이였어요. 여자아이는 이렇게 조그맣고 재미있는, 책답지 않은 책은 처음 봤지요. 사서 선생님도 마찬가지였어요.

"이런 책은 처음 보는데?"
사서 선생님은 《찍찍! 어느 생쥐의 삶》을 책상에 올려놓았어요. 선생님은 다른 사서 선생님들께 그 책을 보여 주었습니다.
"재미있는 책이네요."

낮에도 잠들지 않고 자기 책에 대한 반응을 지켜봤는지는 알 수 없지만, 그래서 한껏 고무된 덕분인지도 알 수 없지만, 샘은 또다시 그림책을 쓰고 그리기로 합니다. 이번에는 자기가 좋아하는 음식을 대상화한 이야기를 썼지요.(『외로운 치즈』! 도서관에 사는 생쥐가 이런 제목으로 글을 썼다면 어떤 이야기일까, 친구들이나 아이들하고 즉석에서 이야기 만들기 놀이를 하면 진짜 재미있어요!)

샘은 그림책 칸으로 총총걸음으로 갔어요. 그리고는 자신의 책을 자랑스레 신간 자리에 턱 올려놓았지요. 샘은 쥐구멍으로 돌아가 기다렸습니다.

샘의 새 그림책은 다음 날 아침 그림책 『트럭』을 찾아다니던 남자아이가 발견합니다. 사서 선생님은 아주 흥미로워하며 새 그림책을 반기지요. 대체 샘이 누구일까, 궁금해하며 아이들에게 읽어 줍니다.

 샘은 무서운 이야기를 써 보기로 했어요. 이번 제목은《생쥐 집의 비밀》입니다. 무시무시한 부분을 쓸 때는 온몸이 오싹했어요.

샘의 작품이 나날이 일취월장하고 있다는 건 그림 장면의 표지만 봐도 알 수 있습니다. 작가 스스로 온몸이 오싹했다니, 내용 또한 그럴듯하겠지요. 샘은 자기가 쓴 것이 추리 공포물임을 알았고, 도서관 분류 체계에 따라 공포 문학 서가에 자기 새 책을 꽂아둡니다. 다음날 한 남자아이가 발견한 샘의 새 책을 보고서 사서 선생님은 결심합니다.

 "아무래도 샘이 누군지 알아내야겠어. 게시판에 쪽지를 남기자. 우리가 새 작가를 만나고 싶어 한다고 말이야."

샘은 사서 선생님이 남긴 쪽지를 읽고, 도서관에 오는 아이들이 자기 책을 좋아하며 작가에 대해 무척 궁금해하고 만나고 싶어 한다는 사실에 행복해 우쭐하지요. 하지만 글쓰기를 힘들어하는 아이들을 위해 '작가와의 만남'을 갖고 글쓰기 비법을 나눠달라고 하는 데서는 고민하게 됩니다. '생쥐들은 사람들과 만나는 걸 수줍어하기 때문이지요.'
자, 과연 샘은 사서 선생님의 부탁을 어떻게 해결할까요? 샘은 곰곰 생각한 끝에 기발한 발명품을 만들고, 밤새도록 글쓰기 좋게 깎은 연필이며 빈 공책도 잔뜩 준비해놓습니다. 다음 날 아침 사서 선생님과 아이들은 또 한 번 샘 때문에 놀라게 되지요.

"어, 이게 뭐지?"
티슈 상자 양옆으로 연필이 붙어 있고, 위에 펼쳐져 있는 현수막에는 '작가를 만나 보세요!'라는 글이 적혀 있었습니다. 그 글 밑에는 아래를 가리키는 화살표가 보였지요.

빈 상자 안을 들여다본 아이는 깜짝 놀랍니다. 상자 바닥에 놓인 거울을 통해 자기 모습을 보게 된 거지요. 거울에 비친 아이 자신이 바로 작가이며, 따라서 얼마든지 이야기를 쓸 수 있다고 부추기는 샘의 격려에 힘입어, 아이는 저항 없이 빈 공책을 펴고 연필을 듭니다.

그 날은 하루 종일, 또 그 뒤로도, '작가를 만나 보세요!'라는 작은 전시물을 보러 많은 사람들이 왔어요. 얼마 지나지 않아 책장에 책이 가득해졌습니다. 책이라곤 써 본 적 없는 사람들이 글을 쓰고 그림을 그린 책이었지요. 전에 한 번도 들어본 적 없는 이야기를 말이에요.

도서관 생쥐 샘은 멋진 일을 해냈습니다. 그 모두가 책 덕분이지요. 뭔가 멋진 일을 해내지 않고는 못 배기게 만드는 것, 책이란 바로 그런 거니까요. 나도 도서관에서 살았다면 뭔가 기막힌 일을 해낼 수 있지 않았을까요?
샘은 지금도 도서관에서 살면서 온갖 이야기를 쓰고 있다고 이 그림책은 끝을 맺습니다. 작가 다니엘 커크는 도서관 생쥐 샘을 주인공으로 한 두 번째 그림책을 펴냈고, 세 번째 그림책도 곧 펴낼 참이라네요.

06
폐하, 그 마음 저도 압니다

『샤를마뉴 대왕의 위대한 보물』
드보라 클라인 그림, 나디아 웨트리 글,
이경혜 옮김, 문학과지성사

자기가 언제 어떻게 글을 읽기 시작했는지, 또렷이 떠올리는 사람은 그리 많지 않을 겁니다. 그럴 나이가 되어 초등학교에 입학했고, 커다란 가방을 메고 왔다 갔다 하다 보니 어느새 책을 읽게 되었더라는 게 일반적인 기억이겠지요. 하지만 제겐 지금도 눈앞에서 해독 불가능한 글자들이 벌레들처럼 꿈틀거리던 난감한 순간이 생생합니다. 늦둥이 막내딸이 취학 통지서를 받기도 전에 오빠 언니 들을 따라 학교에 가겠다고 조르는 통에 어머니가 수완 좋게도 입학식이며 1학기 과정을 훌쩍 건너뛴 채 교실에 앉혀 놓은 탓이었지요.

교실 맨 앞 창가 자리에 어머니가 짝꿍으로 나란히 앉아서 연필을 깎아 준다, 필기를 해 준다, 하며 공부 시중을 들어 주던 장면은 그리운 한편으로 고개를 갸웃하게 만들곤 합니다. 시골 학교도 아닌 대도시의 유서 깊은 초등학교가 어째서 그처럼 자유롭게 운영되었던가, 하고 말이지요. 어쨌든 선행 학습이라곤 없이 덜렁덜렁 학교로 달려갔던 나는 당연히 고생이 막심했습니다. "언젠가는 다 읽고 쓰게 되어 있단다."며 나이든 부모님은 느긋하셨지만 나는 한 학기 선배 급우들보다 읽기 쓰기가 처지는 것이 답답하기만 했지요.

『샤를마뉴 대왕의 위대한 보물』을 읽을 때마다, 대왕이 읽기 공부를 시작한 지 사흘째 되는 날 아침에 자꾸만 실패를 맛보는 게 지겹고 싫어서 공부를 그만두고 싶어했다는 대목에서 절대적 공감과 기묘한 통증을 한꺼번에 느끼며 마음속으로 속삭이곤 합니다. '폐하, 그 마음 저도 압니다….'

아시다시피 샤를마뉴 대왕은 중세 8세기 서유럽의 모든 그리스도교 지역을 하나의 강대국으로 통일해 신성 로마 제국으로 창건한 '유럽의 아버지 왕'입니다. 그러나 역사의 한 페이지 속으로 사라진 게 아니라 그쪽 사람들이 중세 수백 년 내내, 또 근세를 거쳐서 지금까지도 끊임없이 '샤를마뉴 대왕은 말이지…', '샤를마뉴 대제처럼…', '샤를마뉴 시대에는…' 하고 이름을 불러대는 인물이지요.

이를테면 중세를 배경으로 하는 어떤 책에는 다음과 같이 씌었습니다. '샤를마뉴 대제가 각 달에 붙인 프랑크 명칭에 의하면 1월은 겨울의 달, 2월은 진창의 달, 3월은 봄의 달, 4월은 부활절의 달, 5월은 기쁨의 달, 7월은 건초의 달, 8월은 수확의 달, 9월은 바람의 달, 10월은 포도 수확의 달, 11월은 가을의 달, 12월은 거룩한 달' 샤를마뉴 대왕의 온갖 포고며 명령과 생활 지침이 인용되고 있네요.

심지어 레드 와인을 마시던 사람들이 화이트 와인을 마시게 된 유래의 중심에도 샤를마뉴 대왕이 존재합니다. 대왕이 와인을 마시고 나면 수염이 붉게 젖곤 했는데, 그것을 흉하게 여긴 왕비가 화이트 와인을 내는 포도 품종을 찾아내고 경작하게 했다는 거지요.

그뿐 아닙니다. 독일 사람들과 프랑스 사람들은 오랫동안 자기 민족이 샤를마뉴의 진정한 후계자라며 공방을 일삼았습니다. 2007년 11월 뉴스엔 '샤를마뉴 상' 수상자가 발표되기도 했지요. 샤를마뉴 대왕을 기념해 1949년부터 매년 유럽 지역 통합에 기여한 사람을 뽑는 이 상의 2008년도 수상자로 앙겔라 메르켈 독일 총리를 뽑았다고 말이지요. 콘라트 아데나워 서독 초대 총리, 프랑수아 미테랑 전 프랑스 대통령, 바츨라프 하벨 전 체코 대통령, 토니 블레어 전 영국 총리, 빌 클린턴 전 미국 대통령 같은, 우리에게 익숙한 이름의 주인공들이 샤를마뉴 상 수상자였다는 사실도 재미있게 여겨집니다.

그러니 유럽 아이들에겐 이 『샤를마뉴 대왕의 위대한 보물』이 우리의 광개토왕이나 이순신, 세종대왕과 같이 친근한 역사 인물 이야기가 될 테고, 당대뿐 아니라 천 년이 훨씬 지난 오늘에도 막강한 존재감을 과시하는 이 대왕이 다 늙도록 읽을 줄도 쓸 줄도 몰랐다더라는 얘기를 접하면서 우리와는 또 다른 감흥을 즐기겠구나, 짐작하게 됩니다.

이런저런 사연과 배경을 미뤄 놓고도 『샤를마뉴 대왕의 위대한 보물』은 무엇보다도 내게 '책에 대한 그림책' 목록 첫 번째 그림책으로 등록되어 있습니다. 인간의 삶에서 책은 무엇인가… 독서의 기쁨이란, 독자가 된다는 것은 무엇인가…를 이처럼 흥미롭고도 깊이 있게 두루 천착하고 새겨 보게 하는 책이 또 있을까 싶습니다.

세상 모든 것을 한 손에 거머쥐다시피 한 왕 중의 왕 샤를마뉴 대왕이 어느 날 아침 한탄합니다. "짐이 외롭고 따분해서 좀이 쑤시는구나." 그러면서 간절히 소망하지요. "짐은 평생토록 짐을 행복하게 해 줄 수 있는 것을 찾아 내고 싶노라." 마침내 왕은 외로움과 따분함을 가시게 해 줄 보물을 찾아오는 자에게 나라에서 가장 높은 자리를 주겠노라 약속합니다.

드디어 한 달이 지나고, 대왕은 이른바 보물 심사를 하게 되지요. 수레 가득히 싣고 온 금화, '어느 누구도 본 적이 없는 가장 아름다운 여인', 기적의 발톱… 그밖에도 진기하고 신기한 동물과 물건이 줄줄이 들어오고 나갔지만 왕에게 보물이라 여겨질 만한 것은 없었습니다. 그러나 보물 행렬 너머로 눈길을 끈 것은 있었지요.

한쪽 구석에 앉아 있는 초라한 남자… 저마다 자기 보물이 얼마나 진귀한 것인지 떠벌이는 소란 속에 고요히 자기만의 행복에 잠겨 있는 남자… 즐겁게 해 주는 이 하나 없는데도 더없이 즐거워 보이는 남자… 혼자서도 즐겁고 행복해서 미소 짓는 남자… 눈도 깜박하지 않고 아침부터 저녁까지 줄곧 무아지경인 남자…. 그 남자는 대왕의 처지와는 철저히 반대였지요. 대왕은 온갖 보물을 받고서도 조금도 나아지지 않은 외롭고 따분한 자기 신세가, 그 남자 때문에 더욱 비참하게 느껴져 화가 치밉니다.

대왕은 자기가 내지른 호통에 끌려 나온 그 남자, 요크의 사서 알퀸이 깊숙이 고개 숙여 절하다가 떨어뜨린 것이 '책'이라는 대답을 듣습니다. 그리고는 알퀸이 온종일 자기만의 행복에 빠져 지낸 것은 바로 그 '책' 때문임을 깨닫습니다. 그리고 그것이 다른 보물들에 비해 터무니없이 조그맣고 보잘것없긴 하지만, 자기에게 가져온 보물의 하나라고 짐작합니다.

그러나 알퀸의 대답은 대왕을 더욱 비참하게 만듭니다. 애초에 알퀸은 대왕의 보물찾기 명령에는 관심도 없었고, 도서관 지붕 보수 비용을 얻어 보려 여행길에 오르면서 읽을거리로 들고 나온 것일 뿐 그 책은 보물이나 선물로 바칠 물건이 아니었지요. 그러니까 알퀸은 대왕의 나라 신민이라기보다는 마침 가장 재미난 대목을 읽기 시작한 책을 어서 마저 읽고 싶은 생각만 간절한 '독자'였습니다.

그 조그맣고 하찮은 물건조차 자신에게 선물할 게 아니라니! 알퀸 같은 자의 목숨이라면 얼마든지 날려 보냈던 대왕은 문득 '독자' 알퀸과 '책'이라는 낯선 존재 둘 다에 호기심을 느낍니다. 알퀸은 대왕이 책에 관심을 보이자 좋은 '독자'답게 자기가 다 읽고 나면 빌려주겠다고 제의하지요. 대왕은 자기가 읽을 줄 모르는 사람이라 책이 소용없다며 절레절레 머리를 흔듭니다.

샤를마뉴 시대에는 못 읽고 못 쓰는 것은 흉이 아니었습니다. 알렉산드리아 도서관이 전쟁의 불길 속으로 사라진 뒤로 세상에 얼마 남지 않은 '책'은 극소수 사람들의 전유물이었고, 더구나 샤를마뉴 대왕은 말을 탈 수 있을 때부터 전쟁터에서 세월을 보내느라 뭘 읽고 쓸 일이 없었을 테지요. 책을 제대로 만날 기회, 독자가 될 기회가 없었다고나 할까요.

그렇지만 신앙 전도를 하듯이, '독자'가 되길 권할 수는 없는 법입니다. 하지만 샤를마뉴 대왕은 눈이 밝았지요. '책'에 빠진 '독자'가 얼마나 행복한지, 제대로 알아봤던 겁니다. '책 속에는 세상의 보물들이 다 들어 있'다는 알퀸의 말을 믿었지요. '독자'가 되기 위한 첫걸음으로 노년에 '읽기' 공부를 시작한 대왕의 모습은 똑같은 공부를 시작한 아이들과 같았습니다.

글자의 머리와 꼬리를 못 알아봐서 책을 거꾸로 펴들기도 하고, 조금 공부하는 척하다 달아나기도 하고, 짜증을 내며 다른 볼일을 보기도 하고, 다시는 공부를 하지 않겠다는 선언도 합니다. 그러다 문득 글머리가 트이는 거지요. 대왕도 어느 날 문득 글자를 깨치는 놀라운 경험을 합니다. 자신을 칭송하는 글을 읽는 알퀸의 눈길을 좇으며 거듭거듭 글을 읽어 달라고 요청하던 끝에, 마침내 대왕 자신이 알퀸에게 글을 읽어 주는 순간을 맞습니다. 책을 모르던 세상에서 책을 아는 세상, 이쪽으로 넘어온 게지요.

대왕이 책을 읽는 '독자'가 되어 책 읽는 기쁨과 책의 가치를 알면 어떤 일이 벌어질까요? 이는 지금 시대에 대통령이나 시장이 책 읽기를 좋아하는 '독자'가 되면 어떤 일이 벌어지겠는가 하는 물음으로 치환되겠어요. 왕이 된 자는 자기 백성에게 기쁨을 나누고, 그 기쁨으로 하나가 되고 싶어합니다. 샤를마뉴 대왕은 알퀸으로부터 세상에는 또 다른 책들도 있으나 제대로 관리되지 않고 있다는 얘기를 듣고, 책에 대한 소명을 선언하게 되지요.

"좋다, 아무쪼록 그 책들을 다 모아라! 모두 한곳에 모아서 그것들을 베껴 쓰고, 베껴 쓰고, 다시 베껴 써서 앞으로는 책이란 게 드물지 않고 넘치도록 하여라."

마침내 도서관에 정성껏 베껴 쓴 책이 쌓이고, 대왕은 평생토록 자기를 행복하게 해 줄 수 있는 보물을 찾아 준 알킨을 약속대로 자신의 오른편 자리, 가장 높은 자리에 앉힙니다. 그러고는 '독자'답게 언제 어디서나 책을 읽었지요.

말을 타고 전쟁터로 떠나면서도, 중요한 회의를 주관하면서도, 식사할 때나 목욕할 때도, 잠자리에서도 책을 읽었습니다. 알킨은 도서관으로 돌아가 지붕을 잘 고치고는 자기가 구해낸 책을 읽고 정성껏 보살폈고요. 샤를마뉴 대왕과 알킨 사서와 나…우리는 각기 다른 시공간에서 늘 함께 지내며 이따금 펼쳐 든 책 너머로 눈길이 마주칠 때마다 싱긋 웃습니다.

07

외로움과 허기, 그리고 책

『브루노를 위한 책』
니콜라우스 하이델바흐 지음, 김경연 옮김, 풀빛

스쳐 지나가는 많고 많은 사람들 속에서 문득 우리 앞에 나타난 한 사람이 시시때때 우리의 생을 찬란히 물들이듯, 우리를 둘러싼 숱한 책들 속에서 한 권의 책이 자기 앞에 '출현'하는 때가 있는 법이지요. 걸핏하면 앓아눕곤 하는 막내를 위해 넷째 오빠가 사다 준 『얄개전』이, 내게는 바로 그런 책이었습니다. 가랑가랑 시름시름 앓느라 자꾸 뜨거워지는 베개를 뒤집어 베며 천정의 격자무늬를 세어 보고 또 세어 보던 유년의 퀭한 시간은, 그 때, 책이 출현한 순간부터 비로소 견딜 만해졌더랬습니다. 비록 고전 명작은 아니었어도 교과서 말고는 처음 가져 본 내 책이었으니까요.

우리 집에는 나하고 터울이 크게 진 오빠들과 책 읽기 좋아하는 어머니를 위한 '이광수 전집'이며 '한국문학전집'이며 월간지 『신동아』 같은 것이 쌓여 있었을 뿐 늦둥이 초등생 눈높이에 맞춰 따로 마련된 책이라곤 없었습니다. 『얄개전』과 또 누군가에게서 선물 받은 어린이 잡지 『새소년』을 읽고 또 읽고 닳도록 읽고 나니 더는 읽을거리가 없었지요. 이제 막 글을 읽기 시작했고 '책'을 만나게 된 나에게 그것은 정말이지 끔찍한 궁핍이었습니다.

그 궁핍이 얼마나 가혹했던지, 한 번은 온 가족이 봄맞이 대청소를 하면서 오빠 둘과 다락 정리를 맡았다가 언니 오빠들의 해묵은 교과서 묶음 속에서 국어책을 찾아 내고는 '금광'을 발견한 것 같았습니다. 게다가 그 속에는 진짜 동화책까지 두어 권 있어서 '어, 그거? 옛날 옛적에 학교에서 빌려와서 안 갖다 줬나 봐.' 하는 누군가의 뻔뻔스런 설명을 듣고도 이건 틀림없이 '천사가 내게 주고 간 선물'이라고 믿었지요.

그 날 내가 맡은 일은 아래에 있는 오빠 둘이 올려 주는 물건들을 받아 다락 안쪽으로 차곡차곡 밀어두는 것이었는데, 일을 하는 둥 마는 등 책을 뒤지고 읽느라 다락 구석에 틀어박히는 바람에 야유를 한 몸에 받기도 했어요. 어쨌든 남쪽 바닷가 도시의 그 적산 가옥 다락은, 드디어 책이 출현한 덕분에 그 전과는 전혀 다른 삶을 살게 된 내게 도서관이자 요긴한 밀실이 되어 주었습니다. 얼마 전 부산 강연 갔던 길에 그 집을 다시 찾아가 봤더니 집은커녕 동네가 몽땅 사라지고 없었습니다.

『브루노를 위한 책』 또한 브루노 앞에 처음으로 책이 출현하는 이야기입니다. 울라의 안내로 책을 만나기 전까지 브루노는 새 바지, 새 스웨터, 새 신발, 새 벨트, 새 스티커 같은 소비 사회의 부모가 제공하는 사랑의 물품으로 연명합니다. 우리 모두가 그렇듯, 세상에 내던져진 존재적 외로움과 허기를 어찌저찌 달래려 애쓰지요.

울라와 브루노, 브루노와 울라…둘 다 '대가족 제도나 잘 화합된 공동체'의 포근한 양육과는 거리가 먼 현대 가정의 아이들입니다. 책과 이야기를 통해 어느 정도 만족스런 존재로 독립성을 확보한 채 새로운 상황에 처할 때마다 지혜를 짜 내기도 하는 울라에 비해 브루노는 훨씬 미숙한 상태에 머물러 있는 듯하고요.

브루노를 책과 이야기의 세계에서 함께 놀 수 있는 친구로 이끌기 위해 매번 새로운 꾀를 짜내는 울라, 울라와 놀고 싶지만 함께 나눌 것도 없고 울라의 제안을 받아들이려고도 하지 않는 브루노…. 니콜라우스 하이델바흐는 두 아이의 같고도 다른 상태를 작가 특유의 선명하고도 정치한 그림으로 보여 줍니다.

처음부터 끝까지 신발과 옷과 양말이 똑같은 채로 등장하는 울라. 장면마다 다른 신발이며 옷을 입고 등장하는 브루노. 아빠가 허용한 온갖 책에 둘러싸여 자족감을 누리는 울라, 그러나 또래 친구와 그 자족감을 현실에서 나누고자 하는 울라. 부모에게서 얻은 새로운 물건으로 자기를 감싼 채 문을 두드리는 브루노, 그러나 문 안으로 들어서자마자 나가 버리는 브루노….

울라의 노력에도 불구하고 브루노는 좀처럼 책과 '만나'지 못합니다. 울라의 부탁을 들어 주듯 울라가 좋아하는 그림책을 몇 페이지 들춰 보고, 어른들이 보는 책에서 무서운 그림들을 보기도 하지만, 아직 '책의 출현'에 맞닥뜨리지는 못하지요.

마치 우리가 인생의 여러 국면에서 더없이 소중한 것을 보고도 그것의 의미와 가치를 깨닫지 못해, 깨달을 때가 못 되어, 속절없이 비껴지나고 마는 것과 마찬가지로 말입니다. 이제 울라는 브루노의 방문이 뜸한 사이에 좀 더 심오한 꾀를 생각해 둡니다. 그리고 그 세 번째 시도는 적중해 브루노의 마음을 사로잡습니다.

울라는 브루노 앞에 바짝 다가섰어요.
목에 붙인 반창고가 잘 보이게 말이에요. 브루노는 놀라며 목이 왜 그러냐고 물었어요. "뱀이 물었어!" 울라가 말했어요.
"뱀이 어디 있는데?"
"책에서 나왔어."
"정말? 어떤 책인데?" 브루노가 물었어요.
"저 파란 책. 마술 책인 것 같아. 거기 있는 건 모두 살아있어. 뱀뿐만이 아냐. 그 책은 아주 조심해서 읽어야 해."
"거짓말! 누가 그걸 믿어? 어디 보여 줘 봐!"

브루노는 울라의 인도로 책 속으로 들어갑니다. 용이 공주를 잡아채어 가고, 왕자가 새의 도움을 받아 바다 건너 저 멀리 바위섬 꼭대기의 용을 해치우고 공주를 구해 내어 또 한 번 죽을 고비를 넘긴 채 무사히 집으로 돌아오는 이야기에 푹 빠져들지요. 그 책은 울라네 것이고 울라네 집 책장 높은 데 있지만, 이제 꼭 '브루노를 위한 책'이 되었습니다. 브루노의 생에 출현한 책 중의 책, 모든 책들의 총화가 된 거지요. 브루노는 지혜의 뱀에게 물린 채 우리와 같은 독자가 되어 책을 읽고 읽고, 또 읽게 될 겁니다.

그리고 똑같이 자기 앞에 출현한 책을 통해 지혜의 뱀에게 깨물린 이들을 알아 보고 친구로 삼아 책 이야기를 나누고, 책을 쓰기도 하면서 살아가겠지요. 울라처럼 간절한 마음으로 꾀를 내어 아직 책을 모르는 이를 데리고 책 속으로 들어가기도 하면서요. 세상 모든 아이들이 '브루노' 아니면 '울라'라고 생각하면, 내 손을 탄 책이 그들 앞에 출현할 한 권의 책이 될지도 모른다 생각하면, 오늘 책을 쓰고 만들고 건네는 나의 일들이 또 한 번 마음 뜨겁게 다가옵니다.

08

'독자'의
행복한 결말

『책 읽는 두꺼비』
클로드 부종 지음, 이경혜 옮김, 비룡소

"책 좋아하면 가난하게 산다더라." 앉았거나 누웠거나 노상 책에 코를 박고 있던 내게 어머니는 슬쩍 그런 말씀을 흘리곤 했습니다. 그러면 나는 뜨끔한 마음인 채 그것이 내게 주는 경고라기보다는, 어머니가 겪는 곤고한 현실에 대한 자탄이겠거니 애써 흘려 버렸지요. 더 깊이 책장에 얼굴을 묻고 개미떼 흩어지듯 달아나는 글자들을 얼른 문장으로 줄지어 세우면서요. 어머니 당신이야말로 그 시절 여인네로서는 보기 드물게 책을 가까이 해 왔고, 아버지의 사업 실패를 감당하느라 늘 고단한 형편이었으니까요.

그러나 그렇게 흘려 버린 잠언은 어머니의 시선 밖에서도 책을 집어 드는 순간마다 어김없이 떠올랐으니, 아마 모르긴 해도 수천만 번 넘게 자기 암시를 건 셈일 겁니다. 그런 덕분에 남들이 가진 것을 갖지 못해도, 남들이 보는 것을 보지 못해도, '책을 좋아해서 가난하게 살 수밖에 없다니까!' 하며 싱긋 웃어 버리게 되었던 듯합니다.

또 어떤 이가 책을 좋아해서 나처럼 가난하게 살았을까, 책 좋아해서 가난하게 산다는 건 독자 일반에게 모두 적용되는 '참'일까, 책을 좋아하면 물질에 대범해지니 가난하게 살 수밖에 없더라는 통계적 결과론일까, 과연 책을 좋아하는 부자는 없는 걸까, 이런 것을 궁금해 하면서 말이지요.

여기까지가 '책을 좋아하는 존재가 행복한 결말에 이르는 이야기'를 무척이나 좋아한다든지, 그런 이야기를 내가 찾아 헤매는 것으로 시시때때의 절망감을 이겨 낸다든지, 하는 것의 연유입니다. 이 글을 읽는 몇몇 분들은 '그렇다면 이제 클로드 부종 얘길 하겠구나.'라며 미리 고개를 끄덕여 주실지도 모르겠습니다. 또한 '책'의 미덕을 다양한 각도로 조명해 온 이 작가의 멋진 그림책 『책 읽는 두꺼비』를 펼쳐 드는 것에 함께 무릎을 쳐 주실지도요.

옛날 옛적에 책 읽기 좋아하는 두꺼비가 있었습니다. 그런데 이 친구는 그냥 연못에서 자유로이 살아가는 두꺼비가 아니었어요. 마녀에게 소속된 두꺼비였지요. 구더기며 거미며 지렁이 등등을 넣고 마녀가 오래오래 끓인 마법 수프에 마지막으로 첨가할 약재로서의 '침'을 뱉어 넣는 일을 하는 두꺼비였답니다.

책을 읽는다는 게 뭔지 독자의 즐거움이 뭔지 모르는 마녀는 자기가 필요할 때면 언제든지 두꺼비를 데려갔고, 두꺼비는 아무리 재미있는 책을 읽다가도 마녀의 머리 위로 끌려가 앉아 억지로 침을 뱉어 내야 했지요. 그런데 하루는 또 책을 읽다 말고 마녀에게 붙들려 와 때맞춰 침을 뱉어 낼 참이던 두꺼비가 훌쩍 창밖으로 달아나고 맙니다. 하긴, 책으로 단련된 지성의 소유자로서는 자신의 구차한 소임을 더 참고 견디기 힘들었겠지요.

마녀는 느닷없는 두꺼비의 반란에 화를 내며 풀밭과 숲을 가로질러 쫓아갑니다. 하지만 한밤중에 개구리들이 바글거리는 연못 속으로 뛰어든 두꺼비를 찾을 수 없어 발걸음을 돌려 버리고 말지요. 다음날 마녀는 손수 덫을 만들어 들고 다시 두꺼비를 찾으러 갑니다. 두꺼비를 사로잡을 덫이라면, 그 안에는 대체 무엇이 들었을까요?

> 그 덫 속에는 두꺼비가 읽다 만 책이 들어 있었죠.
> 마녀는 연못가에 덫을 잘 설치해 놓고 기다렸어요.
> 드디어 올 것이 왔어요. 두꺼비는 그 책을 보자마자
> 당장 상자 안으로 뛰어 들어갔지요.
> 마녀가 줄을 늦추자 가엾은 두꺼비는

상자 안에 꼼짝없이 갇히고 말았어요.

클로드 부종은 이 대목에서 책이 얼마나 달콤한 영혼의 양식인지, 그래서 또한 얼마나 대단한 덫이 될 수 있는지를 우리에게 보여주며 키득거리는 듯합니다. 그러고는 통쾌한 반전의 복선을 깔기 시작하지요. 기상천외한 덫으로 두꺼비를 사로잡은 마녀는 두꺼비가 또다시 달아날까 봐 자기 머리 위에다 빨간 끈으로 꽁꽁 묶어 놓습니다.

그 탓에 두꺼비는 달콤한 여가를 깡그리 포기한 채 온종일 꼼짝없이 마녀 머리 위에 앉아 있는 신세가 되지요. 그러고는 본의 아니게 마녀의 일거수일투족을 지켜보게 됩니다. 쯧쯧! 두꺼비는 금세 마녀가 엉터리라는 걸 알게 됩니다. 두꺼비로 말하자면 마녀의 서가에 꽂힌 걸 모조리 읽어치운 마법서 애독자였으니까요.

얼렁뚱땅 손에 잡히는 대로 순서도 없이 재료를 넣는 것을 보다 못한 두꺼비는 마침내 마녀에게 제대로 '좀 잘 하라'고 소리칩니다. 그때 마침 마법 약을 주문했던 단골 손님이 찾아와, 지난 번 약이 시원찮아 일을 그르쳤다며 화를 내고는 주먹을 휘둘러 분풀이를 하지요.

"아이고, 아이고, 나 죽겠다, 내 머리가 몽땅 뒤죽박죽되었나 보다.
네 말이 맞다, 두껍아. 나는 이제 옛날 기억이 잘 나지 않아.
이 일을 어쩌면 좋으냐?"

두꺼비는 한심한 본인 처지를 자각한 마녀를 위로합니다. 마녀 머리에 묶인 한 몸이어서라기보다는, 어쨌든 자기가 읽고 아는 것을 기꺼이 나누고자 애쓰는 진정한 '독자'의 자질을 갖춘 존재였으니까요. 두꺼비는 마녀가 잊어버린 마법이 모두 다락방 책 속에 있으니 염려 말라고, 자기를 풀어 주면 함께 일할 수 있다고 설득하곤 마녀와 동등한 협력자가 됩니다.

　책 덕분에 두꺼비는 새로운 마법들을 더 찾아냈어요.
　그 바람에 마녀는 그 못된 이름을 더 널리 떨치게 되었고요.
　그 뒤로 마녀는 자기의 늙은 친구가 책 속에 빠져 드는 걸 오히려 격려했죠.
　글쎄, 마녀가 직접 안경까지 사다 줬다니까요.
　나이가 드니까 마녀도 철이 드나 봐요.

　'책'이란 정말 그런 거지요. 우리의 기억이 다하는 날에도 사라지지 않는 지혜를 담고 대대세세 유전하는 것, 어디에 감춰져 있거나 버려져 있다가도 그것을 필요로 하는 존재 앞에 때맞춰 나타나 원래의 소명을 완수하는 것…. 이러한 책의 미덕에 의해 두꺼비는 책을 좋아함으로써 겪어야 했던 시련을 사랑으로 되갚으며 마녀를 구합니다.
　책을 모르는 존재를 구해내어 '책'과 '독자'의 영광을 함께 누리고 나누며 깨닫게 한 것입니다. 자, 이 정도면 두꺼비가 책을 좋아하는 '독자'로서 행복한 결말을 누렸다고 할 수 있겠지요. 오늘의 핍박과 가난이 고달프더라도 두꺼비의 행복이 우리 독자들 모두의 행복인 양 흐뭇하기만 합니다.

09
늑대 앞의 책

『난 무서운 늑대라구!』
파스칼 비에 그림, 베키 블룸 글,
아기장수의 날개 옮김, 고슴도치

어둑한 밤, 산골짜기 집을 향해 달리는 자동차 속에서 하필 연쇄 살인범에 관한 뉴스를 들었습니다. 줄줄이 밝혀진 죄과라는 것도 등골 오싹했지만, 그가 뱉어놓은 말 한마디에 오물 벼락을 맞은 듯 순식간에 끔찍하고도 고약한 기분이 되었습니다. 범죄 행각을 '책'으로 펴내어 아들에게 인세를 물려주겠다니!

책이 누구에게나 위대한 것이거나 신성한 것일 리 없지만, 최소한 사이코패스가 자기 악행을 떠벌린 보고서가 우리가 존중할 '책'이 되어서는 안 될 테지요. 더구나 그것을 세상에 내어놓고 싶은 목적이 자기 자식에게 물려줄 재산을 만들기 위해서라니, 벗어날 길 없는 악몽을 꾸는 듯했습니다.

책이라는 것이 다름 아닌 속물 자본주의와 흉흉한 사회 병리의 부산물이 되다니 말입니다. 아아, 책이 곧 교양이고 문화였던 시절은 영영 가 버린 걸까요. 베키 블룸이 글을 쓰고 파스칼 비에가 그림을 그린 『난 무서운 늑대라구!』는 그런 의미에서 우리를 '좋았던 옛 시절'로 데려가는 고마운 그림책입니다.

여행을 하던 늑대가 있었습니다. 절제며 배려 따위는 모르는 채 자기 욕망대로 움직이는 야수 그 자체인 늑대는 잔뜩 지치고 굶주렸지요. 그럴 때면 언제나 그랬듯이 먹을 것을 빼앗을 생각을 합니다. 동물 농장을 기웃거리다 뜻밖의 광경을 보고 깜짝 놀라는 늑대….

돼지와 오리, 젖소가 따사로운 햇살 아래 책을 읽고 있었습니다.
"배가 고파 헛것이 보이나?"
늑대는 정말 이상했습니다. 동물들이 책을 읽고 있다니요?

늑대는 너무도 배가 고파 더 생각할 겨를 없이 동물들 앞으로 뛰쳐나갑니다. 갈비뼈가 앙상한 자기 꼴이 비록 우습긴 하지만 발톱을 한껏 세운 채 빨간 혀를 날름거리며 덤벼들지요.(이 늑대는 포식자라기보다는 약탈자인 듯합니다.) 흉악한 늑대의 존재를 모를 리 없건마는, 책 읽기에 빠진 동물들은 꼼짝하지 않습니다. 책이 주는 정서적 포만감 덕분에 두려움을 잊었는지, 달아나기는커녕 시끄럽다고 투덜댈 뿐입니다. 어리둥절해진 늑대….

늑대는 도저히 참을 수가 없었습니다.
"야, 너희들. 뭐가 잘못된 거 아냐? 난 무시무시한 늑대라구!"
"알아, 그러니까 다른 데 가서 무섭게 굴어. 우리는 교양 있는 동물들이야. 책 읽는데 방해하지 말고 그만 가 줘."

돼지가 등을 떠밀자 얼떨결에 밀려난 늑대는, 눈이 휘둥그레진 채 '교양'이라는 말에 집중합니다. 어쨌든 자기도 책을 읽고 교양이라는 걸 갖춰야겠다고 마음먹곤 당장 마을의 학교로 달려가지요. 늑대는 목표가 뚜렷한 터라 아이들을 괴롭히거나 놀라게 하지 않습니다. 공부만 열심히 한 덕분에 얼마 안 가 일등 학생이 됩니다. 그러자마자 다시 동물 농장으로 달려가 보란 듯이 동물들 앞에 서서 커다랗게 책을 읽습니다. 형편없이 더듬거리는 늑대….

"너 한참 더 배워야겠어"
오리가 쳐다보지도 않고 말했습니다. 그나마 돼지와 젖소는 들은 척도 않았습니다.

교양에는 교양으로 맞서야 한다는 걸 직감한 늑대는, 아직 덜 갖춘 자기 교양을 채우러 도서관으로 달려갑니다. 온갖 책을 다 찾아 읽다 보니, 아닌 게 아니라 늑대는 조금씩 달라집니다. 안경을 끼고, 거울에 자기 모습을 비춰가며 차림새를 정돈하는가 하면, 다짜고짜 울타리를 뛰어넘던 것과 달리 노크도 할 줄 알게 된 거지요.

드디어 자신이 얼마간 향상됐다고 여기고는 이번엔 내달리지도 않고 점잖게 성큼성큼 걸어서 동물 농장 울타리 문을 노크합니다. 동물들 앞에 가 앉아 다짜고짜 책을 읽기 시작하지만, 나름대로 유창하나마 떠어 읽을 줄을 몰라 내용 전달에 실패하는 늑대….

"그만해." 오리가 잘라 말했습니다.
"너 많이 좋아졌어. 하지만 아직 멀었어."
돼지가 쿡쿡 웃으며 말했습니다.

늑대는 포기하지 않고 다시 한 번 '교양'에 도전합니다. 모자까지 갖춰 쓰고 서점으로 가서는 멋진 이야기 책을 열심히 고른 다음, 먹거리 구하는 데 쓸 돈을 다 털어 값을 치르지요. 태어나 처음으로 갖는 자기만의 책! 늑대는 그 책을 한 줄 한 줄 읽고 읽고 또 읽습니다. 스스로 생각해도 아주 잘 읽는다고 여겨졌을 때, 동물 농장으로 가서 울타리의 종을 울리지요. 풀밭에 엎드려, 누구에게 들려준달 것 없이 그저 책 읽기의 즐거움에 빠져드는 늑대….

"정말 재미있다!" 오리가 외쳤습니다.
"최고의 이야기꾼이야." 돼지도 칭찬했습니다.

"우리 소풍 갈 건데 같이 갈래?"
젖소가 물었습니다.

늑대는 단순히 책을 읽을 줄 아는 데서 나아가 책을 제대로 즐길 줄 알게 되고서야 이 그림책의 원제 'A Cultivated Wolf'(교양 있는 늑대)가 되고, 마침내 무서운 늑대를 보고도 놀라지 않던 교양있는 동물들에게 소풍 초대를 받습니다. 배가 볼록해지도록 맛난 것을 나눠 먹고는 (사과와 차 말고는 다른 음식이 보이지 않는 걸 봐서 늑대와 동물들의 뱃속 또한 교양으로 채워진 듯싶습니다만^^) 풀밭에 누워 오후 내내 동물들과 서로 이야기를 들려주지요.

아마도 우리의 주인공, 교양 있는 늑대는 이제 아무리 배가 고파서 쓰러질 지경이 되어도 남의 것을 폭력으로 빼앗지 못하겠지요. 책이 그렇게 만들었고, 책으로 교양을 다진 이 그림책의 늑대와 동물들은 누구에게도 무서운 존재가 되지 않고 누구도 무서워하지 않는 채, 영원히 서로 배려하고 절제하는 삶 속에서 평화로이 함께 살아나가겠지요. 책에 대한 우리 관념도 연둣빛 새순으로 움터 오르길 바랍니다.

10
나의
아름다운 도서관

『도서관이 키운 아이』
브래드 스니드 그림, 칼라 모리스 글,
이상희 옮김, 그린북

한때 내 꿈은 사서가 되는 것이었습니다. '도서관에서 살아도 되는', '책을 마음껏 빌려가서, 실컷 읽을 수 있는' 사서 선생님! 실제로 어린 시절, 내가 드나들던 도서관의 사서 선생님들은 책 나라의 제왕까지는 아니더라도 '시장'이나 '구청장' 쯤은 되는 권력가셨지요. 나를 폐가식 서가에 들어가게 하거나 반납 기일을 넘겨도 눈감아 주었고, 대출대를 지키게 하거나 책 정리를 거들게 해 주었지요.(톰 소여 식 담장 칠하기!)

책이 좋아서도 도서관을 드나들었지만, 나처럼 책을 좋아하는 사서 선생님들이 내게 보여주는 관심이 따스했지요. 절대 행복에 속하는 그 기억들은 내 대뇌에 '나의 아름다운 도서관'이라는 제목을 달고 찬란히 아로새겨져 있습니다. 사서가 되려면 사서 교육원이나 대학교의 관련 학과를 수료하고 관련 자격증을 취득해야 한다든가, 사서가 되면 오히려 책을 많이 읽을 수 없는 처지가 되기 쉽다거나, 때에 따라서는 책과 전혀 상관없는 일을 더 많이 해야 한다는 것을 전혀 몰랐던 때의 이야기입니다.

이런저런 사실을 다 알고 나서도 사서 선생님들을 만나면 어느새 몽롱한 눈빛을 하고 막무가내 동경을 표하곤 합니다. 동경할 뿐만 아니라, 시시때때 머릿속으로 소설 같은 걸 쓸 때도 주인공으로 떠올리곤 하는 캐릭터가 으레 소도시의 시립 도서관 사서였습니다. 아마도 그이들을 경쟁 구도 바깥의 나른한 인문주의자로 입력해 둔 채 동일시하며 선망했던 모양입니다.

내가 만나온 사서 선생님들 대부분이 도서관에서 살다시피는 하되, 사실은 책을 마음껏 빌려서 실컷 읽을 새도 없고 이용객들과 인문주의자적 공감을 권유하거나 나눌 새도 없었지요. 도서관 규모가 크면 큰

대로 작으면 작은 대로 온갖 업무 부담에 시달리는 조직 구성원 처지였으니 말입니다.

요컨대, 한 시절의 꿈은 못 이루었으되 '사서 선생님'은 내게 여전히 선망하고 동경하는 존재입니다. 나의 사서 캐릭터와는 무척 다른 분들이 등장하긴 하지만 『도서관이 키운 아이』(원제 '사서들이 키운 아이') 같은 그림책은 마치 내가 예전에 써 둔 것이라 여겨질 만큼 낯익고도 친숙한 이야기라는 겁니다.(그런 책을 번역하라고 보내왔으니, 엔돌핀이 넘쳐 흘러 울울창창 가로놓인 일들을 죄다 밀쳐놓고 덤벼들었지요.)

> 멜빈은 리빙스턴 공립 도서관에서 살았어요.
> 흠… 실제로 살았던 건 아니고요. 거기서 아주 많은 시간을 보냈어요.

첫 장면에서 사서 선생님인 작가는 이렇게 이야기 머리를 던져 놓고, 멜빈이 어떤 식으로 시간을 보냈는지는 그림 작가의 솜씨로 얘기하게 합니다. 새내기 유치원생으로 보이는 쬐끄만 안경 쓴 아이가 '밤에도 낮에도 책 읽는 기사' 발치에 백 팩을 벗어 던져둔 채, 부럽고 부러워라, 아늑한 캐노피 아래 독서등 불빛 속 소파에 앉아 그림책 읽기에 빠져 있네요!

이 꼬마가 도서관에서 행복하게 지낸 지도 벌써 한참 되었겠다는 걸 한눈에 보여줍니다. 그러고는 날마다 방과 후에 들르는 멜빈을 반기고 환영하는 사서 선생님들 모습을 통해 이 아이가 도서관에 오는 이유가 책 읽기뿐만이 아니라는 것도 보여줍니다. 사실 멜빈으로 말하자면 이것저것 궁금한 것이 줄줄이 꼬리를 무는 호기심 박사요, 잡다하나마 자기 취향을 확실하게 드러낼 줄 아는 아이입니다.

두 번째 장면에서 대출대의 사서 선생님들을 올려다보는 멜빈의 백팩에 뱀 지퍼 고리, 야구 지퍼 고리, 딱정벌레 배지가 달려 있지요. 게다가 좋아하는 책들과 사서 선생님들이 늘 제자리에 있어야 하는 까다롬쟁이…수더분한 아이는 아닌 거지요.

"안녕, 멜빈!" 마즈 선생님이 인사했어요.
"오늘 학교에선 재미있었니?" 베티 선생님이 물었지요.
"바깥 날씨는 어때?" 리올라 선생님도 물었어요.

이러니 멜빈이 사서 선생님들과 도서관을 좋아하지 않을 수 없지요. 어린 시절 나의 사서 선생님들 또한, 이처럼 열렬하진 않았지만, 바삐 일하다가도 어서 오라고 꼭 아는 척을 해주었지요.

우리 도서관에서도 아이들이 들어오면 꼭 이름을 묻고 여러 번 불러 주자고 권하고 있습니다. '우리 엄마가 아무한테나 이름 알려 주지 말랬어요.' 이런 말로 무안을 당해도 굴하지 않고, 내 이름을 알려 줄 테니 너도 알려 달라고 떼를 쓰곤 하지요. (좀 엉뚱한 진단일 수 있겠지만, 요즘 아이들 대부분이 연예인이나 유명인이 되고 싶어 하는 이유 중 하나가 어디서도 자기 이름을 불러 주는 '열광적인 반김'을 받지 못한 정서적 결핍에서 비롯된다고 봅니다.)

사서 선생님들은 꼬마 이용객을 그처럼 반기고 환영한 만큼이나 적극적으로 멜빈의 지적 욕구에 호응하고 부응합니다. 멜빈이 뱀에 대한 책을 찾으면, 뱀 사육 지침서와 뱀가죽 공예 책과 뱀에 관한 시집에다 인터넷 검색에서 찾아낸 뱀 관련 웹사이트까지 찾아 줍니다.

야외 관찰 수업에서 잡은 곤충 표본 이름을 찾으러 왔다가 유리병을 놓치는 바람에 벌어진 벌레 대소동을 수습하자마자 '이 세상 바다와 강과 호수에 사는 물고기는 얼마나 돼요? 그리고 이 세상의 모든 개랑 고양이랑 집이랑 또 자동차랑 트랙터를 다 합하면 얼마만큼 무거워요?'라는 비실용적이고 대책 없는 멜빈의 질문에도 최선을 다해 진지하게 대답합니다.

> 사서 선생님들이란 이런 분들이에요.
> 아이들을 도와주지 않고는 못 배긴답니다.

이제 작가들은 사서 선생님들과 함께한, 멜빈의 성장점으로 상징될 만한 에피소드를 차례차례 펼쳐놓습니다. 사서 선생님들 덕분에 멜빈은 남들이 하찮다고 여기는 '거대한 가지' 역할도 열정을 다해 훌륭하게 해내면 자신의 기쁨은 물론 타인의 박수도 얻을 수 있음을 알게 되고, 도서관 행사를 마음 깊이 즐기게 되고, 취미에 열중하는 자신을 존중받고, 힘쓰고 노력하고 준비해서 거둔 성취감을 만끽하며 자라갑니다.

그러는 동안 멜빈은 도서관 일을 돕는 아르바이트를 하는 고등학생이 되고, 도서관이 키운 아이는 졸업식을 치릅니다. 머리가 하얗게 센 사서 선생님들과 기념 사진을 찍지요.

> 멜빈이 졸업하던 날, 마즈 선생님과 베티 선생님과 리올라 선생님은 어찌나 행복하고 감격스러웠던지 울음을 터뜨렸어요.
> "얘는 우리 아들이나 다름없어."
> "우린 멜빈이 책 읽는 걸 도왔지."

"세상 모든 책을 말이야."

멜빈은 대학교에 가서도 자기를 키워 준 리빙스턴 도서관과 사서 선생님들을 잊지 않았습니다. 그리고 자기 같은 아이를 키우기 위해 도서관으로 돌아오지요. 몇 년 뒤에 또 다른 아이가 리빙스턴 공립 도서관에 나타났어요. 이 아이도 도서관을 무척 좋아했지요.

"안녕, 스털링."
마즈 선생님이 인사했어요.
"야외 관찰 수업은 재미있었니?"
베티 선생님이 물었어요.
"그 곤충들이 뭔지, 우리 함께 알아볼까?"
리올라 선생님도 물었지요.

"우린 이 곤충들이 뭔지 금세 알아내고 분류해서 목록도 만들 수 있단다.
우린 그러지 않고는 못 배겨."
리빙스턴 공립 도서관에 새로 온 사서 선생님이 말했어요.
"우린 바로 그런 사람들이거든!"

나의 아름다운 도서관들과 사서 선생님들, 나의 꿈을 대신 이룬 멜빈과 멜빈을 키운 사서 선생님들, 세상의 모든 도서관을 떠올리며, 새삼 오래된 행복에 잠겨 봅니다.

11

도서관에 사자가 온다면

『도서관에 간 사자』
케빈 호크스 그림, 미셸 누드슨 글,
홍연미 옮김, 웅진주니어

비 오는 어느 날, 우리 그림책버스에서 지킴이 설 때의 일입니다. 지난밤 늦도록 일한 탓에 나는 하품이 자꾸 나오는 걸 애써 참아야 했지요. 평일 한낮인 데다 비까지 와서 찾아오는 사람이 없었지만, 그래도 낮잠 잘 형편은 아니었거든요. 그림책 좋아하는 아이들 중에는 엉뚱한 녀석들이 꽤 있지요. 언젠가처럼 물방울무늬 장화며 우산에 물방울무늬 원피스를 입고 물통 넣은 배낭까지 메고 지고 '나 혼자 버스 타고 왔어요!' 이러면서 들이닥칠 수 있으니까요.

그런 이유가 아니라도 지킴이는 마음 놓고 꾸벅꾸벅 졸 새가 없습니다. 뒤죽박죽 흩어진 그림책을 제 자리 찾아 꽂아 주고, 망가진 책등이며 책귀며 표지를 수선하고, 찢어진 책장을 감쪽같이 붙이고, 비품을 가지런히 정리하자면 어느새 정해진 시간이 훌쩍 지나가 버리지요.

그 날, 비 오는 한적한 도서관의 버스 두 뒷바퀴 사이 그림책 읽는 내 자리에서 나는 찢어진 책장에 어린이 공작용 목공 본드 무독이를 새끼손가락에 묻혀 바르고는 살그머니 이면지를 덮어 꾹꾹꾹 누르면서 노래를 흥얼거리고 있었습니다. 무슨 노래였냐고요? 모릅니다. 까먹었어요. 폐차를 개조한 도서관 지붕에서 탕, 탕, 탕 떨어지는 빗소리 박자에 맞춰 즉흥적으로 지어낸 노래였으니까요.

뭔가 마음에 드는 음률이었던 것 같은데, 음악시간에 악보 그리는 법을 열심히 알아두지 않은 것이 후회스러울 따름이지요. 아, 가사는 몇 구절 생각납니다. '탕, 탕, 탕, / 그림책버스에 / 그림책버스에 / 빗방울이 탕, 탕, 탕, / 나도 그림책 읽으러 왔어요….' 뭐, 이랬던 것 같아요.

그렇게 탕, 탕, 탕 소리에 맞춰 흥얼흥얼…꾹꾹… 한참 그러고 있는데, 출입구 쪽에서 뭐가 하나 볼볼볼, 기어 올라오는 거예요. 또 하나가 폴짝 폴짝 폴짝 뛰듯이 올라오고, 성큼 성큼 뽀똑 뽀똑 걷는 것도 하나가 들어왔어요. 처음에 돋보기 너머로 걔들을 봤기 때문에 어지러운 눈이 뭘 잘못 봤나 싶었어요.

마침 『구름공항』 수선을 막 끝낸 참이라 제 자리 서가를 찾아 꽂으려고 일어섰을 때예요. 어느새 내 코앞까지 덩치 큰 새가 다가와 있고, 그림책 하나를 물고 있는 거예요. 아마 저희들끼리는 서로 잘 알고 지내는 사이인지, 그래서 이 그림책을 읽어 달라 하기로 미리 정하고 온 것인지, 오소리랑 청솔모 둘도 새 곁에 나란히 앉아 눈만 끔벅이네요.

사실 혼자 지킴이 하는 한적한 때라든가 막 젖 떼고 걷기 시작하는 아기들한테 그림책 읽어 주고 있을 때, 유독 그런 때면 이런저런 동물들이 창문에 매달려 그림책 읽는 소리를 엿듣고 엿본다는 건 알고 있었어요. 그날처럼 쑥 들어와서 저희들이 읽고 싶은 걸 읽어 달라고 하는 일은 흔치 않았지만, 난 하나도 놀랍지 않았습니다. 그러니 사자가 도서관에 왔다는 둥, 늑대며 도깨비며 박쥐 떼가 도서관에 왔다는 둥 하는 얘기도 제게는 조금도 놀라운 일이 아니었답니다.

> 어느 날, 도서관에 사자가 왔어요. 사자는 곧바로 대출 창구를 지나 자료실로 들어갔어요.

그림책 『도서관에 간 사자』의 원 제목은 『도서관 사자 Library lion』입니다. 이를테면, '도서관 할아버지? 도서관에 다니길 좋아하는 할아버지' 같은 뉘앙스의 '도서관을 좋아하는 사자'에 관한 이야기라는 거겠지요. 어느 날 그렇게 메리웨더 씨가 관장으로 있는 도서관에 사자 하나가 쑥 들어옵니다.(걔네들은 들어가고 싶다고 생각하는 곳엔 언제나 '쑥' 들어갑니다. 망설임 없이, 두려움 없이 말이지요.)

사자는 원하는 대로 도서관을 찾아 들어온 것이지만, 대출 창구의 선생님은 이 낯선 존재의 등장을 일단 막아야 한다고 생각하고 관장님께 이르러 가지요. 그런데 뜻밖에도 깐깐해 보이는 관장님은 뛰거나 시끄럽게 굴어선 안 된다는 도서관 규칙만 지키면 내버려두라고 합니다.(관장님 책상 위나 옆을 보세요. 원래 고양이과 동물이랑 친한 데다 코끼리를 타고 사파리 관광도 한 적 있는 담대한 활동가예요. 도서관을 찾아온 사자라면 적어도 아이들을 해칠 위험한 녀석은 아니라는 통찰력까지 갖춘 분인 거지요.)

사자는 도서관 여기저기를 돌아다니며 도서 카드 냄새도 맡아 보고, 새 책에 머리를 비벼 보기도 한 다음 푹신한 쿠션이 놓인 이야기 방에 들어가 잠이 듭니다. 고단했던 걸까요? 행복에 겨워 마음 놓고 잠에 빠져든 걸까요? 선생님이 이야기를 시작하는 소리를 듣고서야 사자는 번쩍 깨어나 고개를 듭니다.

> 선생님은 계속해서 읽어 나갔어요.
> 사자는 선생님이 다음 이야기를 다 읽을 때까지 그대로 있었어요. 그 다음 이야기도 가만히 듣고 있었죠. 사자는 또 다음 이야기를 기다렸지만 아이들은 하나 둘 자리를 떠나기 시작했어요.

한 아이가 '한 번에 그림책 두 권 읽기'라는 이야기 시간의 규칙에 대해 사자에게 친절히 설명을 해 주지만 사자는 철부지처럼 막무가내 이야기를 졸라대다가 마침내 으르렁, 큰 소리를 내고 맙니다. 그제야 관장님이 규칙을 어긴 사자를 벌하러 나오고, 사자가 쫓겨나는 걸 막으려는 아이들의 기지로 '조건부 출입 허락'을 받지요.

"조용히 하겠다고 약속하면, 사자가 내일 이야기 시간에 다시 와도 되나요?"

사자는 으르렁거리다 말고 메리웨더 관장님을 바라보았어요.

관장님은 아이들을 둘러보았습니다. 그러고는 말했어요.

"그래, 착하고 얌전한 사자라면 당연히 또 와도 되지."

"만세!"

아이들이 소리쳤어요.

사자는 착하고 얌전한 모습으로 다음 날도, 그 다음 날도, 도서관을 찾아옵니다. 이야기 시간을 즐길 뿐만 아니라 꼬리털로 서가의 먼지를 떨어 주고, 반납 독촉용 편지 봉투에 침칠을 해 주고, 아이들의 기댈 곳이 되어 주며 명실공히 '도서관 사자'가 됩니다.

"정말 고마운 사자야."

도서관에 온 사람들은 입을 모았어요. 사자가 지나갈 때면 복슬복슬한 머리를 쓰다듬어 주었습니다.

"지금까지 이 사자 없이 어떻게 지냈을까?"

하지만 단 한 사람, 대출 담당 맥비 씨는 '지금까지 사자 없이도 잘 지냈지!'라고 생각합니다. 첫날의 인상대로 여전히 사자를 탐탁하지 않게 생각하지요. 마침, 높은 책장에서 책을 꺼내려다 낙상한 관장님의 급한 사정을 전하러 온 사자를 단단히 오해하고 쫓아내기에 이릅니다. 다음 날 아침, 아무것도 모르는 관장님과 아이들은 사자를 기다리지요.

하지만 그날 아침 사자는 도서관에 오지 않았습니다.
(…) 관장님은 이야기 방으로 가 보았어요. 이야기 선생님이 아이들에게 이야기를 들려주기 시작했지만, 사자의 모습은 보이지 않았어요.

사자가 사라지고부터 도서관 분위기는 영 말이 아닙니다. 모두들 이제나 저제나 사자가 올까 하고 기다리거나 맥 빠진 얼굴이에요. 관장님까지도 말입니다. '사자 없이 잘 지낼 수 없다.'는 걸 깨달은 맥비 씨는 퇴근한 다음 사자를 찾으러 나섭니다.

마침내 맥비 씨는 동네를 한 바퀴 돌아 도서관으로 돌아왔어요.
사자가 도서관 밖에 앉아 유리문 안을 들여다보고 있었습니다.
"안녕, 사자야!"
맥비 씨가 인사를 건넸어요. 그래도 사자는 돌아보지 않습니다.
"네가 알면 기뻐할 일이 있어. 도서관에 새로운 규칙이 생겼단다. 으르렁거리면 안 됨. 단, 그럴 만한 이유가 있는 경우는 예외임. 그러니까 다친 친구를 도와야 할 경우 같은 것 말이지."
그 말에 사자의 귀가 쫑긋 올라갔어요.

다음 날 사자가 다시 도서관을 찾고, 그 소식에 관장님은 이야기 방으로 달려가고 도서관 아이 어른 모두 기쁨에 찬 환호성을 내지르지요. '도서관에서 뛰면 안 되고, 으르렁거리면 안 되'지만 그럴 만한 이유가 있는 경우는 예외니까요. 정말이지 도서관에선 무엇이든 만날 수 있습니다. 책을 통해 온갖 일을 다 겪게 되듯이 말이지요. 그것은 판타지 이상의 진실한 신비이고, 도서관은 그런 책들의 총화이니까 말입니다.

12

도서관에
박쥐들이 간다면

『도서관에 간 박쥐』
브라이언 라이스 지음, 이상희 옮김, 주니어RHK

앞의 글 「도서관에 사자가 온다면」에 이어 이번 글 제목을 보시고 싱긋 웃으시나요. 그런 웃음을 상상하면서 '사자'며 '박쥐' 말고도 그림책 속에서 도서관에 간 (사람 아닌) 친구들이 또 누가 있을까, 하나하나 꼽아보다가 손가락을 활짝 펴든 채 커다랗게 웃고 말았답니다. 이런저런 계기로 도서관에 갔다라는 동물 괴물 거인들이 어찌나 많던지요!

에베레스트 산 꼭대기에 올라가 시골 이장님 확성기를 들고 '태어나서 도서관에 한 번도 안 가 본 친구, 손들어 보세요!'라고 소리쳐야 할 참인 거예요. 아마도 작가들은 '책과 도서관'을 좋아하는 취향에 더해 어린이 독자들을 위한 권유, '이 친구들처럼 우리도 도서관에 가 보자'를 목적으로 이런 그림책을 만들고 또 만들어 냈겠지요.

박쥐 주인공 그림책을 잇달아 펴내고 있는 작가 브라이언 라이스 또한 어린 시절부터 도서관을 드나들었고, 여행을 떠나면 언제 어디서든 지역 도서관을 찾아가는 도서관 마니아라고 해요. 『도서관에 간 박쥐』도 어린 시절에 늘 드나들었던 일리노이 주의 리버사이드 공립 도서관을 공간 배경으로 삼았다고 합니다.

> 유난히 고요하고 캄캄한 밤이에요.
> 우리는 실컷 먹고 나서
> 퍼드덕퍼드덕 날갯짓을 하며 날아다녔어요.
> 그러다 금세 따분해지기 시작했지요.

질푸른 밤하늘을 날며 놀던 박쥐들에게 도서관 창문 하나가 열려 있다는 소식이 전해져요. 이 도서관 마니아 박쥐들 사이에 회자되는 바 '운이 좋으면 도서관에서 책 축제를 벌일 때가 온다'는 판타지가 실현

된 거지요. 박쥐들은 서둘러 도서관으로 향합니다. 주인공인 노란 팔찌 아기 박쥐도 엄마 박쥐 품에 안겨 날아요.

숲으로 둘러싸인 고풍스런 벽돌 건물의 2층 창문 하나가 정말 빼꼼히 열려 있고, 어서 이리로 들어오라는 듯 불빛까지 새 나오고 있어요. 박쥐들은 앞다투어 날개를 부딪치고 밀치며 도서관으로 들어갑니다. 창가 책상에는 길잡이 노릇을 한 그 불빛의 탁자 스탠드가 켜져 있네요. 아마도 서둘러 퇴근하느라 창문을 열어놓은 채 나간 이가 스탠드를 켜놓은 바로 그 사람일 테지요. 천장에는 멋진 샹들리에가 매달려 있어요. 벽을 따라 늘어선 서가에는 온갖 책들이 단정히 꽂혔고, 할아버지 박쥐는 벌써 돋보기를 쓰고 재미난 책을 찾아 날아다닙니다.

어른 박쥐들 대부분은 도서관에 와 본 적이 있어요.
도서관에 오면 할 일이 많아요.
어떤 박쥐들은 퍼드덕 날아올라
책장에 나란히 꽂힌 책 속에 푹 빠져들어요.

박쥐들이 저마다 좋아하는 책을 찾아 읽는 모습을 보세요. 먹보들은 최고의 간식거리 나방에 대한 책을 의자에 기대어 놓고는 서로 환호하며 입맛을 다시는 중이네요. 학구파들은 전문 서적을 둘러싼 채 진지하게 읽고 듣고 있어요. 단짝 한 쌍은 단둘이 읽을 책을 펼쳐 들고 팔걸이 의자 뒤쪽의 아늑한 곳을 막 찾아냈어요.

개구쟁이 꼬마들은 복사기며 동물 장식품이 여럿 놓인 놀이터를 찾아냈어요. 노트북 컴퓨터도 켜져 있어요! 아마도 창문을 열어놓고 스탠드도 켜놓은 채 나간 이가 노트북 컴퓨터를 켜놓은 바로 그 사람이겠지요. 꼬마들은 입체 그림책 속에 들어가 놀기도 하고, 음수대에서 신나게 물장난을 치다가 호통을 듣기도 해요.

꼬마 박쥐들은 투시물 환등기(OHP Projector) 렌즈 아래 모여 스크린에 비친 박쥐떼 이미지를 즐기기도 하고, 복사기 덮개와 유리판 사이에 들어가 누워 자기 몸을 복사하며 놀기도 하네요. 놀랍게도 양 날개를 활짝 편 자기 모습의 복사 이미지를 종이비행기로 접어 날리며 깔깔대는 '놀이의 달인' BAT RUDENS라 할 만한 꼬마도 있어요!

> 휙휙 날아다니다 말고
> 잠자코 앉아 책을 읽기란 쉬운 일이 아니에요.
> 하지만 신 나게 놀다 지친 날개를 잠시 접고 쉴 때는
> 재미있는 이야기만큼 좋은 게 없지요! (…)
> 어른 박쥐들도 꼬마 박쥐들도
> 모두 이야기 속으로 빠져들어요.
> 그냥 이야기를 듣는 게 아니라
> 어느새 책 속 주인공이 되지요.

드디어 그림책 읽는 시간이 와서, 아이 박쥐들과 어른 박쥐들 모두 한자리에 모여 거꾸로 뒤집어 세워 놓은 그림책을 봅니다. 이 도서관 마니아 박쥐 무리에도 그림책 읽어 주는(읽어 주기보다는 해설해 주는) 박쥐가 있어요. 그의 안내로 점점 그림책 속으로 빠져드는 박쥐 독자들을 그리면서, 작가는 온갖 솜씨를 부립니다. 이름난 동화와 그림책 장면을 거의 완벽히 재현해 내면서 그 주인공 자리에 슬쩍 슬쩍 박쥐들을 끼워 넣으며 다양하게 패러디를 구사한 거예요.

『둥둥둥, 북 치는 병정』의 북 치는 병정을 박쥐 병정으로, 요술램프를 든 알라딘과 거인 요정 지니를 박쥐 알라딘과 박쥐 지니로, 『아기 오리들한테 길을 비켜 주세요』의 뚱보 경찰이 건널목을 통제하며 수신호로 길을 건네 주는 엄마 오리와 아기 오리들을 엄마 박쥐와 아기 박쥐로, 『잘 자요, 달님』을 『잘 자요, 해님』으로, 양 갈래 닿은 머리를 옆으로 뻗친 말괄량이 삐삐를 박쥐 삐삐로 바꿔 그렸어요.

돌에 박힌 칼을 뽑아 드는 어린 아서 왕을 박쥐 아서 왕으로, 빨간 모자 소녀를 빨간 모자 박쥐 소녀로, 피터 래빗을 피터 뱃으로, 『이상한 나라의 앨리스』의 체셔 고양이를 체셔 박쥐로, 곰돌이 푸우를 박쥐 푸우로 그렸고요.

한 가지 궁금한 것은, 이 그림책의 책 읽는 장면 두어 군데서 거꾸로 매달려 보는 친구들과 바로 앉아서 보는 친구들이 함께 책을 읽고 있다는 거예요. 양쪽 친구들을 거의 절반씩 나눠 이렇게 그려놓은 것을 보면 어느 한쪽이 비정상이거나 유난히 별나다는 얘기는 아닌 듯해요. 박쥐의 시각 특성을 찾아보면 그저 색맹 정도라고 나오는데 말입니다. 한 무리인데도 사물을 거꾸로 보는 이들과 똑바로 보는 이들, 즉 생태 특성 또는 취향이 다른 친구들이 있다는 의미일까요?

"애들아, 저 빛은 뭐지? 등불이니, 달빛이니?
책 축제가 이렇게 빨리 끝날 순 없어!"
이제 막 축제를 시작한 것 같은데,
우리는 책을 반도 읽지 못한 채 돌아가야 해요.

주인공 노란 팔찌 아기 박쥐가 그림책을 읽다 말고 떠나는 것을 안타까워하는 장면에도 특이점이 있어요. 그림책 속 주인공들이 원래대로 돌아왔네요. '이제 그만 돌아가야 한다'는 엄마 박쥐의 채근이 시작되자마자 판타지도, 책 축제도, 끝이 난 거예요. 잘 놀고 간다는 감사의 뜻으로 누군가 뒷정리를 야무지게 했는지 스탠드 불도 꺼졌네요.

아기 박쥐는 엄마 품에 안겨 도서관을 날아 나갑니다. 막 불을 끈 듯한 자세의 박쥐도 보여요. 맨 앞 속표지 그림 속에 그 실시간 선행 장면이 그려졌지요. 바로 다음과 같이 꿈꾸면서요.

> 어쩌면 도서관 사서 선생님은
> 우리 박쥐들에게 또 이런 기회를 줄 거예요.
> 창문 하나를 활짝 열어 둔 채
> 도서관 속 책 세상을 우리와 함께 나눌 거예요!
> 이제 우리는 책에서 읽은 것을 꿈꾸고,
> 저마다 머릿속에 담아 둔 우주를 꿈꿀 거예요.
> 그리고 매일 밤마다
> 도서관의 창문이 열려 있다는
> 멋진 소식을 기다릴 거예요.

파르스름한 새벽하늘을, 노란 팔찌 아기 박쥐가 엄마 박쥐한테 안겨 날고 있네요. 멀찌감치 떨어진 채 책 한 권을 나르고 있는 책 밀반출자 박쥐들도 보이고요. 엄마 품 속 아기 박쥐 잠든 얼굴이 더없이 행복해요. 그것은 아마도 어린 시절에 도서관을 나설 때면 흐뭇이 차올랐던 작가의 행복감이겠지요. 도서관을 나서던 박쥐며 사자며 여우며 늑대며 오소리며 공룡이며 거인 괴물들의 행복감이기도 할 테고요.

2부 그림책·책·사람

01
이야기의 이야기를 만든 이야기

『이야기 귀신』
이승원 그림, 이상희 글, 비룡소

더도 말고 덜도 말고 책 읽을 시간을 좀 만들어야겠다, 싶습니다. 그림책을 비롯해 책들이 얼마나 멋진 세계를 품고 있는지, 책 읽기를 통해 얼마나 놀라운 체험을 하게 되는지, 떠벌이며 다니느라 정작 제가 읽고 싶은 책을 읽을 새 없었으니 말입니다. 실소 끝에 떠오르는 풍경인즉슨, 자동차에 이 책 저 책 싣고 다니다가 고속도로 휴게소 또는 목적지 근처에서의 아슬아슬한 십여 분 독서…. 그 탓에 허둥지둥 주유소를 지나치고는 연료가 바닥난 채 달리거나 약속 시간에 늦어 진땀 흘리는 혹독한 대가를 여러 차례 치렀지요.

아아, 이상한 의협심에 들뜬 채 돌아치는 일을 그만두고, 오직 읽고 싶은 책이 가득 찬 성(城)에 틀어박힐 복락의 날을 간절히 기다릴 따름입니다. '이상한 의협심'이라고 했지만 사실, 멋진 책을 읽고서도 그 세계를 알고서도 입 다물고 있자면 묘한 죄책감이 든다는 데 동의하시리라 생각합니다. 제게는 그런 의식의 밑바닥에 '이야기 (주머니) 귀신'이라는 옛이야기가 자리 잡은 듯해요.

옛날 옛적에 이야기 좋아하는 아이가 살았는데 이야기를 듣기만 하고 들려주지 않아서 이야기 귀신들에게 혼이 났더란다…쯤으로 요약됩니다. 이 이야기를, 처음 들은 적이 언제인지는 기억나지 않습니다만 '이야기 좋아하는 아이'라는 주인공과 자신을 동일시한 탓에 등골이 오싹했던 일은 생생합니다. 그림책 『이야기 귀신』의 글을 쓰면서 주인공을 여자 아이(-들: 막내딸 아이와 몸종 아이)로 설정한 것도, 이전에 출간된 동일한 주제의 여러 각편 그림책들과의 차별화와 함께 필자의 뿌리 깊은 동일시 체험이 큰 이유가 되었을 겁니다.

때마침 옛 문장가에 관한 자료를 찾다가 목은 이색이 쓴 글에서 부인에 대해 언급한 대목 '이야기와 책 읽기를 좋아한다'는 것을 접하고, 그 부인을 실제 모델로 삼는 운도 따랐고요. 덕분에 일관성 있는 복식이며 가옥 구조 등의 연출이 필요한 화가에게 '고려 시대'라는 배경을 건넬 수 있었습니다. 『이야기 귀신』의 주인공은 이야기를 좋아하는 부잣집 막내딸 아이(-부정적 자아)와 몸종 아이(-긍정적 자아), 둘이라고 할 수 있습니다.

그래서 화가에게 이 그림책의 첫 장면에다 글에는 등장하지 않는 몸종 아이를 꼭 그려 달라고 부탁하면서, 이후의 모든 장면에서도 몸종 아이가 내적인 주인공으로 보일 수 있게끔 연출해 달라고 당부했지요. 이는 '모든 옛이야기의 주인공은 이름 없는 민중이다'라는 옛이야기 본질에 따른 설정이기도 했습니다.

> 옛날 옛적에 어느 집 막내딸 아이가 이야기를 무척 좋아했어.
> 할아버지한테도 이야기를 해 달라,
> 오라비들한테도 이야기를 해 달라,
> 동네 아주머니한테도 이야기를 해 달라, 만날 졸라 댔지.

막내딸 아이는 여성의 지위가 상당했던 고려 귀족 자제답게, 호화로운 별당에서 당시에는 꽤 비쌌을 종이를 얼마든지 들여놓고는 여기저기서 듣고 온 이야기를 적습니다. 이야기 쪽지를 비단 주머니에 차곡차곡 모아두는 재미에 빠진 거지요. 한편, 몸종 아이는 막내딸 아이를 돌보느라 따라다니면서 귀동냥으로 얻어 들은 이야기를 누구에게랄 것 없이 종알종알 들려줍니다. 심지어 항아리며 솥뚜껑이며 두꺼비에게도요.

글을 써서 남길 수 없으니 그런 식으로 얼른 전하고, 되풀이 전하는 수밖에 없었겠지요. 바로 이 점 또한 '옛이야기의 민중성'을 구현하는 셈입니다. 화가는 글을 재치 있게 확장하여 부엌의 모든 기물과 식재료, 즉 국자며 호리병이며 밥주발이며 찬기들이며 두릅에 꿰어진 굴비들도 듣고, 부엌 창에 날아든 참새들도 재미나게 듣는 것으로 연출해 주었습니다.

나박나박 야채를 썰며 종알거리는 듯한 몸종 아이 모습, 줄줄이 꿰인 굴비들이 웃고 놀라는 모습과 참새들이 모여든 모습이, 즐거이 이야기를 주고받는 생생한 구연 현장 그대로라 할 만합니다. 그러구러 이야기를 모아들이던 막내딸 아이가 일찌감치 혼례를 올리게 되었는데, 정작 자신은 나 몰라라 하며 여전히 이야기를 탐하러 다닐 뿐입니다.

몸종 아이만 잔치 준비에 여념이 없어 종종걸음을 치는데, 하루는 막내딸 아이 방에서 우연히 귀신들이 쏟아내는 한탄을 듣게 되지요. 원한에 찬 계략도요.

"난 아이가 뒤뜰을 지나갈 때
독이 든 딸기가 되어서 죽일란다."
"난 아이가 앞뜰을 지나갈 때
독이 든 모란꽃이 되어서 죽일란다."
"그래도 안 죽으면 내가 구렁이가 되어
아이 신방에 숨었다가 죽일란다."

여기서부터 재화자로서 필자의 고민이 깊었습니다. '이야기 (주머니) 귀신 이야기'의 여느 각 편에서 머슴 또는 하인이 해결하는 것과 다른 사건, 여자 몸종 아이가 해결할 수 있는 사건이 필요했습니다. 누군가의 조력이 있어야 했지요. 결국 '밥을 먹여 키운 부엌 두꺼비 덕분에 목숨을 구한 처녀' 화소를 끌어왔습니다.

여기서 두꺼비는 밥뿐 아니라 이야기까지 먹여 키운 영물인 셈입니다. 이야기 귀신들의 흉계를 알고 있는 몸종 아이는 딸기며 모란꽃에 한눈파는 신부를 사생결단 막아서며 초례청으로 안내합니다. 그리고 이제, 두꺼비가 함께할 차례입니다.

> 저녁에 혼례식을 무사히 치르고, 밤이 되었어.
> 신랑 신부가 신방에 들어갔는데,
> 몸종 아이가 웬 두꺼비를 안고는 방문 앞에 척 앉아서.
> 어째서 거기 앉았느냐고,
> 온 집안 사람들이 야단을 쳐도 못 들은 척해.
> "아기 때부터 함께 자라서 못내 섭섭한가 보구나."
> 주인마님이 와서 보고는 그냥 놔두래.

그렇게 밤을 새며 꾸벅꾸벅 졸던 몸종 아이를 깨운 것은 새 소리… 방안의 심상찮은 소리며 그림자에 화들짝 놀란 몸종 아이가 급히 문을 열어젖히고 얼른 두꺼비를 내려놓습니다. 엎치락뒤치락 조용한 소동을 피운 끝에 구렁이는 죽고, 다음 날 아침 모든 사실을 알게 된 주인 어른으로부터 몸종 아이는 상을 받게 됩니다. 평생 먹고살 수 있도록 집이며 논밭을 얻지요.

옛이야기다운 이 행복한 결말을, 더욱 진정성 있게 구현하기 위해 필자는 재화자의 재량으로 후일담을 보탰습니다. 이야기도 자유롭게 풀어놓고, 묶여 지내던 몸종 아이도 자유롭게 풀어놓으니, 원고를 마무리하던 내 마음 또한 훨훨 자유로웠던 기억이 납니다.

그 뒤로 몸종 아이는 글도 배우고 막내딸에게 이야기 주머니도 얻어서 아주 소문난 이야기꾼이 되었더란다.

책 읽을 시간을 만들겠다고 다짐은 했지만, 글 쓰고 떠벌이는 일을 포기하진 못하리라는 예감이 듭니다. 이야기 귀신들이 위협하지 않더라도, 이제껏 들은 멋진 이야기와 지금껏 읽은 멋진 책들이 시시 때때 누군가에게 들려주고 읽어보게끔 권하라고 가슴 뛰게 부추기니까요.

02

책의 꿈,
독자의 꿈

『내가 책이라면』
안드레 레트리아 그림, 쥬제 죠르즈 레트리아 글,
임은숙 옮김, 국민서관

모처럼 산골짜기집 여름 뜰을 어정거리는데 후두둑, 후두둑, 머리 위에서 까맣게 익은 오디가 떨어집니다. 그 '후두둑'은 곧 '나, 이렇게 잘 익었어요!'라는 소리지요. 벌써 딸기밭 옆 뽕나무 것을 손끝이 까매지도록 따먹은 다음이라 돌돌이를 부릅니다. 제 애비랑 꼭 닮은 녀석은, 고기만 탐하던 제 애비하고 식성이 아주 달라서 과일이며 열매를 아주 잘 먹거든요.

날름, 날름, 날름…. '무슨 맛인지는 모르겠지만 일단 먹어 둘게요'라는 듯 임무 수행에 충실한 녀석을 물끄러미 지켜보자니, 오디한테 미안하다는 생각이 들었습니다.

한 알 집어 들고 들여다보면서 '어쩜 이렇게 알알이 까맣게 익었을까?'라는 둥, 입속에 넣고 혀로 가만히 누르면서 '아, 참 묘하게 달다!'라는 둥, 감탄 한 마디가 없으니 말이지요. 참, 섭섭하고도 생뚱맞은 기분이겠다 싶습니다. 내가 오디라면 말입니다.

포르투갈 시인 쥬제 죠르즈 레트리아가 쓴 시를, 그의 아들 안드레 레트리아의 판화 그림으로 만든 그림책 『내가 책이라면』은 책이 바랄 만한 소망을 재치 있게 은유한 시와 그림이 매력적입니다.

내가 책이라면,
날 좀 집으로 데려가 달라고 부탁하고 싶어요.

벤치에 놓인 책과 그 책을 발견하는 독자… 지극히 그림책 첫 장면답다고 할 만한 이 그림은 '어느 때 어느 장소에서 한 독자 앞에 출현하는 책', 즉 '책과 독자' 관계에 대한 오래된 상징을 떠올리게 합니다. 우리가 책 한 권을 펼쳐 들게 되는 데는 모름지기 어떤 필연이 있다는 거지요. 그리고 그렇게 만난 독자를 위해 책에는 저자가 밝혀낸 비밀에서부터 책이 탄생하기까지의 비밀까지, 온갖 지혜와 정보가 그득 담겨 있는 법이지요.

　책은 무엇보다 세상 모든 아이들을 비롯해 계속 성장해야 할 존재들이 '저마다 꿈을 키울 수 있는 곳'으로 가도록 돕고 싶어 합니다. 책이 사자 꼬리와 네 다리로 걷고 있는 이 장면은 동영상만큼이나 역동적입니다. 어린 독자들이 특히 즐거워 할 그림입니다. 다음 장면에서 책은 애완동물의 견인줄처럼 길게 늘여진 책 끈으로 독자에게 이끌려 가고 있습니다. 우두커니 책장에 꽂힌 장식이 되기보다는 어디서든지 독자와 함께 있고 싶어 한다는 거지요.

　이어지는 여행 가방 책 이미지는, 그렇게 세상 곳곳의 과거와 현재와 미래를 이어주는 책은 곧 삶의 여행을 가능하게 하는 독자의 여행 가방 그 자체라고 얘기하고 있습니다. 그 여행 가방 책은 독자가 길고 짧게 머무는 어느 곳에서든 아늑한 텐트가 되어 밤의 친구가 되어주고 휴식처가 되어주겠지요. 이제 책 읽는 시간이 시작됩니다.

　　내가 책이라면,
　　막 읽기 시작했을 때 이야기가 어떻게
　　끝나는지 알고 싶지 않을 거예요.

　계단을 오르듯 차근차근 읽어 나가기를 바라는 소망과 문어 다리처럼 한 페이지 한 페이지를 알뜰히 빨아들이길 바라는 소망과 지퍼를 채우듯 단단히 간직하길 바라는 소망과 달팽이처럼 천천히 관통하길 바라는 소망을 각각 상징하는 책 계단과 책 문어와 책 지퍼와 책 달팽이 그림은 그대로 도서관 열람실 포스터로 쓸 만합니다.

　　내가 책이라면,
　　꼭 읽어야 해서 베스트셀러라서 읽히고 싶지는 않아요.

　책 가운데로 혀가 날름거리는 책 뱀은 이즈음 오히려 해악이 될 수도 있는 세상 모든 불길한 책에 대한 경계경보를 울리면서, 겉치레의 허물을 벗은 진정한 독서가 되길 소망합니다. 그럼으로써 책은 궁극적으로 독자가 자기를 읽고 가져서 '글자와 소리로 세워진 아주 높은' 존재가 되길 바라고, 한 페이지 한 페이지 넘기며 온몸으로 감각하는 이 헤엄치기를 통해 보물섬에 닿기를 바라고, 어디에나 높디높게 띄워 올리는 이상을 품게 되길 바라지요.

　　내가 책이라면,
　　영원히 기억될 특별한 하루의
　　달콤한 향기를 늘 풍기고 싶어요.

　책은 계속 노래합니다. 자기를 읽은 시간 덕분에 그 하루가 꽃다운 날이 되길 바라는 소망을, 자기를 읽을 때만큼은 드넓은 대자연을 가까이 만나고 누릴 수 있길 바라는 소망을, 자기를 읽는 것이 훌륭한 시인을 만나는 일이 되고 그 시인을 가까이 마주 앉는 식탁에 초대하는 일이 되길 바라는 소망을요.
　책은 꿈꿉니다. 누구에게든 날아갈 수 있는 비행기가 되길, 세상의 무지(無智)를 청소하는 비가 되길 꿈꾸면서, 자기를 가두는 덫이 되지 않길, 항해를 멈추고 닻을 내린 채 잊히지 않길 바랍니다. 그리하여 자기를 읽는 독자가 결코 길들여지지 않고 힘차게 날뛰는 자유로운 영혼이 되길, 한 편의 명시(名詩)처럼 늘 새로운 세계로 나아가게 되길, 세상의 모든 불화와 전쟁을 막아내는 성이 되길 꿈꾸지요.

책은 무엇보다 열정적인 독자를 만나기 원합니다. 언제 어디서든 접속되길 바라면서 스스로 자라는 생명이 되길 소망하지요. 단 한 권만으로 도서관이 되는 날을 꿈꿉니다. 이 그림책의 마지막 장면은 첫 장면의 벤치에 놓였던 책을 읽으며 떠나가는 주인공 독자를 보여 주며 말합니다.

내가 책이라면,
꼭 듣고 싶은 말이 있어요.
"이 책이 내 인생을 바꿔 주었어."

결국 지금까지 늘어놓은 책의 소망은 곧 독자가 바라는 '좋은' 책에 대한 소망입니다. 시인 아버지는 바로 그런 좋은 책을 골라 읽고, 화가 아들에게 선물하고 권했겠지요. 그렇게 살아온 이들에 의한 시와 그림이, 나란히 또는 살짝 크고 작게 어긋나면서 '책 – 책 고르는 일과 책 읽는 일', '독자 – 독자의 태도와 기대'를 두루 담아낸 멋진 그림책입니다.

저도 이 책을 여럿에게 선물하고 권하며 읽어 주고 보여 주고 싶습니다. 오디 맛을 음미할 새 없이 날름날름 먹어 치우기만 하는 우리 돌돌이처럼 책을 소비하는 독자들, 한 행을 음미할 게 없는 소모적인 책들을 한탄하고 걱정하는 대신 말입니다.

03

'에밀리 디킨슨'이라는
詩

『나의 삼촌 에밀리』
낸시 카펜터 그림, 제인 욜런 글,
최인자 옮김, 열린어린이

나에게 '책'이라고 하면 두 가지가 나란히 그 으뜸 자리를 차지합니다. 시집과 그림책이지요. 가방 속에는 대개 시집이며 부피가 작은 그림책 두어 권이 들었는데, 그것이 딱 한 권일 경우엔 틀림없이 에밀리 디킨슨입니다. 어디서든 혼자 있을 때, 혼자서 밥 먹을 때나 차 마시고 커피 마실 때도 이 에밀리 디킨슨을 꺼내어 야금야금 맛나게 읽곤 합니다. 시 좋아하는 친구를 만났을 때엔 소곤소곤 서로 한 편씩 읽어 주기도 하고요.

가족이며 지인들과 함께 있는 자리에서도 그럴 듯한 분위기가 되면, 또는 디킨슨의 한 마디가 있어 금상첨화 내지 화룡점정이 될 듯하면, 슬그머니 꺼내어 한 편쯤 읽기도 해요. 하지만 슬그머니 꺼냈다가 슬그머니 집어넣을 때도 많습니다. 내게는 그림책만큼이나 시가 맛난 것이고 누구에게든 읽어 주고 보여 주며 선물하고 싶은 것이지만, 어쩐지 망설여질 때가 있거든요.

『나의 삼촌 에밀리』에 나오는 길버트가 자기 삼촌(고모) 에밀리의 시를 학교에 가져가야 했을 때 그랬듯이 말입니다. 우리 일상에서 시라는 것 자체가 이물스레 취급되기도 하지만, 더구나 그것이 어떤 시보다도 은유의 간극에 의한 함의가 뛰어난 에밀리 디킨슨 시이기 때문이었을 겁니다. 『나의 삼촌 에밀리』는 에밀리 디킨슨과 시에 대한 그림책입니다.

『에밀리』(Emily, 바버러 쿠니 그림, 비룡소)가 이웃집 아이의 눈에 비친 신비로운 존재를 그림자 그리듯 얘기한 데 비해, 이 책은 에밀리 디킨슨이 사랑해 마지않던 어린 조카 길버트의 목소리로 시인과 시를 얘기하고 있습니다.

『에밀리』가 디킨슨이 이웃 아이에게 건넨 쪽지 한 장에서 비롯된 이야기라면, 『나의 삼촌 에밀리』는 디킨슨의 편지에 언급된 사실을 중심으로 서로 열렬히 사랑했던 어린 조카와의 여러 에피소드를 재구성해 만든 그림책 이야기예요.

『부엉이와 보름달』을 썼던 제인 욜런이 글을 쓰고, 이브 번팅과 함께 『꼬마곰과 작은 배』를 만들어 낸 낸시 카펜터가 그림을 그렸지요. 에밀리 디킨슨을 숭배하는 처지이기도 하지만 양쪽 다 믿을 만한 작가들이어서, 그림책을 처음 대할 때 무척이나 가슴이 쿵쾅거렸던 기억이 납니다.

어느 날, 길버트는 자기를 삼촌으로 부르게 하는 괴짜 시인 고모에게서 시 한 편과 죽은 벌 한 마리를 받습니다. 여느 일곱 살배기가 좋아할 과자나 사탕은 아니지만, 그것은 길버트 자기를 '시의 세계' 친구로 여긴다는 우정의 선물일 테지요. 길버트는 과꽃 한 송이로 보답하고, 에밀리 삼촌 또한 길버트의 선물을 진지하게 받습니다. 그러면서 묻지요.

"과꽃이 시 값이면, 벌 값은 안 주는 거니?"
삼촌이 물었어요.
우리는 그게 무슨 대단한 농담이라도 되는 양 또다시 함께 웃었어요.
에밀리 삼촌과 나는 종종 둘이서 찾아낸 재밌는 것들을 두고
함께 웃곤 한답니다.
둥근 천장에 붙은 파리라든가
늪지의 개구리들이라든가
우리가 '팔랑거리는 안녕'이라고 부르는 나비 같은 것들 말이지요.
하지만 삼촌이 나에게 건네준 시는
절대 농담이 아니었어요.

에밀리 삼촌은 시에 대해서는 결코 농담하지 않아요.
삼촌이 '등불을 켜는 사람'이라고 부르는 시인들에 대해서도요.

함께 농담을 즐긴다고는 해도, 죽은 벌과 시를 선물로 반긴다고는 해도, 길버트가 에밀리 삼촌의 시를 환히 이해해서 좋아하는 건 아닙니다. 그래서, 마침내 자기 방에 들어와 홀로 그 시 「뒤영벌의 영구마차」를 읽고는 여러 가지 의문에 사로잡히지요. 뒤영벌에도 신앙이 있는지, 뒤영벌이 꽃에게 기도하는지, 뒤영벌이 영구마차를 타는지…. 길버트에게 더 큰 문제는 이 난해한 선물을 학교 선생님께 갖다 드리라는 삼촌의 심부름입니다.

나는 시를 학교에 가져가고 싶지 않았어요.
아이들이 시를 이해하지 못할까봐 두려웠고
시를 읽고 웃을까봐 걱정되었어요.
에밀리 삼촌과 내가 웃는
그런 유쾌한 웃음이 아니라,
심술궂은 웃음 말이에요.
나는 나보다 덩치 큰 누군가가 시에 대해서
뭔가 나쁜 말을 할까 봐,
에밀리 삼촌에 대해 킬킬거리며 비웃을까봐 두려웠어요.

엄마는 길버트가 이 심부름을 꼭 해야 하는 이유를 말합니다. '에밀리 디킨슨이 세상에 시를 보내는 건 드문 일'이라고요. 그러나 결국 심부름이 문제를 일으켰지요. 선생님이 에밀리 삼촌의 죽은 벌을 높이

들어 올려 보이고 시를 읽어 줬을 때, 모두들 진지하긴 했습니다.

하지만 길버트가 걱정했던 대로 친구들은 이해되지 않는 구절에 대해 이런저런 질문을 해댔지요. 이 대목에서 선생님의 대답이 생략된 점이 특히 마음에 듭니다. 역시, 제인 욜런이라니까요! 게다가 쉬는 시간에 덩치 큰 조나단이 운동장에서 에밀리 삼촌을 우둔하고 괴팍한 노처녀라고 떠들어대는 바람에 길버트는 조나단을 한 방 먹이게 되고, 자기도 한 방 먹고는 넘어져 발목까지 뻽니다.

> 하지만 이제 조나단은 코에
> 커다랗고 붉은 장미 꽃송이를 달게 되었지요.
> 나는 조나단에게 그렇게 말하고, 깔깔 웃어 줬어요.
> 에밀리 삼촌은 조나단을 때린 걸 좋아하지 않겠지만,
> "그의 코에 피어난 크고 붉은 장미 꽃송이"란 말은 좋아할 거예요.
> 그건 거의 시였으니까요!

강렬하고도 멋진 비유를 구사하고 스스로 그것을 '거의 시'라고 얘기하거나 자기를 사고 치게 만들고 바보 모자를 쓴 채 벌서게 만든 조나단이지만 에밀리에게 쓴 감사의 편지가 시적이기 때문에 용서해주고 싶었다고 얘기하는 이 장면은, 길버트가 대충 재치 있게 구는 아이가 아니라 시인 에밀리 디킨슨의 진정한 친구라는 걸 확인하게 됩니다. 사실, 어떤 아이든 단둘이 얘기를 나누다 보면 어느새 시의 세계를 함께 누비고 있다는 걸 깨닫게 되지요.

길버트는 네드 형에게 업혀 귀가하는 길에 사건의 자초지종을 털어놓게 되는데, 네드 또한 시인이 아끼던 또 한 사람 조카답게 길버트가

오해한 '은둔'과 '우둔'의 진실을 멋진 비유로써 깨우쳐 줍니다. 그리고 나이 차이가 큰 형답게 동생의 '정의로운 분노'에 공감해 주면서 '주먹' 말고도 해결할 방법이 있음을 알려 주지요.

"에밀리 삼촌은 이웃집 아이들에게 주려고
종종 창문 밑으로 생강과자 바구니를 내려 보내곤 하셔.
그러니 삼촌은 절대 은둔자라고 할 수 없어.
네가 조나단에게 이런 이야기를 했더라면,
굳이 주먹을 날리지 않고도
조나단 말이 거짓이라는 게 알려졌을 거야."

길버트는 그 날의 사건이 에밀리 삼촌에게 알려질까 봐, 그래서 '세상에서 제일 사랑하는 사람의 마음을 아프게' 할까 봐 다리를 절뚝거리면서도 자기가 맡은 마구간 청소를 해냅니다. 그러다 웽웽거리는 파리 소리를 듣고, 에밀리 삼촌이 어째서 파리를 '점 피아노'라고 칭했는지도 알게 됩니다.

홀로 고통 속에 있음으로 득도한 셈이지요! 그러나 에밀리 삼촌은 길버트가 절룩거린다는 것도, 대충 얼버무린 사건 보고에 감춰진 진실이 있다는 것도 눈치채곤 과꽃 밭에 숨어 울고 있는 길버트를 찾아내 시를 건넵니다.

"말하라, 모든 진실을." 시는 이렇게 시작했어요.
"하지만 말하라, 비스듬하게—
성공은 빙빙 돌아가는 데에 있다."

길버트는 에밀리 삼촌과 함께 가족들 앞으로 돌아가 얼버무렸던 사건의 '진실을' '비스듬하게' '빙빙 돌아가며' 천천히 이야기합니다. 가족들에게 갈채를 받은 건 물론이고, 에밀리 삼촌에게서도 '따뜻한 미소'라는 성공 사인을 받게 되지요.

　이 일이 있은 지 두 해를 더 살고, 길버트는 세상을 떠났다고 합니다. 더 길게 살았더라면, 에밀리 삼촌 같은 시인이 되었겠지요. 길버트를 생각하며 용기를 내어봅니다. 언제 어디서든 조바심하거나 눈치 보지 않고 시를 읽고 시에 대해 얘기하겠다고요.

04
'책 읽는 시절'을 기다리며

『책 읽기 좋아하는 할머니』
존 윈치 지음, 조은수 옮김, 도서출판 파랑새

바퀴가방 끌고 한 주간에 한 번 서울 오가는 일정이 시작되었을 때, 야심차게 꿈꾸던 것이 한 시간 반쯤 걸리는 승차 시간 동안 책 한 권 읽을 수 있겠다는 계획이었습니다. 하지만 그것은 그야말로 '꿈'이 되고 말았어요. 고속버스 안의 텔레비전 소음과 방약무인한 휴대전화 통화음도 어지간히 신경을 괴롭혔지만, 이상하게 두 꼭지를 채 못 읽고 번번이 빠져들게 되는 졸음 탓이 더 컸지요. 노추가 따로 없다, 비탄하면서도 돋보기 때문이라고 둘러대며 스스로 위로하곤 합니다.

그런데 이따금 고속버스와 관련해 '예기치 않은 책 읽기의 행복'을 맛볼 때도 있습니다. 어쩌다 버스를 놓쳤거나, 명절 연휴와 휴가철에 고속버스가 연착될 때입니다. 절대로 자리를 떠서는 안 되는, 잠자코 꾹 눌러앉아 다음 차편을 하염없이 기다려야 하는 시간이라니!

종종거리고 사는 누구라도 그 시간에 할 수 있는 일이라면 책 읽기밖에 없는 겁니다. 너무 맛나게 읽다가 또다시 버스를 놓칠 뻔하는 일만 아니라면 썩 오묘한 무아지경을 누릴 수 있다는 것, 밀폐된 고속버스 안보다는 승강장이 훨씬 좋은 독서 환경이 된다는 묘한 사실이 경이롭기만 합니다.

길에서 시간을 보내다 책상 앞에 돌아와서도 읽어야 할 자료며 참고 도서가 늘 필독 우선순위를 다 채우고 있습니다. 정작 읽고 싶은 책은 택배 상자 속에서 하릴없이 때가 오기를 기다려야 하지요. 한 번 펼쳐 들면 다 읽기 전엔 좀처럼 내려놓질 못해 저질러진 일들을 떠올리면 언제라도 등줄기가 서늘해집니다. 지난 주말에도 친구에게 선물 받은 책을 섣불리 펼쳤다가 그림책버스 지킴이 시간을 놓칠 뻔했습니다.

어쨌거나 이런 얘기들은 결국 본인 독서 환경이 얼마나 열악한가 하는 고백이나 다름없겠지요. 읽고 싶은 책을 높다랗게 쌓아둔 채 읽고, 읽고, 또 읽을 수 있는 시절이 언제나 올까요? 그 대답을 눈으로 본 것이, 존 윈치의 그림책 『책 읽기 좋아하는 할머니』의 첫 장면을 펼쳤을 때입니다.

어깨에 숄을 둘러야 하는 늦가을이나 이른 봄, 촛불이 켜진 것을 보니 늦저녁인가 봅니다. 은발을 쪽진 할머니가 돋보기 너머로 열중하신 것이 무슨 책인지 궁금합니다. 입꼬리가 살짝 들리고 뺨이 발그레 상기된 모습이 한창 재미있는 대목인 듯합니다. 토끼가 당근을 먹다 말고 책장을 넘겨다보고, 두꺼비며 새며 생쥐 들까지 모여드는 걸 보니 아마도 할머니가 나직이 소리 내어 읽고 있는지도 모르겠습니다. 할머니 어깨 위 앵무새가 할머니 책 읽는 소리를 흉내 내고 있는 듯도 합니다.

> 시골 작은 집에 책 읽기를 아주 좋아하는 할머니가 살았어요.

할머니는 시골의 작은 집답게, 서재라기보다는 식탁이 있는 주방 겸 거실에 앉으셨어요. 벽을 따라 소시지, 달걀, 옥수수 같은 식료품과 주전자며 프라이팬이며 도마며 치즈 갈개며 석쇠며 조리 도구에다 숯불 피우개며 새 깃털 다발이며 열쇠가 섞여 걸려 있는 풍경이 재미납니다. 식탁 위에도 사과, 저장 과일, 배가 불룩한 찻주전자가 책과 섞여 놓였습니다. 아직도 홀씨가 붙은 민들레 꽃대와 풀줄기가 꽂힌 함석 통도 보입니다.

그러나 할머니가 예전부터 이렇게 취향껏 살아 오신 것은 아닙니다. 이처럼 꿈같은 시절에 이르기 위해 무엇보다 이 짐 저 짐 싸 들고 도시를 벗어나야 했지요. 책 꾸러미와 카펫에 배드민턴 채, 크로케 스틱, 골프채 같은 운동 도구와 가방들을 들고요. 아무렴, 그렇지요. '책 읽는 시절'이 그저 와 주지는 않지요!

> 할머니도 한때는 도시에서 살았었지요. 그런데 점점 소란스러워지고 복잡해지자
> 할머니는 이사를 하기로 결정했답니다.

할머니는 도시를 벗어나는 것만으로 좋은 시절을 얻진 못했어요. 새로 이사한 시골집에는 할 일이 아주 많습니다. 오래 비워졌던 집안부터가 엉망이에요. 벽에 덧댄 널빤지 몇 개와 창문 문짝은 떨어져 나갔고, 창문 가리개며 액틀도 금세 떨어져 나갈 지경입니다. 이삿짐을 풀기 시작하자, 거기가 제집인 듯 지내던 오리며 칠면조며 닭이며 뱀이며 주머니쥐며 도마뱀이 할머니를 쳐다봅니다.

집안 정리를 다 끝내고도 할머니는 책을 펴고 있을 수 없었습니다. 시골집 앞뜰이 할머니에게 뭔가 심고 가꾸라고 말없이 재촉했겠지요. 할머니는 챙 넓은 모자를 쓴 채 쇠스랑을 들고 외발 수레를 끌고 밭을 일구러 나갑니다. 골프채와 크로케 스틱을 꽂아 세워 줄을 치고 리본을 묶어 동물들이 오지 못하게 하고서요. 책이며 쿠션이며 숄이며 야외용 의자와 양산에다 차를 가져다 놓는 것도 잊지 않습니다.

언제라도 쉬게 될 때는 책을 읽으리라는 의지를 엿볼 수 있습니다. 밭일 하면서 뜰 한쪽에 책을 열네 권이나 내어놓은 이 장면을 볼 때마다 쿡, 쿡, 웃곤 합니다. 잠깐 바람 쐬러 가면서도 가방에 서너 권 책을 넣고 간다고 만날 놀림 받는 나를 보는 듯해서요.

집안 일도, 바깥 일도 어지간히 끝냈을 무렵, 그러니까 이제야 책을

좀 펴고 앉게 되었을 무렵, 할머니의 책 읽을 시간이 빼앗길 일이 생깁니다. 길 잃은 어린 양 하나가 들어온 거지요. 책 읽기도 포기할 수 없고, 가여운 생명을 저버릴 수도 없어, 할머니는 한 손엔 책을 든 채 나머지 한 손으로 양을 돌봅니다.

그러나 양이 제 갈 길로 가고 나서도 할머니는 온전히 책 읽기에 몰두할 수 없습니다. 여름이 와서 나무들마다 과일이 주렁주렁 열렸기 때문이지요. 시골이라는 곳은 슈퍼마켓이 없는 자급자족의 삶터, 할머니는 한 철만 풍성할 뿐인 먹거리를 갈무리해 겨울을 대비해야 한다는 걸 알고 있습니다. 과일을 따 들이는 한편, 요리책을 펴놓은 채 잼이며 설탕 졸임이며 저장 식품 만들어야 하는 거지요. 그뿐인가요. 가뭄이 든 탓에 물 먹기가 힘든 동물들을 위해 할머니는 땡볕 아래 펌프질까지 하게 됩니다.

간신히 여름을 나자마자 이번엔 장마가 닥칩니다. 할머니는 방주를 띄우듯 욕조를 띄워 동물들을 구해 내기 바쁩니다. 가을 내내 내리던 비가 겨울을 몰고 옵니다. 따뜻하게 타오르는 벽난로를 즐기는 동물들 사이에서, 할머니가 읽으려고 내려둔 책을 토끼가 읽습니다.

여전히 할머니는 책 읽을 새가 없는 겁니다. 바깥에서 우비를 입은 채 땔감을 장만하느라 여념이 없습니다. 산골짜기에 사는 터에 알게 됐습니다만, 이 땔감 장만이라는 건 끝이 없는 일이랍니다! 그래도 겨울이 깊어지자 할머니는 평화를 누리게 됩니다.

한쪽 구석에는 미처 풀지 못한 짐 꾸러미들과 가방들이 쌓였지만 책 만큼은 죄다 풀어놓은 거실이네요. 동물들이 책을 타 넘기도 하고 터널처럼 들락거리기도 하는 가운데 할머니는 절반쯤 읽던 책이며 안경을 무릎에 얹어놓은 채 싱긋 웃는 얼굴로 잠깐 졸고 계십니다.

마지막 장면입니다.

"이제서야 할머니는 마음껏
책을 읽을 수 있게 되었답니다."

이 글과 끝 장면의, 살짝 어긋나는 간극의 효과야말로 그림책의 묘미 가운데 하나인 듯해요. 졸다가도 읽고, 밥 먹다가도 읽고, 자다가도 읽는, '마음껏' 책 읽는 시절의 진정한 국면을 통해 작가 또한 책 읽기에 관한 온갖 기쁨과 슬픔을 아는 동족임을 확인하게 됩니다.

판권 바로 앞 쪽의 '읽어야 할 책' 목록이 적힌 쪽지를 들여다보는 재미도 각별합니다. 책 읽기 좋아하는 할머니라면 벌써 읽었을 법한 책들인 것이, 아마도 그것은 '다시 한 번 읽어야 할 책'이기도 하거니와 작가가 독자들에게 꼭 읽어 보기를 권하는 책들이겠지요.

할머니가 되어 도시를 떠나 시골집으로 들어가서도 깊고 깊은 겨울이 와야 비로소 '책 읽는 시절'을 맞게 되리라는 무시무시한(?) 잠언처럼 여겨지는 이 그림책. 하지만 언젠가는 그 시절을 꼭 맞게 되리라는 결론이 그리워서 책상 위 한쪽에 이 책을 세워두곤 합니다.

05

공들여 마음 새겨 담은 책

『바람따라 꽃잎따라』
김근희 지음, 웅진주니어

책이 많기도 하고 흔하기도 합니다. 가벼운 책이 있는가 하면 무거운 책도 있고, 귀한 책이 있는가 하면 하찮은 책도 있지요. 아름다운 책이 있고 추한 책이 있고, 명랑한 책이 있고 음울한 책이 있어요. 슬픈 책이 있는가 하면 기쁜 책도 있고요. 유익한 책과 백해무익한 책도 있습니다. 희망을 얘기하는 책과 절망을 얘기하는 책도 있지요.

『바람따라 꽃잎따라』는 소망을 얘기하는 그림책입니다. 일제 강점기에 독립운동하러 떠난 아버지를 걱정하던 아이가, 고려 사람들이 벼랑 끝에 서서도 절망하지 않고 마음 바닥 깊은 곳에서 차분히 길어 올린 소망을 공들여 새겨 담은 「팔만대장경」을 만남으로써 '절망과 두려움을 이겨내는 법'을 깨닫게 되는 이야기지요.

기약 없이 만주로 떠난 아버지를 기다리는 '바람이'는 할머니를 따라 가야산 숲 벚꽃 길을 걷습니다. 해인사에 가는 길이지요. 분분히 날리는 꽃비가 아름다운 줄도 모른 채 바람이는 온종일 걷고 또 걸어서 발이 아프고 다리가 저릴 따름입니다.

"할머니, 부처님께 빌러 가는 거야?"
"그럼, 바람이 아버지 무사히 돌아오고 어머니 빨리 나으라고 부처님께 빌어야지."

할머니 말씀에 바람이는 뻐근하게 아픈 다리에 다시 힘을 주었겠지요. 마침내 해인사에 다다라 일주문을 지나고 봉황문 앞에 이릅니다. 봉황문은 천왕문 또는 금강문이라고도 하지요. 지금껏 의연하던 할머니는 주지 스님을 마주치자 소식 없는 아들과 몸져누운 며느리를 어찌하랴 하소연합니다.

바람이는 대뜸 질문을 던집니다. "부처님께 빌면 아버지가 돌아오시고 어머니가 나을까요?" 스님은 대답이라기보다는 세상이 돌아가는 이치를 일러 줍니다.

"바람아, 어머니 아버지가 많이 걱정되지?
나쁜 마음으로 일어난 것은 반드시 무너진단다.
이제 일본이 물러갈 날도 멀지 않았으니, 기운 내거라."

바람이는 할머니가 백팔 배를 드리는 동안 절 여기저기를 기웃거리다 커다란 전각인 장경각으로 다가갑니다. 안을 들여다보다가, 촘촘히 박힌 나무 창살 너머 선반마다 나무판들이 빼곡하다는 것을 알게 되지요. '나무판들이 뭐길래 저렇게 모아 놓았을까?' 궁금한 바람이는 불당 앞 계단에 앉아 할머니를 기다리다 깜박 풋잠이 듭니다.
그리고는 환히 웃고 있는 아버지를 껴안으며 외쳐 부르다 깨어납니다. 바람이가 껴안은 것은 자기를 업고 있는 주지 스님의 등이었어요. 아버지를 떠올리게 하는 든든한 몸을 따스하게 느끼며 바람이는 저 큰 집에 있는 나무판들은 무엇이냐고 묻지요. 스님이 대답합니다.

"장경각에 갔었구나. 그 나무판들은 부처님 말씀을 새겨 놓은 대장경판이란다.
지금부터 700년 전쯤 우리나라가 고려였을 때, 몽고군이 우리나라를 쳐들어 왔단다.
고려 사람들도 지금 우리처럼 아주 힘들었어.
그래서 사람들은 포악한 몽고군이 물러가기를 바라는 마음으로 정성을 다해 부처님 말씀을 경판에 새겼어. 완성되기까지 무려 16년이나 걸렸단다.

부처님의 자비가 세상을 평온하게 할 것이라 믿었기에 가능한 일이었지.

결국 몽고는 고려보다 먼저 무너졌단다.''

해인사 절집에서 묵던 그 날 밤, 바람이는 밤바람에 날리는 벚꽃잎을 따라 다시 장경각으로 갑니다. 경판 사이로 흘러나오는 빛에 이끌려 고려 시대로 넘어가게 되지요. 몽고 군대가 쳐들어와 닥치는 대로 사람을 죽이고 불을 지르는 난리 통은 말 그대로 아수라장입니다. 부모 잃고 주저앉아 우는 어린아이들 모습이 참혹해 자기도 모르게 질끈 눈을 감은 바람이는 다음 순간 파도 소리를 들어요.

그리고 또래 여자아이 꽃잎이 덕분에 자신이 바닷물에 담갔던 경판 나무를 끌어내고 대장도감까지 나르는 무리에 끼었음을 알게 됩니다. 대장도감 앞마당에 이르자 꽃잎이는 바람이를 경판 새기는 곳으로 이끕니다. 자기 아버지가 다름 아닌 경판을 새기는 각수이며, 대장도감 안에서 일하고 있다고 설명하면서요.

정말, 큰 방 안은 경문 쓰는 스님들과 그 경문을 나무판에 새기는 각수들로 그득합니다. 바람이는 글자 한 자를 공들여 새긴 다음 절을 올리고, 또 한 글자를 새긴 다음 절을 올리는 모습에 놀라고 감탄하지요. 그렇게 한 자 한 자 새김을 마친 경판에 조심스레 먹물을 묻혀 종이에 찍어내면서야 경판 한 장이 완성되는 것을 보고서, 바람이 또한 '지극한 소망'이 빚어내는 믿음을 가슴에 안게 됩니다.

"바람아, 대장경판이 완성되면 정말 몽고 군이 물러갈까?"
"그럼, 물러가고말고. 정성을 다하면 이루어진댔어."
바람이가 힘차게 대답하자, 꽃잎이가 환하게 웃었어요.

자기가 사는 시간으로 넘어오면서 바람이는 꽃잎이에게, 그리고 자신에게, 힘주어 말해 줍니다. '우리도 일본을 물리칠 거야. 난 믿어, 대장경판을 새기듯 정성을 다하면 무엇이든 이루어진다는 것을.' 나라를 살리고 자기를 살리고자 하는 간절한 마음을 공들여 새겨 담은 「팔만대장경」, 그것을 바람이는 기도가 이루는 실체로 삼았겠지요.

그리고 아버지를 걱정하며 마음 졸이는 대신 정성을 다해 기도했을 겁니다. 실제로 그런 간절한 기도들이 모이고 모여 침략자들을 쓸어내는 거대한 에너지의 파도가 되었겠지요. '책 중의 책'은 다름 아닌 바로 이 「팔만대장경」 같은 '소망의 책'일 테지요.

1987년 대한출판문화협회는 창립 40돌을 맞아 '책의 날'을 정하면서 몇 가지 기념일을 놓고 여론을 물었고, 많은 사람들이 '대장경이 완성된 날'에 표를 던졌어요. 그것이 바로 '책의 날'을 10월 11일로 정한 연유지요. 또한 2007년에는 유네스코가 대장경을 세계기록유산으로 선정했습니다.

'당신 곁의 책이 당신을 말한다'는 얘기를 들으면서, 생각했습니다. '나 자신이 책이라면 과연 어떤 책일까?' 하고요. 대답이 얼른 나오질 않길래 생각을 조금 바꿔봤지요. 아직 마지막 페이지에 이르지는 않았으니, 어떤 책이기를 원하고 그렇게 되길 애쓰는 게 더 좋겠다고요. 한 글자로 남겨져도 좋으니 '공들여 소망을 새겨 담은 글'이 되길 말입니다.

06

책이란
무엇인가

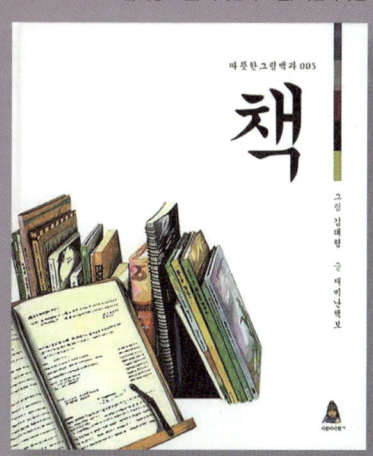

『책』
김태형 그림, 재미난책보 글, 어린이아현

대학생 딸아이가 휴대폰 문자 메시지로 요청하는 수 많은 주문들 중에 딱 하나 반가운 것이 '지금 도서관! 재미난 책 추천해 줘요'입니다. '흠, 그래도 책맛을 잊진 않았구나' 하는 흐뭇한 마음으로 딸아이 취향에 맞춰 이 책 저 책을 떠올리곤 하지요. 얼마 전 설날에는 "진짜 재밌어!" 하고, 고속버스 타고 오면서 읽었다는 『반쪼가리 자작』을 꺼내더군요.

'이탈로 칼비노'라면 미처 추천한 바 없지만 내외 둘 다 무척 좋아하는 작가라, 지난번 가족 여행 내내 이어폰을 꽂은 채 스마트폰에 빠진 딸아이 머리 위로 여러 차례 고개를 절레절레 흔들었던 우리 내외는 모처럼 나란히 기분 좋은 감탄사를 터트렸습니다. 무엇보다도 그 순간 만큼은 누구에게든 '종이책의 멸망'이니 '단군 이래 최대의 출판 불황'이니 하는 흉흉한 얘기가 모두 헛소문이라 내칠 만했어요. 딸아이를 둘러싼 수많은 재미난 것들 가운데 다름 아닌 책이 '진짜'라니 말입니다.

어쩌다 그런 일이 있긴 해도 때로 책이란 무엇인가, 무엇이어야 하는가를 황망한 마음인 채 자신에게 묻곤 합니다. 그것은 저자와 독자, 출판인이 생산자와 소비자, 가공업자가 된 시절을 탓하기 전에 나 자신부터 본질을 챙겨보자는 다짐이기도 하고, 언젠가 '책'에 대한 근사한 그림책을 만들려는 욕망이기도 할 터입니다. 『책』은 '따뜻한그림백과' 시리즈 가운데 하나로, '책이란 무엇인가'에 관한 지식 정보를 작가의 생각과 정서로 엮어낸 그림책입니다.

사람들은 가끔 아무것도 안 하면서도 바쁠 때가 있어요.

이런 수수께끼 같은 글로 시작되는 첫 장면은 한 집에 있는 가족으로 보이는 세 사람이 제각기 등을 보인 채 무엇인가 들여다보느라 멈춰 있는 그림입니다. 소파에 앉아 있는 엄마, 탁자 위로 고개를 숙인 아이, 가스레인지 앞의 아빠. 다음 장면은 수수께끼의 답으로 이들이 이토록 아무 움직임 없이('아무것도 안 하면서') 골똘히 집중한('바쁜') 정면 그림을 통해 아빠는 요리책을, 아이는 그림책을, 엄마는 두꺼운 사전(으로 보이는 것)을 '읽고 있음'을 보여줍니다.

'책 읽는 모습'으로 '책 읽기' 또는 '책'에의 몰입까지를 얘기하는, 독특한 장면입니다. 다음 장면은 여러 가지 책들 속에서 뽑힌 요리책과 도감의 한 부분을 펼쳐 보인 채 이 가족이 책을 읽는 까닭과 그로 인해 얻는 소득을 얘기하지요.

> 궁금한 게 있을 때 책을 읽어요.
> 어떤 말의 뜻이 알고 싶으면 사전을 찾고
> 처음 해 보는 음식을 만들 땐 요리책을 봐요.
> 책을 읽으면 똑똑해져요.

아이의 그림책 표지와 펼침 장면들로 구성된 다음 장면에서는 상상과 서사를 담는 그릇으로서의 '책'의 본질 하나가 거론됩니다. 무엇보다도 책은 '재미있는 이야기'라는 사실 말이에요.

> 책 속에는 재미있는 이야기도 있어요.
> 다른 나라 우주로 모험을 떠날 수도 있고,
> 토끼가 되거나 강아지 똥이 돼 볼 수도 있어요.
> 책을 읽으면서 깔깔 웃기도 하고,

훌쩍훌쩍 울기도 해요.

'책의 정의'와 '책의 유래와 본질'과 아울러 '바코드'와 '점자책'을 설명한 짤막한 지식 정보 페이지를 건너뛰면, 컴퓨터 화면으로 보는 전자책, 카세트 테이프와 CD로 듣는 오디오 북, 팝업 북을 늘어놓은 그림과 그에 대한 설명 글이 나옵니다. 다양한 물성과 형태로 이루어진 오늘날의 책들을 보여 주는 거지요.

이어서 또다시 점토판에서 종이까지 이어지는 역사를 간략히 정리한 지식 정보 페이지가 나오고, 초기 수작업에서 목판과 금속 활판을 거쳐 지금과 같은 대량 인쇄에 이르는 과정이 조그만 자료 그림으로 나열됩니다. 이 장면은 지식 정보 페이지와 변별성이 없어, 앞서 보여 준 독특한 화법의 서사가 맥 끊기는 듯도 합니다. 얼른 다음 장면으로 달아나면, 다행히 도서관 얘기가 기다리고 있습니다.

도서관은 책들이 사는 집이에요.
도서관에 가면 책을 골라서 읽을 수 있어요.
집으로 빌려올 수도 있고요.
보고 싶은 책을 누군가 먼저 읽고 있으면
기다려야 해요.

'책들이 사는 집'이기보다는 '사람들이 책을 읽고 빌리러 모여드는 곳'을 보여 주는 이 장면은 정확히 도서관 풍경을 재현하고 있습니다. 이 장면을 펼친 아이들은 언젠가 어른과 함께 갔던 도서관을 떠올리며 사실(寫實) 그림의 감흥을 즐기겠지요. 다음 장면은 서점 풍경과 여러 장소와 공간에서 볼 수 있는 '책 읽는 사람'의 모습입니다.

> 여러 번 읽고 싶은 책도 있고,
> 그때그때 찾아봐야 하는 책도 있어요.
> 그런 책은 사서 가지고 있어야 해요.
> 책을 파는 곳이 서점이에요.
> 책을 가지고 다니면서 읽는 사람도 많아요.
> 지하철이나 버스 안에서도 읽고,
> 공원 벤치에 앉아서도 읽어요.

책과 지갑을 든 아이가 서점 계산대 앞에 서 있는 모습이 진지합니다. 지하철 좌석에 앉아 책을 읽고 있는 노신사, 버스 정류장인 듯한 곳에 서서 책을 읽고 있는 아이, 서점이나 도서관 서가 사이이지 싶은 곳에서 쪼그리고 앉아 책을 읽고 있는 사람, 서가 앞에 선 채 책을 읽고 있는 사람, 공원 벤치에 앉아 책을 읽고 있는 사람 들이 하나같이 골똘히 책 읽기에 빠져 있는 모습 또한 진지합니다.

> 책이 있는 곳에는 책의 친구들도 있어요.
> 책상, 책장, 공책, 책꽂이, 책가방, 책갈피….
> 책의 친구들은 책을 편하게 읽고,
> 가지고 다니고, 보관하게 도와줘요.

바깥세상에서 돌아와 마주하는 '나의 책이 놓이고 꽂힌 나의 책상과 서가', 그것이 주는 행복감이 손에 닿을 듯 펼쳐집니다. 책을 위해, 책에 의해, 책과 함께, 존재하는 사물들은 우리 친구이자 책의 친구들이지요. 다음 장면은 책의 범위를 좀 더 넓혀서 생각하게 합니다.

> 혼자서도 책을 만들 수 있어요.
> 가족의 사진을 모아 두는 앨범도 책이고,
> 좋아하는 글이나 사진을 모아서
> 붙여놓은 것도 책이에요.
> 그림을 그려서 묶어도 책이 돼요.

책의 본질 또 한 가지는 '모으고 기록해 엮은 집적물'이지요. 한 개인이 자신 또는 가족과 함께 나누고 즐기기 위해 엮어 둔 다양한 기록물 모음도 책이라고 일컬을 수 있음을 알려줍니다. 이제, 모든 책은 '사람의 생각을 담는 그릇'이라고 강조한 다음 '나의 책'에 대한 얘기로 끝을 맺습니다. 어린 동생을 무릎에 앉히고 엄마가 읽어 주는 이야기를 귀로 들으며, 놀란 눈으로 그림책을 바라보는 아이는 첫 장면에 등장했던 바로 그 아이입니다.

> 돈을 주고 샀다고 해서 내 책이 아니에요.
> 내 이름을 썼다고 해서 내 책이 되는 것도 아니지요.
> 내가 읽는 책이 내 책이에요.

'내가 읽은 책' 또한 세월이 가면 잊히겠지요. 그러나 그 책의 '재미'는 뇌와 심장 깊숙이 새겨지는 법입니다. 우리를 사로잡는 온갖 새로운 것들과 놀라운 것들에 비할 바 없이 '진짜 재미있는 것'이 됩니다.

07
책,
나무에서 나무로

『책나무』
김성희 지음, 느림보

늦봄 즈음 숲 골짜기에서 사는 일은 참으로 보람찹니다. 연둣빛 새순이 하염없이 돋아나고 돋아나서 초록으로 짙어져 가는 나무숲 성전이 날마다 새롭거든요. 나무마다 가지와 잎새 모양이 가지각색 다른 것도 놀랍거니와 한 나무도 나날이 새로워서, 밤사이 비라도 내린 아침 뜰에 서면 잠든 채 나도 모르는 다른 숲에 이른 듯 새로이 찬탄하고 경배하게 됩니다. 그 덕분에 나무에 관한 온갖 시와 이야기들을 떠올리며 하루를 시작하는 즐거움도 큽니다.

조이스 킬머의 시도 읊조려 봅니다. "나는 생각한다. / 나무처럼 사랑스런 시를 / 결코 볼 수 없으리라고. / 대지의 단물 흐르는 젖가슴에 / 굶주린 입술을 대고 있는 나무, / 온종일 하느님을 보며 / 잎이 무성한 팔을 들어 기도하는 나무, / 여름엔 머리칼에다 / 방울새의 보금자리를 치는 나무, / 가슴에 눈이 쌓이는, / 또 비와 함께 다정히 사는 나무. / 시는 나와 같은 바보가 짓지만 / 나무를 만드는 것은 하느님뿐"

황지우의 시 「겨울-나무로부터 봄-나무에로」도 띄엄띄엄 중얼거려 봅니다. "나무는 자기 몸으로 나무이다 / 자기 온몸으로 나무는 나무가 된다"로 시작하여 "밀고 간다, 막 밀고 올라간다 / 온몸이 으스러지도록 / 으스러지도록 부르터지면서 / 터지면서 자기의 뜨거운 혀로 싹을 내밀고 / 천천히, 서서히, 문득, 푸른 잎이 되고 / 푸르른 사월 하늘 들이받으면서 / 나무는 자기의 온몸으로 나무가 된다 / 아아, 마침내, 끝끝내 / 꽃피는 나무는 자기 몸으로 / 꽃피는 나무이다"

며칠 전 아침에는 문득 이런 생각도 들었습니다. 나무들이 내게 날마다 새로운 얘기를 해 주는 거라고 말이지요. 한 나무라는 책이 매일 새로운 페이지를 펼쳐 보여 주는 거라고요. 나무는 책입니다! 하긴, 책이라는 말부터가 나무와 밀접한 관계가 있지요. '책'이라는 말이 라틴어

리베르liber에서 유래되었다니 말이지요.

그것은 나무의 안쪽 표피에 붙어 있는 얇은 껍질을 일컫는 말로, 돌에 글자를 새기듯 언제부터인가 나무껍질에도 글자를 새기기 시작했다는 걸 뜻한답니다. 그리스 말로 책인 비블리온biblion 또한 비블로스biblos 즉 파피루스에서 가지 뻗은 단어이지요. 성서인 바이블bible, 애서가라는 비블리오필bibliophile, 도서관인 비블리오텍bibliotheque 또한 마찬가지이지요.

목판화 그림책『책나무』는 나무에 새긴 '책 나무 이야기'입니다. 우선 목판화라는, 내용에 걸맞은 기법에 호감이 갔습니다. 그러나 글 없는 그림책이라는 데는 얼핏 실망감도 들었던 게 사실입니다. 우리 같은 글쟁이는 아무래도 '글'에 집착하는 법이니까요.

작가는 '책'과 '나무'라는 무한히 다의적인 존재를 얘기하는 데엔 글이 없는 것이 더 낫다고 생각한 걸까요. 가지마다 책이 그득한 나무를 아이와 꼬마 거북이 올려다보는 표지를 열면, 사방에서 줄기를 밀어내며 책나무 싹이 돋아나고 있는 면지가 펼쳐집니다.

속표지를 넘기면, 도서관의 한 서가에서 아이가 책을 꺼내는 모습입니다. 도서관 바닥 여기저기 놓였거나 펼쳐진 책을 두고 굳이 다리가 긴 의자에 올라선 아이… 아이의 손에 잡힌 책은 다른 책들에 비해 유독 표지가 짙습니다. 그것은 아이가 이미 거듭 읽고 읽고, 또 읽은 책이기 때문일까요, 혹은, 이제 막 아이 앞에 출현한 운명적인 책임을 암시하는 장치인지도 모르겠습니다.

왼쪽 위의 서가 아래쪽에서는 꼬마 거북이도 책 한 권을 골라 등에 지고 나오는 참입니다. 책장을 넘기기 전에 짐작한 대로, 두 번째 장면에선 아이와 꼬마 거북이 소파에 앉아 책을 읽습니다. 여백이 많은 데다 공간감을 생략한 덕분에 도서관 바닥에 놓인 책들이 둥둥 떠다니는 듯합니다. 그중에서도 펼쳐진 책들은 마치 날개를 펄럭이는 듯 보이고요. 그래서 문득 이런 그림이라면 어디에도 글 넣을 만한 자리가 없겠음을 깨닫게 됩니다. 여백 그 자체가 그림의 일부이니까요.

아이는 무슨 책을 읽고 있는 걸까요. 아이가 읽고 있는 책 표지에 약간의 정보가 담겼지만, 첫눈에 그걸 알아보기는 쉽지 않습니다. 필자도 작가와 전화 인터뷰를 한 다음에야 거기에 '피노키오를 상징하는 코가 기다란 얼굴 형상'이 있음을 알았습니다. 이 그림책에서 이런 의문은 좀 밀쳐 둬야 합니다.

책을 읽다가 놀라는 아이를 클로즈업한 세 번째 장면을 보면 새삼 이 그림책이 무엇을 말하려는지 알게 됩니다. '아이가 무슨 책을 읽고 있는데…'라는 서사적 스토리텔링보다 '책 읽기' 또는 '책'에 대한 이야기인 듯합니다. 즉 작가와 책과 독자들의 관계, 책 자체나 책 쓰는 일에 대한 이야기인 메타픽션이 느껴지지요. 아이는 다름 아닌, 책장 사이에서 떡잎이 돋아나는 것을 보고 놀랍니다. 꼬마 거북 또한 자기가 읽던 책에서 돋아나는 떡잎 한 장을 보고 놀라지요.

아이는 자기와 거북 각자의 책에서 나온 떡잎을 도서관 뜰 한쪽에 옮겨 심고 물 주는 상상에 빠져듭니다. 작은 비구름들이 와서 비를 흠뻑 내리고, 책나무는 단번에 쑤욱 자라나지요. 아이가 읽던 책 표지 그림의 피노키오 코에서도 떡잎 줄기가 쑤욱 자라납니다. 쑤욱 자라난 책나무 가지에서 어린 책잎이 돋아납니다. 아이와 거북은 책잎이 커지는 걸 보고 나무로 올라갑니다.

펼침 장면 그득히 뻗은 나뭇가지마다 책잎이 매달리고, 아이며 거북이며 책 속 등장인물이며 구름도 걸렸습니다. 아이와 꼬마 거북은 새로운 책을 펼쳐보며 멋진 시간을 보냅니다. 연두색 주황색 갈색 세 가지 색깔로 이야기하던 그림에서 연두색이 사라졌습니다. 가을이 온 거지요. 아이가 읽고 난 책들이 날아가고, 하나둘 열매 주머니가 맺히기 시작하는 때…. 열매 속에서 책들은 새로이 책 씨앗을 품지요.

그 사이 듬직하게 굵어진 책나무 줄기에 엎드린 아이는 생각합니다. 폭죽처럼 눈부시게 펼쳐질 책들을, 꽃처럼 아름답게 펼쳐질 책들을 말이지요. 단단히 맺혔던 책나무 열매들이 씨앗을 터트려 날려 보내고, 온 세상이 책 씨앗으로 가득합니다. 책 읽기에서 경험하는 한순간의 법열처럼, 아이는 쏟아지는 책 씨앗을 두 팔 벌려 끌어안습니다.

책 씨앗은 도서관 뜰 그득히 새싹을 틔웁니다. 한 권의 책이 수많은 다른 책의 세계로 이끌듯, 그 새싹은 숱한 책나무들로 자라나겠지요. 아이는 상상의 마지막 장면을 펼쳐든 채 도서관 소파의 현실로 돌아옵니다. 그러나 아이의 등 뒤에선 서가의 책들마다 새싹이 돋아나고, 꼬마 거북과 책 속 주인공들은 함께 어울려 놉니다. 책에서 나무로, 나무에서 책으로….

그림책 『책나무』는 서사의 논리를 정교하게 짜고 맞추기보다는 책에 대한 순정을 새겨 담은 책입니다. 열두 장면은 하나하나가 다 도서관이나 서재에 걸어둘 만한 포스터요, 그 자체로 '책에 바치는 헌사'라 할 만합니다.

08
몽키처럼 당당하게

『그래, 책이야!』
레인 스미스 지음, 김경연 옮김, 문학동네

지난 가을의 절반은 강원도 산간 도로를 달렸습니다. 사북, 도계, 영월, 홍천 등지의 북스타트 강연과 초등학교 강연 시간에 쫓겨 함백산 단풍 절경을 거듭 스쳐 지나야 했던 것은 조금 속 쓰린 일이었지만, 그 준비는 꽤 만만찮은 일이었어요. 한 시간 반 남짓 만나는 초등생 아이들이나 북스타트 대상 학부모들에게 책과 그림책이라는 것, 작가라는 것, 읽고 쓴다는 것에 대한 이야기를 풀어갈 실마리이자 그림책의 매력을 단번에 전달할 명작을 거의 매주 새로이 고른다는 게 쉽지 않았거든요.

어느 때엔 단 두 권을 읽을 강연에 스무 권 이상을 짐 꾸려 달려가서는 도착 시점에 가서야 두어 권을 간신히 선택하기도 했지요. 레인 스미스의 『그래, 책이야!』는 여러 번 뽑혔다 꽂히길 반복하다가 끝내 저의 책가방에 담기지 못한 그림책 가운데 하나입니다. 내게는 말할 수 없이 매혹적이지만, 거의 선문답에 가까운 외마디 대화체 문장이, 그림책을 '꼬마들이나 보는 책' 이상으로 여기지 않는 이들에게 과연 온전히 전달될지 걱정스러웠어요.

아무래도 이런 청중 앞에서 읽어 보이는 그림책은 귀로 듣고 즐길 만한 문장이 그림과 조화를 이뤄 양감 있게 채워질 때 감상 만족도가 큰 법이라는 생각에서였지요. 물론 이런 걱정은 그야말로 기우에 지나지 않는 것이었을 테고, 이미 그림책의 매력을 즐기고 있는 친구들도 있었을 텐데 말입니다. 『그래, 책이야!』는 속표지와 그 앞쪽 베르쏘의 펼침면에서 등장 동물들이 소개되고 있습니다.

오른쪽에서 '얘는 몽키'라고 소개되는 가장 큰 덩치의 꼬마 원숭이가 영문 제목 'It's a Book' 중 'Book'의 두 번째 'o'를 가린 채 소파에 앉아 책을 보고 있어요. 왼쪽에서는 영문 제목의 첫 단어 첫 글자 'I'의 꼭대기에 '얘는 마우스'라고 소개되는 꼬마 생쥐가 올라섰고, 영문 제목 It's와 a 사이에 '얘는 동키'라고 소개되는 꼬마 당나귀가 직사각 형태의 물건을 옆구리에 낀 채 꼬마 원숭이 쪽으로 걷습니다.

그리고 마주 보게 놓인 소파 둘과 동키 몽키가 마주 보는 첫 장면. 한쪽 소파에 앉으려다 말고 동키가, 책 읽기에 빠진 몽키에게 묻습니다.

> 그건 뭐야? 책이야.

단순하기 그지없는 이 문답은, 그러나 나 같은 책쟁이에겐 가슴이 덜컹 내려앉는 은유로 다가옵니다. 사람으로 치면 대여섯 살쯤 되어 보이는 동키가 '책'을 모른다는 것은 '책'의 멸망이 도래한 불온한 미래를 떠올리게 하거든요.

그러나 다음 장면, 직사각 형태의 물건을 무릎에 올린 채 뚜껑을 열고 있는 동키의 새로운 질문 '스크롤은 어떻게 해?'에 의해 처음 질문은 슬쩍 웃음을 띠며 무시무시한 은유의 그림자를 벗어납니다. 아하, 동키란 녀석은 노트북 사용자로 환유되는 디지털 기기 마니아로구나, 짐작하면서요.

> 스크롤 안 해.
> 한 장 한 장 넘기면 돼.
> 이건 책이거든.

노트북을 비롯한 디지털 기기로 스크롤하며 읽는 전자 책에 익숙한 듯한 동키가 세 번째 질문을 던집니다. '그걸로 블로그해?' 몽키는 책을 내밀어 보이며 적극적으로 부정하며 반문합니다.

　아니, 책이잖아.

　이번엔 동키가 노트북에 연결된 마우스를 들어 보이며 묻습니다. '(내가 쓰는 이런) 마우스는 어디 있어?' 그러자 몽키가 눈을 치뜨며 자기 머리 쪽을 올려다보는데, '그런 마우스는 없고 진짜 마우스는 여기 있지!'라는 듯 꼬마 생쥐 마우스가 몽키의 모자를 번쩍 들어 올려 보이고, 동키가 놀란 눈으로 쳐다봅니다.
　열세에 몰린 동키가 그 책이라는 걸로 '게임할 수 있어?' '메일 보낼 수 있어?' '트위터는?' '와이파이는?' '이렇게 (멋진 소리 내게) 할 수 있어?'라고 잇달아 묻지만, 몽키는 담담하게 '아니'라고 할 뿐입니다. 그러다 마침내 동키 앞으로 자기가 읽고 있던 페이지를 바싹 들이밀어 보여줍니다.

　봐 봐.

　몽키가 열독하고 있던 『보물섬』의 흥미진진한 대목을 읽은 동키는 그러나 글자가 왜 이렇게 많으냐며, 노트북 자판을 두드려 이모티콘으로 정리해 보입니다.

　존 실버 : ^o^! ㅇㅋ? ㅋㅋ
　짐 : : (! :)

몽키는 한심하고 답답해서, 책이라는 멋진 것을 동키와 공유하려던 마음을 거두고 다시 책을 읽기 시작합니다. 그러나 동키의 질문이 다시 이어지지요. '그럼…(네가 그렇게 코를 박고 있는) 책으로는 뭘 할 수 있어?' '(책을 읽으려면) 비밀번호 있어야 해?' '(책을 읽으려면) 별명이 있어야 해?'

책으로는 뭘 할 수 있어?

세상에 태어나 여지껏 종이 책이라는 걸 한 번도 누려보지 못한 듯한 동키의 질문에 시종일관 '아니' 또는 '책이라니까'라고 대꾸하던 몽키는 결국 동키에게 책을 빼앗기고 맙니다. 마치 『샤를마뉴 대왕의 위대한 보물』에서, 온갖 진기한 보물을 지닌 채 자신을 알현하러 온 이들 끄트머리에 앉아 조금도 지루한 기색 없이 책 읽기에 빠진 알킨 사서의 책을 샤를마뉴 대왕이 빼앗으려 했듯이. 호기심에 차서, 의문에 차서, 책을 빼앗은 동키는 거의 다섯 시간이 지나도록 책 읽기에 빠져듭니다.

몽키는 기다리다 못해 소파에서 일어나, 이제 자기 책을 돌려달라고 요청합니다. 그러자 이번엔 동키가 '아니'라고 대꾸하지요. 몽키는 산뜻하게 돌아서서, 달리 책 읽을 수 있는 길을 찾습니다. '난 도서관에 갈래.' 이 그림책의 압권은 '걱정 마. 다 보면 충전해 놓을게'라고 동키가 말하자 몽키의 모자 속에서 나온 대변인 마우스가 대답하는 바로 이 장면이지 싶습니다.

충전할 필요 없어….

한 독자가 끝까지 읽고 나서도, 내용을 송두리째 다 가지고 나서도, 모든 것과 온갖 것이 고스란히 남는 것…. 그래서 다시 채워놓지 않아도 되는 것이라니! 책이란 끝없이 소모되고도 결코 소진되지 않는, 우주를 이루는 물과 흙과 불과 공기 원소적 존재로구나, 이런 생각에 이르게 하는 대답입니다. 동키는 코가 벌름해진 채 책 너머 몽키를 바라봅니다. 생쥐 마우스는 생긋 웃으며 '책이니까'라고 노래(계속 똑같이 반복해도 즐거우면 그건 '노래'라고 해줄 만하지요^^)를 계속하고, 몽키도 그제야 싱긋 웃는 낯으로 이제 막 독자가 되려는 동키를 다정하게 마주 봐 줍니다.

그 다음 페이지는 아주 멋진 빨강, 레인 스미스가 이렇게 말하는 듯합니다. '책은 매혹 그 자체랍니다!' 이렇게 한바탕 쓰고 나니, 전전긍긍 소심했던 마음이 몽키처럼 당당해집니다. 몽키가 '책이니까'라는 한 마디로 동키의 답답한 무지와 속된 야유와 대책 없는 의심을 이겨내었듯, 나도 '그림책이니까'라는 한 마디로 나 자신의 노파심을 거듭 이겨내야겠습니다.

09
책 읽어 주는
아이

『책 읽어 주는 고릴라』
김주현 지음, 보림

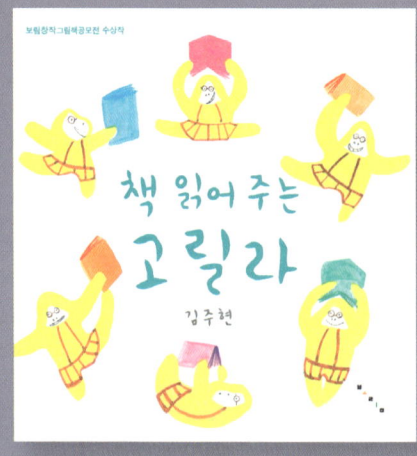

2012년 봄에 첫 입학생을 받은 대안학교, 산돌자연학교의 월간 봉사 일정에는 '동네 어르신 찾아뵙고 인사하기'가 있는가 하면 '그림책 전문 꼬마도서관 패랭이꽃그림책버스 자원봉사'라는 것도 있습니다. 초등과정 1학년 아이들 셋과 중등과정 1학년 청소년 하나, 이 학교 전교생 넷이 우리 패랭이꽃그림책버스에 다녀가면 어여쁜 후일담이 회자되지요. 특히 '세연이가 그림책 읽어 준 이야기'는 8년차 패랭이꽃그림책버스에서 빚어진 감동 에피소드 열 손가락에 손꼽힐 만합니다.

산돌자연학교 아이들이 그림책버스에서 하는 봉사활동은 대개 '그림책 읽기(?)'와 이용객들이 읽고 제자리에 꽂지 않은 '그림책 정리하기'였습니다. 그런데 한번은 봉사 시간 중에 때마침 어린이집 아이들이 우르르 들어온 거예요. 단체 이용객은 미리 예약을 받아 두지만, 산돌자연학교 자원 봉사단에게 그런 예약 사항이 전달되지 않았던 모양입니다.

느닷없이 어린이집 꼬마들이 몰려들자 산돌자연학교 인솔자 교장 선생님은 아이들에게 '그림책 읽기'가 아닌 '그림책 읽어 주기'를 해보라고 권했습니다. '아, 잘 됐다. 이번 기회에 봉사다운 봉사를 해보겠구나' 하고 생각하면서요. 하지만 그게 어디 만만한 일이던가요? 청소년 하나는 들은 척 만 척하고, 초등생 하나는 쑥스러워서 비실비실 꽁무니를 빼고, 또 하나는 한번 해보겠다고 떨리는 목소리를 가다듬었지만 동생들이 딴전 피우는 바람에 두어 장면 못 넘기고 전의를 상실했더랍니다.

그런데 세연이는 하필 평균보다 장면이 훨씬 많은 어떤 그림책(인지 무척 무척 궁금합니다)을, 온 힘을 다해 끝까지 읽어 주었다는 거지요! 물론 적잖은 어린이집 꼬마들 또한 마지막 장면을 덮을 때까지 진지한 독자로 남았고요. 제안만 해놓고 내내 지켜보기만 했던 교장 선생님의 전언에 의하면 세연이는 도중에 몇 번이나 한숨을 쉬며 '왜 내가 읽어 주겠다고 했던가, 이 그림책을!' 하는 후회막심 표정을 짓곤 했답니다.

그러나 말똥말똥 다음 이야기만 기다리는 동생들을 보니 차마 멈출 수 없었던 거지요. 누구보다도 그림책 읽기를 좋아하는 세연이거든요. 아시잖아요, 어떻게 그림책을 읽다 말고 멈출 수 있겠어요? 그리고 또 아시잖아요, 마지막 장면을 덮으면서 마주하게 되는 독자의 얼굴을요. 아직 이야기 속에 머물러 있는 그 얼굴을요.

아마도 세연이는 그 고되고도 행복한 경험을 잊지 못하겠지요. 그래서 언제 어디서든 누구에게든 책을 읽어 주지 않고는 못 배기는 존재가 되겠지요. 최소한의 형태와 색깔을 쓴 소박한 그림으로 책 읽기의 즐거움과 책 읽어 주기의 감흥을 담아낸 『책 읽어 주는 고릴라』 또한 그림책 읽기를 무척 좋아하는 꼬마 고릴라가 주인공입니다. 노란 바나나색 고릴라는 '초코 바닐라 아이스크림보다, 변신 합체 로봇보다, 무선 조종 레이싱 카보다 책 읽기를 더 좋아' 합니다.

그래서 읽고, 읽고, 또 읽는 즐거움 속에서 나날을 보내지요. 그런데 어느 날 고릴라는 그렇게 재미난 책을 읽지 못하는 이들이 있다는 걸 알고 가슴 아파 합니다. 결국 고릴라 자기가 그런 이들에게 책을 읽어 줘야겠다고 마음먹지요. 문제는, 고릴라가 책을 읽을 때마다 자기도 모르게 그 이야기에 흠뻑 빠져 책 속 세계와 현실을 분간 못한다는 사실! 하지만 고릴라는 그런 걱정보다 이 재미난 책을 얼른 읽어 주고 싶은 마음이 더 큽니다. 그래서 더 망설이지 않고 마음먹은 바를 강행하러 나섭니다.

오늘은 코끼리 할아버지에게 책을 읽어 주러 갑니다.

코끼리 할아버지는 마음이 거북이 등처럼 딱딱해서 절대 눈물을 흘리지 않습니다. 툭 하면 버럭버럭 소리를 질러서 아무도 할아버지를 좋아하지 않지요.
고릴라는 '깊은 바다 인어 아가씨'를 읽어 주기로 했습니다.

누가 언제 어느 때에 읽어도 눈물이 차오르는 『인어 공주』… 그 제목만 살짝 비틀었지 싶은 '깊은 바다 인어 아가씨'의 클라이맥스 대목에 이르러 고릴라는 책을 더 읽지 못합니다. 슬픔에 겨워 목 놓아 우느라고요. 그 눈물에 코끼리 할아버지의 옷이 다 젖고, 거북이 등처럼 딱딱한 할아버지 마음도 젖습니다. 마침내 할아버지도 난생 처음 눈물을 흘리게 되지요.(이것이 바로 '책 읽어 주기'가 만들어 내는 신비로운 힘이지요!)

다음으로 고릴라는 여우 할머니를 찾아갑니다. 평생 한 번도 사랑을 해보지 않았다는 할머니, 그래서 심장이 콩닥거리는 감흥을 한 번도 경험해 본 적 없는 할머니를 위해 고릴라는 『잠자는 숲속의 공주』… 역시 그 제목만 살짝 비틀었지 싶은 '잠자는 나루터의 공주'를 읽어 드립니다. 누가 언제 어느 때에 읽어도 가슴이 두근거리는 그 클라이맥스 대목에 이르러 "왕자는 잠자는 공주에게 다가갔습니다. / 공주를 마법에서 깨우기 위해서는 / 진실한 사랑의 키스가 필요합니다. / 왕자는 살며시 공주의 붉은 입술로 다가갔습니다."를 읽다 말고 고릴라는 그만 얼굴이 빨개진 채 수줍어하던 목소리가 더욱 기어들어 갑니다. 들리는 둥 마는 둥 고릴라가 읽어 주는 이야기를 들으며 할머니도 난생 처음 심장이 콩닥거리는 걸 느낍니다.(이것이 바로 '책 읽어 주기'가 만들어 내는 신비로운 힘이랍니다!)

고릴라는 겁 많은 하마 아저씨에게도 책을 읽어 주러 갑니다. 모험

이야기를 좋아하지만 차마 엄두를 못 내는 아저씨를 위해 '고약한 왕비를 물리친 일곱 난장이'를 가져가지요. 하지만 이번에도 역시 고릴라가 먼저 이야기에 빠지고 맙니다. 정의감에 불타서 책 속의 악한 왕비를 해치우느라 소동을 피우는 거지요. 현실로 돌아온 고릴라는 자기가 책을 읽다 말고 흥분해서 안경도 망가뜨리고 하마 아저씨네 집을 아수라장으로 만들었다는 걸 알게 됩니다.

엄마에게 된통 야단맞을 것을 상상하다가, 엄마 손에 이끌려 하마 아저씨에게 사과하러 가지요. 그러나 하마 아저씨는 그토록 겁내던 거미와도 잘 지내는 듯 아주 활달한 모습으로 고릴라가 책 읽어 주는 게 무척 즐겁다고 얘기합니다.(이것이 바로 '책 읽어 주기'가 만들어 내는 신비로운 힘이에요!)

'오늘도 고릴라는 책을 읽습니다.' 무서운 존재에게 쫓기는 무서운 이야기책일 때엔 이불을 뒤집어쓴 채 읽다가, 덮었다가, 못내 읽고 싶은 마음을 참지 못해 다시 책장을 열곤 하면서요. 그렇게 온 몸과 온 마음으로 읽은 책을 코끼리 할아버지와 여우 할머니, 그리고 하마 아저씨에게 읽어 주러 갈 것입니다.

『책 읽어 주는 고릴라』에는 '책 읽어 주는 세연'을 비롯한 세상 모든 '책 읽어 주는 아이'의 감흥에 찬 내면이 유쾌한 과장법으로 표현되었습니다. 또한 책 속 이야기의 주인공에 한 치도 어긋남 없이 동일시되어 울고 웃고 노여워하고 두려워하며 성장해가는 아이가, 책 읽기에서 얻은 진솔한 감흥으로 어른들의 문제를 치유한다는 전복적인 구성도 매력적입니다.

사실 작가도 자기도 모르게 이런 소망을 얘기하고 있는 건지도 모르겠습니다. '아이처럼 그림책을 읽을 수 있다면! 세상을 살아갈 수 있다면!'

10

사람 책·
책 사람

『모리스 레스모어의 환상적인 날아다니는 책』
조 블룸 그림, 윌리엄 조이스 글, 이진경 옮김, 상상의힘

사람도 한 권의 책이다, 라고 생각합니다. 이 생각은 제게 비유나 관념 이상이지 싶습니다. 2012년 가을, 초등학교 중학년 아이들 예닐곱 명과 함께 '할아버지 할머니 자서전 그림책 만들어 드리기' 프로그램을 진행하면서 생생하게 그 '사람 책' 실물을 체험하기도 했어요. 한 번도 만난 적 없는 이의 일생이 아이들이 만들어 낸 그림책을 통해 제 앞에 출현해 놀랐지요. 수십 번 만난다 해도 알아채기 힘들었을 그 분들의 과거와 현재를 손주들이 삐뚤빼뚤 만든 수제 그림책으로 읽는 느낌은 묘하게 각별했습니다.

'올리폴리' 시리즈와 '가디언즈' 시리즈를 만들었던 윌리엄 조이스의 그림책 『모리스 레스모어의 환상적인 날아다니는 책』에도 책 사람, 사람 책이 나옵니다. 이야기를 사랑하고 책을 사랑하고 세상 모든 낱말을 사랑하는 사람 모리스 레스모어(Morris Lessmore, 적은 것이 많다는 뜻의 관용어이기도 합니다)는 자신의 삶 또한 책으로 써 내려가고 있었습니다. 그런데 어느 날 세찬 바람이 불어오고, 모리스 세상의 모든 것이 뒤죽박죽되고 맙니다.

읽고 쌓아 둔 책과 읽으려 쌓아 둔 책이 날아가고, 책을 쓰던 의자와 지팡이며 가로등과 전봇대가 날아가고, 집과 사람이 날아가다 뒤집히고 떨어집니다. 모리스가 쓰고 있던 빨간 표지 책은 다행히 주인 가까이에서 날다 코앞에 떨어졌는데, 글이 다 날아가 버려 텅 빈 채였어요. 그 텅 빈 책을 가슴에 안고 모리스는 발길 닿는 대로 걷기 시작합니다.

정처 없이 걷고 걷고 또 걷던 모리스는 하늘을 한번 올려다봅니다. 땅으로 꺼질 듯 한심스러운 상황이라면 모름지기 이렇게 하늘을 한번 올려다볼 일입니다. 어이쿠, 이게 무슨 일입니까. 팔락팔락 소리를 내며 수많은 책이 날고 있고, 그 책 끈 여럿을 한꺼번에 붙들고 아름다운 여자가 날고 있는 겁니다.
　모리스는 텅 빈 자기 책도 그처럼 날 수 있는지, 그래서 자기도 책과 함께 날 수 있겠는지 애써보지만, 실패합니다. 아름다운 여자는 모리스에게 아주 멋진 이야기가 필요하다는 것을 눈치채고 자신이 가장 좋아하는 이야기 책을 건네주고 날아가지요. 펼쳐진 책 속의 그림 험프티덤프티가 벙긋 웃는 얼굴로 자기를 따라오라 손짓합니다.

　책을 따라간 곳은 놀랍고 신기한 집이었습니다.
　바로 책이 살고 있는 집이었거든요!

　펜 형상의 계단 난간이며 지혜의 상징 올빼미가 안경을 쓴 채 펜과 종이를 쥐고 있는 현관 박공이며 건물 외벽 전체가 서가 형태인 그 집에는 온통 책입니다. 날고 펄럭이며 스스로 책장을 넘기며 노는 책, 셰익스피어 흉상을 우러르고 있는 책, 지구본을 괴고 기대고 있는 책, 서가에서 잠든 책, 의자에 앉아서 쉬는 책….
　의자며 책 모양 피아노도 모두 책을 위한 것이었지요. 몇몇 책은 낯선 방문객을 환영한다는 듯 모리스를 향해 책장을 펼치고 있었습니다. 모두들 모리스가 자기 이야기를 읽기 바랐습니다.

　살아 있는 책 속에서 모리스의 새로운 삶이 시작되었습니다.

　온통 책으로 둘러싸인 집에서 책을 읽고 읽고 또 읽다 보면 저절로 책을 정리하고 싶어지는 법이지요. 읽은 책과 읽지 않은 책을, 한 번 더 읽을 책과 시시때때 곁에 두고 읽을 책을, 곧 읽을 책과 천천히 읽을 책을 정리해 나가면서 모리스는 비슷한 이야기끼리 책을 나누고 모으기로 합니다. 하지만 그럴 수 없다는 걸, 책들이 원치 않는다는 걸, 알게 되지요. 슬픈 이야기 책에도 웃기고 재미난 대목이 있고, 백과사전에도 소설이며 만화며 그림책이 끼었으니까요.

그보다는 책을 보살피는 편이 나았습니다. 모리스는 찢어진 책장을 테이프로 붙이고, 접힌 귀퉁이를 반듯하게 펼칩니다. 그러다가도 어느새 책 읽기에 빠지곤 했지요. 진정한 독자라면 어느 순간 책에서 고개를 들고 바깥을 바라보게 됩니다. 이토록 멋진 세계를 다른 이도 경험하게 되길 바라지요. 모리스도 그랬습니다. 창문을 열고 이웃들에게 책을 소개하고 권하게 됩니다. 아이와 어른이, 남자와 여자가 모리스의 안내로 이 멋진 세계를 드나들게 되지요. 그러던 어느 날인가, 모리스는 다시 펜을 들고 자기 이야기를 쓰기 시작합니다.

> 책들이 새근새근 잠든 밤, 모리스는 책을 썼습니다.
> 슬픔과 기쁨을, 자신이 알고 있는 모든 것을,
> 꼭 그렇게 되었으면 하는 바람까지 꾹꾹 눌러 썼습니다.

모리스는 끝없이 자기 책을 채워 나갑니다. 밤이 낮이 되는 줄도 모르고, 봄이 여름이 되고 가을이 되는 줄도 모르고 자기 이야기를 써 내려갑니다. 그러느라 어느덧 노인이 된 사람 책 모리스를, 책이 보살핍니다. 온갖 재미나고 멋진 이야기로 위로하지요. 책에서 힘을 얻은 모리스는 마침내 자기 책 마지막 쪽을 채웁니다. 마침표를 찍고서 커다랗게 한숨을 쉽니다. 이제 떠나야 할 때가 된 거지요.

모리스는 모자를 쓰고 지팡이를 짚은 채 함께 살던 책을 향해 인사합니다. 서로 헤어지지만 자기 가슴 속에서 사니 섭섭해 말라면서요. 어디로 떠나려는 걸까요. 다음 순간 놀랍게도 모리스 자신이 하늘을 나는 것을 깨닫게 됩니다. 가장 오랜 책 친구 험프티덤프티 책을 처음 만나던 그때 그 모습으로요. 그 책을 건네주던 그 아름다운 여자처럼, 나는 책 끈 여럿을 한꺼번에 붙든 채로 말이지요. 한편 '책이 사는 집'에서는 모두 모리스가 떠난 빈자리를 둘러싼 채 슬픔에 젖었습니다.

책들은 한동안 잠잠했습니다.
그리고 곧바로 모리스 레스모어가 뭔가 남겨 두고 떠났다는 것을 알아차렸습니다.
"모리스의 책이야!"
모리스의 가장 오랜 친구가 소리쳤습니다.
책 속에는 모리스의 기쁨과 슬픔이, 그가 알고 있는 모든 것이, 꼭 그렇게 되었으면 하는 바람이 담겨 있었습니다.

모리스 책은 그가 모든 것을 잃고 헤매던 어느 날 갑자기 일어났던 일을 펼쳐 보이고 있습니다. 하늘을 나는 책이며 아름다운 여인 그림과 함께 말이지요. 자, 이렇게 모리스 레스모어가 책을 남기고 떠났으니, 이 이야기도 끝이 나야 하겠지요. 그러나 훌륭한 책이 불멸영생하듯, 이 이야기도 영원히 끝나지 않을 듯합니다. 한 여자아이가 이 집을 찾아왔고, 책 사람 - 모리스 책이 다가갔으며, 그 여자아이가 읽기 시작했으니까요.

이 그림책 마지막 장면은 여자아이의 손이 막 넘겨 잡는 모리스 책 본문 첫 페이지입니다. 오동통하고 자그마한 아이 손이 누르는 그림과 이 그림책 첫 장면을 비교해 보는 재미를 놓치지 말기 바랍니다. 그 다음 판권 페이지 양쪽도요. 특히 왼쪽의 헌사와 작가 약력을 주의 깊게 읽어 볼 필요가 있습니다.

   작가 약력과 이 헌사로 짐작해 보면, 지금 오십 대 중반인 작가의 딸이 세상을 떠난 듯합니다. 책 속에 나오는 아름다운 책 아가씨가 바로 그일까요. 이런 끔찍한 토네이도 말고도 실제 작가의 집을 덮쳤던 태풍 이야기도 나옵니다. 그림책 『모리스 레스모어의 환상적인 날아다니는 책』은 2012년 미국 아카데미 상을 받은 단편 애니메이션이 원전입니다. 늘 애니메이션과 그림책 작업을 함께 해온 작가가 이번에는 이 모험에서 상당한 성공을 거둔 듯합니다.

11

책에 바치는
작고 빨간 사랑

『작고 빨간 물고기』
유태은 지음

'나를 키운 건 팔 할이 책이다'라고, 책에 대한 저의 오랜 연정을 종종 미당의 시 「자화상」 한 구절 '나를 키운 건 팔 할이 바람이다'에 빗대곤 합니다. 조금 더 격해지면, 링컨이 동원되지요. '책에 의한, 책을 위한, 책 그 자체의 사람'…! 몇 해 전 어느 도서 선정 회의에서 저도 모르게 이렇게 자기를 소개했다가 눈총깨나 받았습니다만, 터무니없는 과장이라고 할 수는 없습니다.

실제로 어느 때 눈을 감으면 핏줄을 타고 내 몸 속을 돌아다니는 글자들이 보이기도 하고, 내 몸이 통째로 책인 채 겹겹이 바람에 쏠려 펄럭이기도 하니까요. 그 이미지는 다시 거대한 독자의 손이 '책인 나'를 넘기는 것으로 확대되지요. 늦가을 평야 지대 국도를 달리다가 추수 끝난 논이 거대한 책 이미지로 펼쳐져 눈을 커다랗게 뜬 적도 여러 번 경험했고요.

도서관에서는 책을 찾다 말고 책과 몸이 바뀌어 서가에 꽂히는 『장자』 버전 이미지를 만납니다. 도서관 서가와 북트럭이 눈을 찡긋거리고 몸을 꿈틀거리며 모종의 신호를 보내오는 월트 디즈니의 「미녀와 야수」 버전 이미지와 노닥거리느라 목적 상실의 엉뚱한 시간을 보내기도 하지요. 그러다가는 어느새 열람실 폐관 시간을 맞아 발을 동동 구릅니다.

유태은의 동판화 그림책 『작고 빨간 물고기』 또한 책을 무척 좋아하고 도서관에서 오랜 시간을 보낸 작가에게 떠올려진 이미지로 빚어진 작품입니다. 꼬마 제제가 할아버지를 따라간 도서관은 책과 책 그림자와 책 보는 데 필요한 램프와 책상, 높은 곳까지 차곡차곡 책이 꽂힌 책장만 있는 이상한 집입니다. 할아버지가 볼일을 보는 동안 제제는 오직 책만 있는 도서관을 이리저리 돌아다니며 아이답게 감탄합니다. "우아!

책 정말 많다."

그러다 제제는 책 읽는 방 램프 아래서 깜박 잠이 듭니다. 제제가 어항에 담아 데리고 온 작고 빨간 물고기는 제제를 지키는 듯도 하고, 제제가 읽느라 펼쳐둔 책을 읽는 듯도 합니다. 할아버지는 방 앞을 지나가고요. 얼마나 오래 잠들어 있었는지 독자도 알 수 없고 주인공 제제도 알 수 없는 채 제제가 눈을 떴을 때엔 둘레에 아무도 없습니다.

이처럼 잠들었다 깨어났을 때, 둘레에 아무도, 특히 어른이 보이지 않을 때, 놀라운 일이 벌어지는 법이지요. 과연 제제가 달빛 비치는 환한 창가로 자리를 옮기고 작고 빨간 물고기에게 책을 읽어 주다가 고개를 돌렸을 때, 믿을 수 없는 일이 벌어집니다. 작고 빨간 물고기가 감쪽같이 사라지고 없는 겁니다!

제제에게 작고 빨간 물고기는 잠시도 떨어져 지낼 수 없는 친구입니다. 도서관에 오면서도 할아버지 자전거 뒤에 싣고 올 정도로요. 제제는 작고 빨간 물고기가 어쩌다 어항에서 튀어 나갔고, 그래서 가까운 어딘가에 떨어져 있으리라 생각합니다. 그래서 둘이 함께 있던 자리의 바닥을 살살이 살피고, 도서관 곳곳을 뒤지고 다닙니다.

그러다 드디어 '책장 저 높은 곳에서 파닥거리는 작고 빨간 지느러미'를 발견합니다. 제제는 사다리를 타고 올라가 그 높은 책장으로 손을 뻗습니다. 그런데 막 손이 닿으려는 순간, 작고 빨간 물고기는 그만 책 속으로 사라집니다. 그 책은 빨간 색이 되고요. 제제는 조심조심 빨간 물고기가 들어간 빨간 책을 꺼냅니다.

이런, 제제가 빨간 책을 펼치자마자 강물과 빨간 물고기 떼가 쏟아집니다! 기우뚱한 의자 옆에 유난히 예쁘고 작고 웃는 듯한 빨간 물고기가 보이긴 합니다만, 제제의 그 물고기인지 확신이 서지는 않습니다.

제제는 의자에 올라앉아 책과 램프와 의자와 빨간 물고기들이 둥둥 떠다니는 방안 어딘가에 있을 자기 물고기를 또다시 찾고 또 찾습니다. 그리고 마침내 독자 눈에는 그저 똑같게만 보이는 수많은 빨간 물고기들 중에 자기 친구를 발견합니다.

> 하지만 물고기는 점점 더 멀어졌고,
> 제제는 아래로 아래로 끝없이 떨어졌어요.

제제는 책 속으로 들어간 듯합니다. 떼 지어 나는 황새들을 쫓아가서 마침내 황새 하나의 다리를 붙들고 날아오르기까지, 책의 안팎을 들고 나는 줄도 모른 채, 제제는 오직 작고 빨간 물고기 친구 생각뿐이겠지요. 그렇게 훌쩍 날아올라 바다로 가서야 파도 사이에서 친구를 봅니다. 주저 없이 바다로 뛰어내리는 제제! 제제는 작고 빨간 자기 물고기를 두 손으로 붙드는 순간 현실 세계, 즉 아무 일 없이 빨간 책이 펼쳐진 도서관으로 돌아옵니다.

> 제제는 살며시 손바닥을 펼쳤어요.
> 그리고 물고기를 어항 속에 넣어 주며 속삭였어요.
> "내가 너 얼마나 찾았는지 모르지?"

'내가 너 얼마나 찾았는지 모르지?'는 제가 도서관 서가 앞에서 소리 없이 외치곤 하는 말입니다. 꼭 필요한 책을 찾아 헤매던 끝에 발견했을 때 말이지요. 보름달 환한 창 밖, 그러나 도서관 바닥에 그려진 창틀 그림자 속에는 없는, 하늘을 나는 황새들, 펼침 그림 장면 오른쪽 위 세

익스피어로 보이는 초상화의 인물이 두 사람을 내려다보는 눈길…. 이런 건 깨닫지 못한 채 실내를 나서는 할아버지가 작고 빨간 물고기를 든 제제에게 묻습니다.

"그래, 오늘 재미있었니?"
할아버지가 묻자 제제가 말했어요.
"네, 할아버지! 내일 또 와도 되죠?"

제제가 무엇을 기대하는지, 작고 빨간 물고기가 무엇을 뜻하는지, 빨간 물고기가 쏟아진 빨간 책이 무슨 책을 상징하는지, 이야기의 기승전결이 어떻게 되는지, 궁금하지도 않고 따지고 싶지도 않습니다.

도서관 실내와 책장과 책과 책 그림자와 책 냄새까지 담아낸 모노 톤의 근사한 동판화 그림, 그리고 빨간 물고기와 빨간 책으로 구현한 장면 간의 흐름을 즐기는 것만으로도 배가 부르니까요. 책을 좋아하는 작가가 책에 바치는 오마주로서 부럽기만 하니까요.

3부 그림책 주인공 이야기

01
동그란 눈의
천진과 열정

『제랄다와 거인』
토미 웅거러 지음, 김경연 옮김, 비룡소

'아이들을 순식간에 이야기의 세계로 몰입시키는 그림책이 있다!' 따로 시간을 정해 놓고 아이들과 함께 그림책을 읽고 있는 이 3년 내내, 나는 거듭 놀라며 혼자 부르짖곤 한다. 시키지 않아도 내 손에 든 그림책만 뚫어져라 쳐다보고, 누가 기침이라도 하면 하나같이 쬐그만 입들을 뾰족 내민 채 쉿, 쉿 저희들끼리 제지하며 어서 읽으라 안달을 부리는 그림책들이 분명히 있는 것이다. 이런 그림책은 자연히 새로운 아이들을 만날 때마다 맨 먼저 챙기게 되고, 그래서 결국은 가장 자주 읽는 그림책이 된다.

『제랄다와 거인』도 그런 그림책들 중 하나다. 다른 이들에게도 그럴까? 다시 한 번 줄거리를 새겨 보자. 옛날에 어린 아이 잡아먹는 걸 제일로 치는 몹쓸 취향을 지닌 거인이 살았다. 마을 아이들을 깡그리 동낸 거인은 오래 굶주린 끝에 먹이 사냥을 나간다. 마침 산길에서 혼자 수레를 몰고 오는 먹음직스런 꼬마 소녀 제랄다를 보고 너무 좋아서 허둥대다가 그만 바위에서 미끄러져 떨어진다.

그런데 아빠랑 단둘이 깊은 산골짜기 집에 살면서 한 해 한 번 장에나 갈 뿐 마을을 비롯한 바깥 세상과 뚝 떨어져 살아 온 제랄다는 이 거인이 얼마나 흉칙한 존재인지 전혀 모른다. 더욱이 이 거인이 자기를 잡아먹으려다 이렇게 만신창이가 된 줄은 까맣게 모른다. 그저 거인을 가엾게 여기고 돌본다. 상처를 씻어 주고, 배고프다고 신음해 대는 통에 장에 내다 팔 식료품을 절반이나 꺼내 진수성찬을 만들어 먹인다.

제랄다의 요리 솜씨로 말하자면 네다섯 살 때부터 갈고 닦은 것이니 거인은 그 기막힌 맛에 눈이 휘둥그레진다. 제랄다를 먹으려던 마음을 바꿔 제랄다에게 자기 성으로 가서 요리를 해 달라고 청한다. 거인이 내 놓은 금으로 최고급 식료품을 구해 제랄다가 날마다 맛있는 요리를 해 먹인 덕분에 거인은 물론 거인의 친구들까지 입맛이 바뀐다.

결국 제랄다의 요리 솜씨 덕분에 거인들은 잔혹한 취향을 버리고 마을은 평화를 되찾는다. 어느새 아름다운 처녀가 된 제랄다는 몰라보게 훤해진 거인과 서로 사랑하게 되고, 결혼해 아이들을 여럿 낳고 행복하게 살았다. 때로 아이들이 거인 아빠의 잔혹했던 취향을 드러내는 바람에 갓난 동생이 위험에 처할 때가 있긴 하지만….

이 그림책은 사실 나부터가 처음 집어 들었을 때 서너 번 거듭해 읽었을 만큼 푹 빠졌던 것이고 지금도 읽을 때마다 어김없이 마음이 즐거워지는 책이다. 그러니, 아이들이 왜 이 그림책에 그토록 푹 빠지는지 한 번도 궁금해 한 적이 없다.

아이들 자기처럼 조그맣고 미숙한 존재가 거대하고 힘센 존재를 다름 아닌 요리 솜씨 하나로 매혹시키고 사랑을 이룬다는 옛이야기 풍 스토리도 재미있을 것이고, 사람 잡아먹는 거인이 칼을 들고 바위 위에서 설쳐대다 발을 헛디뎌 떨어지는 장면의 반전이며, 제랄다가 온갖 익살스런 이름으로 만들어 내는 기발한 요리 장면 같은 대담하고 유머러스한 그림도 한 군데 지나칠 데 없이 재미있을 것이다.

책을 읽고 나서 "제랄다가…제랄다한테…그 때 제랄다는…" 하고 제랄다 이름을 친근히 종알거리는 아이들을 보면 무엇보다 장면 장면 동그랗게 눈을 뜨고 있는 주인공한테 마음을 사로잡히는 게 틀림없다. 한 이야기에서 주인공의 캐릭터가 얼마나 중요한 몫을 하고 전체를 지배하는가 등에 대해서는 잘 정리된 연구 자료들이 있을 것이다.

나는 그저 제랄다가 얼마나 어떻게 매력적인지, 이 캐릭터가 내게 무슨 말을 하는지 좀더 들여다보고, 들어 보고 싶다. 우리를 사로잡는 '이야기의 재미'라는 것이 매력적인 주인공이 앞으로 어떻게 될 것인가에 대한 기대와 염려가 자아내는 박진감이라고 한다면, 제랄다는 너끈히 그러한 '매력적인 주인공' 목록에 들고도 남을 것이기 때문이다.

먼저 제랄다의 모습을 한 번 살펴보자. 얼굴이 흡사 동양 아이처럼 통통하게 동그랗다. 그 동그란 얼굴의 더 동그란 눈이 묘하게 생생하다. 동그란 눈에 눈동자 점 하나가 찍히는 위치에 따라서 깜짝 놀랄 만큼 다양하고 풍부한 표정이 생기는 것이 신기할 정도이다. 그래서 제랄다의 이 동그란 눈을 들여다보고 있으면, 텍스트에도 없는 제랄다의 속말이 들리는 듯하다. '이번엔 또 어떤 재미있는 요리를 해 볼까?' '세상 모든 일은 요리 같은 거야!…'.

어쨌든 동그란 얼굴 동그란 눈의 이 금발 꼬마 소녀는 많아봤자 아홉 살 아니면 열 살이나 되었을까. '여섯 살 때 벌써 끓이고, 굽고, 조리고, 튀기고, 지지고, 볶는 것은 물론, 연기로 훈제를 시키는 법도 알았'다는 대목으로 봐서 서너 살도 되기 전에 어머니를 여의고 아버지랑 단 둘이 살아온 듯하다. 당연히 그 또래 아이와는 다르게 고생이 막심했을 것이고, 그 덕분에 단련된 것인지 원래 성정이 그런지는 모르지만 겉모습만큼이나 그 내면도 여간 야무져 보이지 않는다.

온갖 기물이 제 자리에 정돈되어 있고 온갖 먹거리가 갈무리된 채 이제라도 얼른 한 상 잘 차려 낼 수 있게 음식이 끓고 익고 있는 부엌 장면…, 갑자기 앓아누운 아버지가 장날 볼일을 혼자 치르라 당부하는 것을 선선한 얼굴로 듣고 서 있는 장면…, 장에 내다 팔 것을 홀로 짐 꾸리는 장면 들에서 제랄다의 그런 야무진 내면이 분위기로 암시된다면, 굶주린 거인을 먹이려고 산길에서 즉석 요리를 하는 장면…, 거인 친구들에게 요리법을 알려 주는 장면에서는 제랄다의 표정과 동작이 직접 야무진 내면을 드러낸다.

그런데 이 야무진 인상은 오히려 제랄다를 맹꽁이처럼 보이게도 한다. 실제로 제랄다는 자신의 재능과 취미에 야무지게 집중하느라, 앞뒤 잴 줄 모르는 맹꽁이처럼 군다. 제 앞에 닥친 고난이나 위험이 얼마나 엄청난 상황인지 모르고, 그렇게 몰랐던 덕분에 쓸데없는 근심과 안달 없이 자기가 좋아하는 '요리'에 몰입하고, 요리에만 몰입한 덕분에 거인이 지닌 '악'에 무심한 채 거인을 '선'의 세계로 이끌어 놓고 마을을 평화롭게 만드는 것이다.

예쁘다곤 할 수 없지만 통통하게 동그란 얼굴과 금발이 귀여운 느낌을 주는 제랄다. 너무나 단순히 그려진 이 꼬마 소녀를 생생하게 살아 움직이게 하는 것은, 앞서 말한 대로 동그란 눈이다. 이와 반대로 조연 거인의 눈은 죽어 있다. 칼을 들고 있는 장면에서나 밥을 먹고 있는 장면에서나 환골탈태한 마지막 장면에서나 한결같이 초점이 없다.

거인이 흉칙하게는 생겼을지언정 덩치 값도 못하게 멍청해 보이는 이유는 바로 그 초점 없는 눈 때문이다. 제랄다의 이 동그란 눈은 당돌하게 보일 때도 있지만 장면을 거듭할수록 무구하게 빛난다. 도무지 겁먹거나 주눅 드는 법을 모르는 그 동그란 눈엔 오직 지금 그 순간을 위한 열정만이 눈동자 점으로 떠 있는 것 같다.

어른들의 가치관과 잣대로 꾸짖을 때 아이들이 영문을 몰라서 쳐다볼 때의 그 동그란 눈 같기도 하다. 심지어 흉칙한 거인이 식탁에서 칼을 들고 자기를 막 먹어치울 참인 표지 그림에서도 제랄다의 이 동그란 눈은 '이 거인 아저씨가 뭘 하려는 걸까?'라는 듯 거인을 올려다본다. 과연 이 동그란 눈은 세상 물정에 무심한 순진한 눈일까, 아니면 자기 열정에 빠져 모든 상황을 낙관하는 눈일까. 마침내 그 동그란 눈을 내리뜨는 마지막 장면에서 제랄다는 내게 말한다.

◆ ◆ ◆

"세상의 무서운 것이란, 무서우리라고 앞서 겁내고 걱정하기 때문에 무서운 게 아닐까요? 그것은 오히려 가엾고 안쓰러운 존재일 거예요. 가엾은 취향, 안쓰러운 습관에서 벗어날 기회를 못 만나서 세상의 위험이 되고 악이 되는 거지요. 누구에게나 맛있는 음식을 멋지게 차려 주고 싶다는 생각 때문에 난 뭐가 무서운지 몰랐어요. 앞으로도 그럴 거고, 영원히 그럴 거예요."

02

사랑스러운
책벌레

『도서관』
데이비드 스몰 그림, 사라 스튜어트 글,
지혜연 옮김, 시공주니어

세상 어디에나 책이 있다는 것, 그 한 가지 사실로 이 지상의 삶을 견딘다고 말하면 지나친 얘기일까. 지나치다 하더라도 내게는 그것이 과장 없는 진실이다. 그러니 언제 어디서든 책 읽기에 빠진 책벌레를 마주치면 무작정 반가울 수밖에.

그림책 『도서관』을 처음 봤던 5년 전 혹은 6년 전, 자기가 끌고 가는 책 수레에서 책이 떨어지는 줄도 모르고 정신없이 책 읽기에 빠져 있는 표지 그림 속의 엘리자베스 브라운도 그렇게 반가웠다. '지금 읽고 있는 그 책, 도서관에 갖다 주러 가는 길이지? 반납 기일이 닥치도록 못 읽어서 말야. 그게 아니면, 지금 막 빌린 거겠지. 집에 갈 때까지 못 참고 딱 한 페이지만, 한 페이지만, 그러면서 읽는 거겠지….'

혼잣말을 건 이후 내내 마음속 깊이 절친한 친구로 여겨 온 터이다. 시도 때도 없이 내 친구 엘리자베스가 사는 『도서관』을 펼쳐 들곤 하지만, 특히 방학 때 초등학생들과 공공 도서관에서 독서 프로그램을 할 때면 이 그림책이 더없이 요긴한 자료가 된다. 책벌레 얘기를 하면서 대개 조선 시대 선비 이덕무와 함께 이 엘리자베스를 소개한다. 하지만 호락호락 본문을 읽어 주지 않고 그림책 표지만 슬쩍 보여 주고 뒤로 감추곤 한다.

아이들이 어서 읽어 달라고 책상을 두들기며 소리를 질러 대서야 꺼내 든다. 집중하길 바라는 작전이기보다는… 내 깊이 사귄 친구를 조금이라도 더 아껴 두고 싶기 때문이다. 엘리자베스 브라운이 도서관에서 책을 빌려 돌아오는 길인가보다며 표지를 넘기면, 책이 가득 꽂힌 책장의 면지 그림이 나오고, 이 친구가 얼마나 지독한 책벌레인지 보여 주는 속표지 그림이 거듭 펼쳐진다.

공원 벤치에서 비둘기 떼가 구두를 쪼아 대건 말건 모자에 내려앉건 말건 독서삼매에 빠진 엘리자베스…. 우산을 쓰고 빗속을 걸으면서 책을 읽는 엘리자베스…. 독자들이 본문을 펼치기 전까지 이렇게 세 번이나 등장하는 이 주인공은 그러나 아직 얼굴을 보여 주지 않는다. 매번 책에 코를 박고 걷거나 앉은 책벌레 이미지만을 보여 주면서.

제목은 '도서관'이지만 '엘리자베스라는 사람' 얘긴가 하고 독자들이 고개를 갸웃거릴 때쯤 다음 페이지 판권 위쪽에 그려진 도서 정보 카드 박스 그림에서 이 책의 서지 정보로 힌트를 준다.(그러나 이 그림책을 처음 만났던 날 내가 그랬던 것처럼, 이야기에 급한 독자는 미처 못 보고 지나가곤 한다.)

1920년에 태어나 사서 또는 독자와 친구로 살다가 1991년에 세상을 떠났다는 메리 엘리자베스 브라운의 '전기'답게 본문은 그 탄생 장면으로 시작된다. 갓난아이는 황새가 물어다 준다는 서양 속담 그대로 평범하게, 그러나 모든 생명이 그렇듯 특별하게 태어난 엘리자베스 브라운은 요람에 누워 있을 때부터 딸랑이 장난감을 팽개치고 책을 더듬어 탐하는 전설적인 유아기를 거쳐 빼빼 '마르고 눈 나쁘고 수줍음 많은' 어린 시절에 벌써 왕성히 책을 먹어치워 나간다.

도서관에서 빌려온 책을 낮에도 읽고, 밤에도 읽고, 수업 시간에도 읽고, 남들이 데이트하느라 밤을 지새울 때도 읽는다. 어느덧 어른이 된 엘리자베스에게 생의 전환기가 닥치는데, '기차를 타고 나갔다가 길을 잃고' 마는 것이다. 거기가 집으로 되돌아갈 수 없이 머나먼 곳이기 때문인지, 어디서 살든 마찬가지란 생각으로 짐을 풀고 주저앉은 것인지 알 길 없지만, 이제 엘리자베스는 책만 읽어도 좋았던 부모 품 밖의 낯선 타향에서 아이들 가르치는 일도 하게 된다.

그러나 그럴 뿐, 책벌레의 삶은 변함없이 이어진다. 도서관 대신 서점을 드나들며 사 들인 책을 읽고, 읽고, 또 읽는다. 세월이 흘러 그 낯선 곳에서 읽은 책이 쌓이고 쌓여서 현관문을 가로막게 되자 집을 통째 마을 도서관으로 헌납한다. 자기처럼 책 읽기 좋아하는 친구네 집으로 거처를 옮기고는 그 도서관에서 책을 빌려 읽으면서 여생을 보낸다.

이렇게만 읽고 나면 엘리자베스 브라운은 '한 세상 잘 살다 간, 부러운 책벌레'에 지나지 않는다. 좋은 취향을 끝까지 누리며 행복하게 살다가 대대세세 한 마을을 풍요롭게 해 줄 도서관을 남기고 떠났으되, 우리의 친구가 되기엔 거리가 멀다. 그러니 이 책벌레 삶의 장면마다 숨어 있다시피 끼어든 사사롭고 다정한 사연들도 곰곰 들여다보자. 먼저 엘리자베스의 전 생애에 걸쳐 등장하는 곰돌이와의 사연이다.

인형 놀이엔 관심 없는 소녀 엘리자베스가 스케이트 타는 친구들과 멀찌감치 떨어져서 책을 읽는 본문 두 번째 장면에서 곰돌이는 처음 등장한다. 테라스 난간에서 양산을 받쳐 들고 걸터앉아 책을 읽는 주인공 맞은편에서 곰돌이도 독서 중이다. '이 책, 너도 읽어봐! 진짜 재밌어!' 그렇게 속삭이면서, 엘리자베스가 쬐끄만 손으로 책을 괴어 세우고는 곰돌이를 앉히느라 애쓰는 몸짓이 또렷이 떠오른다.

취침 시간을 어기고 이불 속에서 손전등을 켜고 책 읽을 땐 답답하고 외로울까 봐 이불 밖에다 팬더곰과 나란히 앉혀 놓고, 기숙사에 들어갈 땐 호주머니에 넣어서 데려가고, 수업 시간에는 책상 밑에 앉혀 놓고서 간간이 눈을 맞추고, 남들이 데이트할 나이에도 책 읽는 내내 안아주고, 길을 잃고 깜짝 놀라 지도를 살펴보는 그 순간에도 외투 호주머니 속에 든 곰돌이…. 길을 잃은 터에 머물러 살게 된 낯선 풍경 속에서도 엘리자베스는 어김없이 곰돌이와 함께 있다.

책방 나들이 때엔 책 바구니 속에 넣어 다니고, 운동하느라 물구나무

사랑스러운 책벌레

설 때엔 똑같이 물구나무를 세워 놓는다. 청소할 때엔 계단에다 앉혀 놓고, 집안이 온통 책 천지가 됐을 땐 그 쌓인 책 위에 앉혀 놓고, 마침내 집을 도서관으로 헌납하고 더부살이를 시작한 친구 집 책상 위 북엔드에 앉혀 놓은 마지막 장면까지, 친구 집에 책 받으러 갔을 때를 빼고는 모든 장면에 곰돌이와 함께 있다. 엘리자베스는 세상을 떠날 때도 함께 품고 갔을 것이다. 여간 정 깊은 사람이 아닌 것이다.

그 곰돌이보다도 먼저, 탄생의 그 날부터 등장한 얼룩 고양이 역시 엘리자베스의 생애 전 장면에 등장한다. 테라스 난간에 앉아, 침대 발치에 앉아, 창문턱에 앉아, 엘리자베스가 보지 않는 쪽을 바라보는 이 고양이는 낯선 곳에 정착한 이후에도 등장하지만, 원래의 그 얼룩 고양이가 아닌 듯 엘리자베스 곁에 훨씬 가까이 있다. 그렇게 비슷한 고양이를 애써 찾아내어 곁에 둬야 할 만큼 엘리자베스는 정든 존재를 못 잊는 사람이다.

정든 존재를 못 잊는 다감한 사람이되 엘리자베스는 거침없이 산다. 장애물이 있거나 밀거나 개의치 않고 책 읽으며 걷는 모습 그대로, 제 취향을 향해 돌진한다. 얼른 정리해 놓고 읽어야지 하고 트렁크에서 책을 꺼내어 쌓는 데만 골몰하다가 침대를 망가뜨리고, 무시무시한 잔소리꾼 선생님의 수업 시간에도 교과서 아닌 책에 빠져들고, 한밤중에 친구네 집 초인종을 누르는 무례를 불사하고 책을 챙겨온다.

기차를 타고 가면서 얼마나 정신없이 책을 읽었기에 그토록 낯선 곳까지 가 버렸을까? 그러면 또 어떠랴, 트렁크에 당장 읽을거리가 있고 책방에 가면 새 책을 구할 수 있으니, 세상 어디에나 책이 있으니, 그냥 짐 풀고 산다. 거기서도 바람 속을 걸으며, 흩날리는 꽃과 눈을 맞고 걸으며 책을 읽는다. 청소하면서도 읽고, 장 보러 가서도 읽는다. 장 볼 거

『도서관』

리를 적은 쪽지를 떨어뜨리면 그냥 책 읽으면서 되돌아 나온다.(열렬히 책을 탐하는 것과는 달리 차와 비스킷 말고는 딱히 뭘 먹는 것 같지도 않은 말라깽이 엘리자베스!)

책 읽기에 빠져 살되 엘리자베스는 책을 숭배하지는 않는다. 책장이 내려앉으면 바닥에 쌓아 두고 찻주전자 받침대 겸하여 쓰기도 한다. 아이들이 집짓기 놀잇감으로 갖고 놀게 내버려 두기도 하다가 현관문이 가로막힐 만큼 쌓이고 쌓이자 곧장 나가서 마을 도서관에 헌납해 버린다.

강을 다 건넌 자가 배에서 내리듯, 트렁크 가득 책을 끌고 다니던 집착조차 훌훌 벗어 던지는 그 순간 책벌레는 자기 삶을 멋지게 완성한다. 책벌레 메리 엘리자베스 브라운이 잠깐 책을 내려 놓고 안경 자국을 문지르곤 찻잔을 집어 들며 내게 말한다.

❖ ❖ ❖

> "영원히 멈추지 않는 기차, 난 그걸 타고 달리는 것 같았어. 책 하나가 또 다른 책으로, 또 다른 책으로, 쉴 새 없이 나를 이끌었지. 아마도, 쓰지 않고 읽기만 해서 더 행복했을 거야."

사랑스러운 책벌레

03
빨간 끈에 매혹된 영혼,
길 가던 사자

『빨간 끈으로 머리를 묶은 사자』
남주현 지음, 길벗어린이

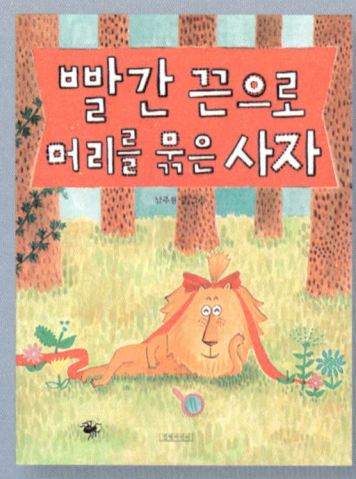

'매혹'이란 누구도 말릴 수 없는 막무가내 집요한 열정이다. 노숙자 명의를 빌려서까지 돈을 숨기고 쟁여 뒀더라는 전직 대통령 집안 얘기나 국회의원 배지를 놓고 만신창이 싸움을 벌이는 인물들 얘기를 들으면서 넌더리를 내다가도 그 또한 일종의 '매혹'이라 생각해 억지로 비위를 가라앉히기도 한다. 그러나 여태 그런 것을 한 번도 맛나게 누리면서 살아 보지 못해서일까. 솔직히 마음속 깊이 수긍이 가진 않는다.

그런 것에보다는 아름다운 그 무엇에 홀렸다는 얘기가 훨씬 마음에 와닿는다. 이를테면 봄 숲길을 가던 사자가 빨간 끈 하나에 마음을 빼앗긴다는 그림책 『빨간 끈으로 머리를 묶은 사자』 이야기에, 그 이야기의 주인공 사자한테 말이다. 필자 또한 포장 케이스의 아름다움에 매혹되어 예정에 없이 케이크를 사기 일쑤이고, 빛깔 고운 끈을 보면 그냥 지나치지 못하는 족속이니까.

『빨간 끈으로 머리를 묶은 사자』의 주인공은 갈기가 너풀거리는 수사자이다. 이 사자가 노랑, 분홍 꽃이 색색 단추처럼 흩어져 있는 봄 숲을 지나다가 우연히 빨간 끈을 본다. '와, 이렇게 예쁜 끈은 처음 보는걸! 이 끈으로 내 머리를 묶으면 정말 예쁠 거야.' 생각하며 끈을 잡아당긴다.(모쪼록, 암사자 아닌 수사자가 예쁜 것을 탐하고 머리 꾸밀 생각을 한다고 엉뚱한 시비를 거는 전근대적 성향의 독자가 없기를!)

그러나 그 예쁜 끈이라는 것이 꿈쩍하지 않는다. 양쪽 끝이 땅 속에 단단히 박힌 모양이다. 사자는 끈을 물고 끊으려 애를 써 보지만 자신의 이빨이라는 게 고기 찢기에나 익숙한 탓인지 실패하고 만다. 그 때 지나가던 코끼리가 뭐하는 거냐고 묻는다. 여기 이 빨간 끈으로 머리를 묶고 싶은데 끊어지질 않는다고, 그 긴 코로 한 번 당겨 봐 달라고 사자가 부탁하자 코끼리는 대뜸 코에 힘을 줘 끈을 당겨 보지만 여전히 꿈쩍하지 않는다.

사자는 실망하고 코끼리도 난처해하는데 사슴이 다가와 으스댄다. 이 끈 정도는 쉽게 끊을 수 있다고 장담하고는 양쪽 뿔에 끈을 감아 힘차게 당긴다. 그러나 끈은 요란한 소리를 내면서 튕겨 나가 버리고, 이제 사자는 점점 욕망이 고조된다. '한 번만 묶어 봤으면!' 안타까움을 못 이겨 울먹이기까지 한다. 그러고 있는데, 앞니의 위력이 대단해 뵈는 토끼 하나가 오고, 이번에는 '샤각샤각' 끈을 갉아 보지만 역시 실패한다.

또 딱따구리가 와서 끈을 쪼아도 본다. 딱따구리마저 실패하자 사자는 이 예쁜 끈으로 제발 머리를 '한 번만 묶게 해 달라'며 울음을 터뜨리다가, 제 발치를 지나가는 거미를 불러 도움을 청한다. 물론 코끼리, 사슴, 토끼, 딱따구리는 어림도 없다는 듯 웃음을 터뜨린다. '저 조그만 녀석이 뭘 할 수 있겠어!' 덩치 큰 동물들이 비웃거나 말거나 쬐그만 거미는 사자의 제의를 받아들인다. '어디 한 번 해 볼까?'

그러고는 모두가 지켜보는 가운데 사자더러 끈 가까이 다가오라 이른 다음 사자 머리 위로 기어 올라간다. 끈도 머리 위로 올려 달라고 하더니 끈 양쪽을 잡아당겨 가며 한참을 꼬물거린다. 사자 머리에 멋지게 묶인 빨간 리본!『샬롯의 거미줄』에서 거미들이 그랬듯 빼어난 솜씨로 사자의 소원을 이뤄 준 것이다.

사자는 기뻐 소리친다. '비록 가져갈 수는 없지만 한 번이라도 머리를 묶을 수 있'게 되었으니까! 거미는 사자의 찬탄에 간단히 대꾸한 다음 가던 길을 가고, 코끼리 사슴 토끼 딱따구리도 집으로 돌아간다. 사자는 손거울에다 빨간 끈 묶은 자기 모습을 흐뭇하게, 오래오래, 들여다본다….

 이야기는 끝났다. 그런데 '사자가 손거울 보고 난 다음엔 어떻게 했어?' 하고 묻는 아이들이 있다. 그림책의 마지막 페이지를 덮고 나서도 아이들이 질문을 하는 경우는 대개 두 가지 이유에서다. 이야기가 만족스럽게 끝나지 않았을 때, 또는 주인공이 사라지지 않고 계속 마음에 남아 움직이고 있을 때…. 두번째 이유로 질문하는 아이들을 위해 이 그림책은 뒤표지에다 대답을 남겨 두었다.

 숲속이 어둑어둑해지고 총총 별이 돋아나자 사자도 돌아갔다고. 빨간 끈 묶은 걸 실컷 즐기다가 그 자리에 곱게 벗어 놓고 집으로 돌아갔다고. 그래서 이제 숲속 그 자리에는 사자 갈기 털 한 가닥이 묻어 있는 빨간 리본 끈이, 손거울이, 그 하루 일들을 다 아는 봄꽃 몇이 밤을 맞는다고.

 사자는 어리지도 않다. 그처럼 갈기가 무성할 정도면 벌써 짝을 짓고 슬하에 어린 것 서넛쯤 두었을 것이다. 혹은 일가를 이루는 데 조금도 마음 두지 않은 떠돌이일지도 모른다. 아니, 정처가 있거나 없거나는 중요하지 않다. 이 사자는 평소에도 아름다운 것을 탐해 왔던 존재일 것이다.

 그래서 다른 눈에는 쓰잘 데 없이 보일 수도 있는 빨갛고 기다란 아름다운 끈 하나에 발길을 멈추고 놀라워하고, 매혹되고, 그걸로 제 머리를 묶고 싶다는 간절한 소망을 품고, 그 자리에 주저앉은 것이다. 가던 길을 잊고, 제 거창한 몸집을 잊고, 숲의 왕이라는 체면을 잊고서. 아름다운 것은 쉽게 가질 수 없다. 바로 그런 이유로 더욱 아름답고, 더욱 간절히 원하게 되는 법이다.

 사자는 제 힘으로 끈을 가질 수 없게 되자 지나가던 동물들에게 자

빨간 끈에 매혹된 영혼, 길 가던 사자

기 처지를 털어 놓는다. 저보다 작은 동물들에게까지 도움을 청하고 기대한다. 그러는 자기를 우스꽝스럽게 생각하거나 비웃는 눈치여도 개의치 않는다. 오히려 엉엉 울면서 한 번만 묶게 해 달라고 처연히 하소연한다. 동물들이 힘과 재주로 빨간 끈을 끊을 생각만 하다가 실패하자 지푸라기라도 잡는 심정으로 지나가는 거미를 부른다.

거미는 벌써부터(7쪽부터 등장한다) 그 자리에 있었다. 무릇 세상의 현자들이 그렇듯 작고 하찮은 모습이라 미처 눈에 들어오지 않은 터였다. 사자가 절망하고 낙담한 채 땅바닥을 치는 심정으로 제 발치로 고개를 떨궜을 때야 거미를 발견한다.

그리고 도움을 청한다! 힘없이, 그다지 큰 기대 없이 제의하긴 했지만, 그것은 순교자가 제가 받드는 신을 위해 기꺼이 전 존재를 바치는 장면이나 다름없다.

사자는 제 목적을 이루고도 태도가 달라지지 않는다. 거미의 놀라운 지혜에 감탄하고 기뻐하고 감사한다. 그런 다음 모두가 제 갈 길로 떠난 자리에 남아서 더 원하는 것 없이, 제가 처음 매혹되었던 것에 소망한 바를 고요히 누린다.

아무 실마리 없이 갑자기 나타난 손거울, 아마도 하늘이 어여삐 여겨 뚝 떨어뜨려 준 듯한 손거울을 들여다본다.

그러면서 사자는 문득 좋은 것 하나를 깨달았던 것 같다. 앞표지의 느긋한 모습이 그토록 흐뭇한 것을 보면 그렇다. 사자는 그 깨달음을 나에게, 독자들 모두에게 주고 싶어서 뒤표지 쪽 면지에 시로 남겨 놓았다. 우리를 매혹시킨 아름다운 것들을 제대로 누리는 법을.

가지지 않아도 할 수 있는 몇 가지
들에 핀 꽃을 꺾지 않아도
향기를 맡을 순 있지.
숲 속의 벌레를 잡지 않아도
귀여운 모습을 볼 순 있지.
반짝반짝 예쁜 별을 따 갈 수 없지만
해가 뜨기 전까진 오래오래 볼 순 있지.
다음날에도, 그 다음날에도…
그리고 언젠간 이 모든 걸 두고 떠나야 하지만
이 모든 걸 즐길 순 있지.

04

단 한 번
참다운 '나'로 사는 고양이

『100만 번 산 고양이』
사노 요코 지음, 김난주 옮김, 비룡소

우리 집 이야기 할머니였던 산중 할매한테서였던가, 고양이가 백만 번도 넘게 산다는 얘기를 어릴 때 들었다. '윤회' 차원에서라기보다는 고양이가 워낙 영물(靈物)이라는 얘기였는데, 자신을 서운히 다룬 사람들한테 대대세세 앙갚음했다는 믿거나 말거나 식 이야기가 유독 오래 마음에 남았다. 누구하고든 함께 지내다 보면 섭섭한 일이 생기게 마련이니 '아가, 괘이(괭이; 고양이)는 가까이 말거라'고 할머니가 꼬박꼬박 덧붙이시던 말씀이 지금도 귀에 쟁쟁하다.

그 탓에 그 보스스하니 가르릉대는 탐스런 친구를 나는 한 번도 마음 놓고 이뻐해 보지 못하고, 지금껏 누가 이뻐하는 것만 멀찌감치 보고 부러워하곤 한다. 그러니, 이 일본 그림책을 처음 펼쳐 들면서 누구나 주목하게 되는 '자기 마음대로 백만 번 거듭 태어났던 고양이'라는 주인공 캐릭터에 나는 놀라지 못했다. 그보다는, 이 주인공 고양이가 자기 삶과 죽음을 '취향'대로 결정한다는 점에 놀라고 감탄했다.

상대가 자기를 얼마나 아끼고 사랑하는지는 중요하지 않다, 제 취향에 안 맞으면 왕의 고양이가 된대도 싫다, 싫으면 죽는다, 죽고 죽고 또 죽는다, 취향에 맞는 상대를 만나고서야 비로소 산다, 그토록 흡족한 상대가 죽고서야 영원히 죽는다…! 사노 요코가 얘기하고 그린 그대로, 다시 한 번 글과 그림을 읽어 보자. 이름이 따로 없는 고양이, 그러나 한 눈에 봐도 당당한 '정말 멋진' 얼룩 고양이가 하나 있었는데 백만 번이나 죽고 백만 번이나 살았다. 한 번의 삶마다 자기를 끔찍이 아끼고 귀여워해 주는 주인이 있었다.

싸움 솜씨가 뛰어난 임금님이 주인일 적에는 전쟁을 하러 다니면서도 이 고양이를 데리고 다녔고, 뱃사공이 주인일 적에는 온 세계의 바다를 떠다닐 때나 온 세계의 항구에 머물 때나 고양이를 데리고 다녔다. 서커스단 마술사가 주인일 적에는 공연할 때마다 고양이를 조수 삼아 마술을 펼쳤고, 도둑이 주인일 적에는 고양이를 짝패 삼아 데리고 다녔으며, 홀로 사는 할머니가 주인일 적에는 만날 고양이를 품고 지냈다. 어린 여자아이가 주인일 적에는 한시도 고양이를 떼어놓지 않았다.

그러나 고양이는 전쟁을 좋아하는 임금님도, 거칠고 사나운 바다를 떠도는 뱃사공도, 자기를 상자에 집어넣고 아슬아슬하게 톱질하는 속임수 마술로 박수를 벌어 먹고 사는 마술사도 '싫었'다. 자기한테 개를 지키게 해 놓고 남의 금고를 터는 도둑이나 자기를 꼼짝 못 하게 껴안고 앉아 하염없이 무엇인가를 기다리기만 하는 할머니는 '아주 싫었'다. 자기를 업고 껴안고 자기 털에 눈물까지 닦는 여자아이도 '아주 싫었'다.

그래서 주인들이 죽은 자기를 부둥켜안고 울면서 땅에 묻어 줄 때도 고양이는 내심 '울지 않았'다. 그렇게 시큰둥하게 살다 죽은 고양이가 한 번은 들(도둑)고양이로 살게 된다. 처음으로 자기 마음대로 사는 고양이가 되었고, 비록 쓰레기통을 뒤져서 배를 채워야 했지만 그렇게 사는 것이 너무나 좋다. 함께 지내고 싶다며 암고양이들이 온갖 선물을 들고 몰려오는 것조차 하품 나도록 지겨울 뿐이다. 그런데 새하얀 암고양이 하나가 이 대단한 고양이를 본 척 만 척한다.

그 앞에 가서 온갖 재주를 피우고 백만 번 산 얘기를 떠벌이고 으스대도 고개를 외로 꼬고 자기 생각에 잠겨 있다.(…라고 읽고 싶지만 사실은 쬐금 자신이 없다. 하얀 고양이의 눈동자가 눈 중심에서 약간 위로 올라간 것이, 어느 정도는 자기 앞에서 공중돌기를 하고 있는 얼룩고양이한테 영 마음이 없는 건 아닌 듯해서다.) 어쨌든 고양이는 하얀 고양이한테 청혼하고, '응'이 아니라 '으응'이라는 미진한 허락을 받아 귀여운 새끼 고양이를 많이 많이 낳고 산다.

이제 고양이는 백만 번이나 살았다고 으스댈 새 없이 지금 이 현세의 사랑하는 가족한테 푹 빠져 살다가, 새끼 고양이들을 다 키워 내보내고 할머니 고양이가 된 하얀 고양이랑 단 둘이 살면서, 젊을 때보다 훨씬 부드럽게 울게 된 하얀 고양이랑 이렇게 오래 오래 함께 살고 싶다는 생각까지 한다. 그런데 어느 날 하얀 고양이가 그만 숨을 멈춘다. 백만 번이나 살면서도 한 번도 울지 않았던 고양이는 처음으로 운다. 백만 번이나 울다가 저도 숨을 멈춘다.

'그러고는 두 번 다시 되살아나지 않았다'. 주인공 고양이는 (모든 고양이가 그렇다는 우리 할머니 얘기와는 달리) 남다른 고양이, 특별히 영생불사하는 고양이다. 그런 만큼, 그러나 또 대개의 고양이가 그렇듯이, 취향이 뚜렷하고 까다롭다. 제 주인이라는 인간들이 살아가는 꼬락서니도 싫지만, 누구든 자기 존재를 마음대로 장악하는 '주인'따위가 있다는 사실 자체가 싫다. 주인 있는 애완동물의 운명이 그렇듯 주인이 하자는 대로 끌려 다니고, 시키는 대로 위험을 무릅쓰고, 껴안는 대로 안기긴 하지만, 그래서 기쁨도 없이 슬픔도 없이 산다.

그러다가 주인들에게 '그런 식으로 사랑해 주는 건 나를 사랑하는 게 아니야!' 소리치듯 끔찍하게 애통한 사건으로 죽어간다. 전쟁을 좋아하는 임금 앞에서는 화살에 맞아 죽고, 뱃사람 앞에서는 바다에 빠져 죽고, 마술사 앞에서는 마술사의 톱질에 잘려 죽고, 개 있는 집만 골라서 털던 도둑 앞에서는 개한테 물려 죽고, 할머니 앞에서는 할머니보다 먼저 죽고, 여자애 앞에서는 포대기끈에 목졸려 죽는 것이다.

그렇게 저렇게 죽어가고 살아가면서 고양이는 빌지 않았을까? '제발 이 다음 생에선 자기 스스로 주인이 되는 삶을 살게 해 달라고. 그래서 누구도 제 취향을 알아주지 못했던 고양이 자기 식대로, 자기가 자기를 제대로 사랑하며 살게 해 달라고.' 한껏 수사를 아낀 이 그림책 어디에도 그런 갈망이 직접 드러나 있진 않지만, 여섯 번으로 요약된 고양이의 삶을 넘겨 읽다 보면 독자 또한 주인공의 갈망을 마음에 담게 될 것이다. 그리고 마침내 고양이는 독자와 함께 갈망을 이룬다.

한밤중 거리의 쓰레기통 위에서 한껏 팔다리를 뻗은 고양이를 보라. 아직은 좀 믿기지 않다는 듯이, 그러나 제 존재의 자유가 얼마만큼 되나 좀 재어 보자는 듯이, 그리고 혼자서 누리는 달빛이라는 게 이렇게 조금 쓸쓸한 듯도 하면서 멋진 거구나 느끼는 듯이, 온몸과 마음을 다 드러내 놓은 채 세상을 들이켠다. 지나간 백만 번 삶의 기억을 깔고 누운 채….

고양이는 그러나 한동안 그저 혼자 떠돌 뿐, 자기가 주인이 된 삶을 진정으로 구가하지 못한다. 전생 이야기를 떠벌이고 다니는 걸 보면 그렇다. 하얀 고양이를 만나고, 그의 마음을 얻으려 애태우고, 마침내 혼인하고, 자식을 낳고 기르면서야 기쁨이라는 삶의 과즙을 맛본다. 그리고 참으로 사랑하는 하얀 고양이의 주검을 끌어안고 통곡하면서야 슬픔이라는 삶의 진한 육즙을 들이켠다. 사랑을 알게 되고 그 사랑을 잃은 절절한 슬픔으로 울면서, 비로소 고양이는 제대로 한 번 산다.

그러니 백만 번을 거듭 쏟았다는 눈물은 슬픔에서 촉발된 통곡의 결과라고는 하지만 단순히 슬픔의 분비물이라고 말할 수는 없다. 어떤 선사가 세상을 떠날 때 크게 한 번 웃는 것처럼, 쓸어 주고 다독이는 기쁜 삶과 꼬집어서 아픈 삶을 한바탕 살고 떠나면서 소리치는 간략한 인사다.

❖ ❖ ❖

'잘 알았다!'고.

05
꽃향기 속에 사는,
좀 다른 황소

『꽃을 좋아하는 소 페르디난드』
로버트 로슨 그림, 먼로 리프 글, 정상숙 옮김, 비룡소

혼자 지내길 좋아하는 온순하기 이를 데 없는 고교생 아들이 어느 날 한쪽 귀에 피어싱을 세 군데나 하고 들어와서는 동급생이며 선배들이 자꾸 싸움을 걸고 집적대서 그랬으니 어머니는 모른 척해 달라더란 이웃의 얘기를 전해 들었다. 그 기묘한 처방이 효과 만점이어서 이후로는 그 댁 순둥이 아들이 평화롭게 지내고 있다는 뒷얘기는 더욱 어이없고 심란했다.

나와 내 아이가 살아가는 이 세계는 과연 닥치는 대로 싸워서 이기거나 자해에 가까운 '접근 금지' 경고 표지를 내걸고서야 일상의 평안이 유지되는 정글일까? 새삼 마음이 어두워지고 불편해질 때, 꼭 그렇지는 않다고 위로해 주는 그림책이 『꽃을 좋아하는 소 페르디난드』이다. 이 책은 '남다르다'는 것, 남다른 존재를 인정한다는 것, 나아가 남다른 존재들과 더불어 살아간다는 것에 대해 수많은 생각거리를 안겨 주는 작품이기도 하다.

스페인에서 태어난 수송아지 페르디난드는 꽃 향기 맡는 걸 좋아한다. 제 또래들이 '투우의 나라' 소답게 거칠게 뛰고 서로 사납게 치받으며 놀 때도 페르디난드는 언덕 저편으로 꽃향기를 찾아 나선다. 꽃나무 아래 자리를 잡고서는 조용히 앉아 눈이 게슴츠레해지도록 꽃향기를 즐기는 것이다. 엄마소는 남다른 페르디난드를 걱정하지만 지혜롭게도 아들의 독특한 취향을 존중하고 취향대로 살도록 해 준다.

페르디난드가 특별히 좋아하는 꽃나무는 스페인에 흔하디흔한 코르크나무다. 이 그림책 곳곳에 등장하는, 가지마다 와인 병마개 모양의 코르크가 주렁주렁 매달려 있는 나무…. 코르크라는 것이 코르크나무 껍질을 삶아서 얻는 거라는 걸 뻔히 알면서도, 이 그림책을 펼칠 때마다 능청스런 그림 때문에 '그래, 코르크나무가 이렇구나… 아니, 정말

그런가?'

절반 넘게 믿고 절반 못 미쳐 의심하던 필자는 이 글을 쓰느라 자료를 찾아보고서야 그것이 그림 작가의 유머라는 것을 확실히 알게 되었다. 독자들이 코르크나무를 얼른 알아보게끔 하려는 의도였겠지만, 글 곳곳에서 유머를 발하는 작가 먼로 리프의 장난기가 개입됐을지도 모른다는 생각에, 또 두 작가가 코르크나무 장면을 구성해 놓고 꽤나 낄낄거렸을 거라는 생각에, 웃음이 터진다.

참고로 말하자면, 참나무 과인 코르크나무는 꽃이 봄에 피고 코르크 마개와는 아무 상관없는 열매는 9월부터 다음해 1월에 떨어진다. 100년은 보통이고 500년까지나 오래 오래 살면서 20년마다 한 번씩 코르크용 겉껍질을 만들어 내는데, 스페인과 포르투갈의 코르크나무는 특히 질 좋은 코르크를 생산하는 것으로 이름 나 있다.

투우장으로 뽑혀 나갈 나이가 되어서도 여전히 코르크나무 아래 앉아 있던 페르디난드는 어느 날, 엉뚱한 일을 겪게 된다. 제각기 별난 모자를 쓴 다섯 사내(반데릴레로들과 피카도르들과 마타도르 등 이른바 투우 관계자들)가 스페인 최대의 마드리드 투우장에 나가 싸울 거칠고 재빠른 황소를 찾으러 온 날, 누가 왔거나 말거나 여느 때처럼 자기가 좋아하는 코르크나무 아래 풀밭에 가서 막 앉으려다 뒹벌에 쏘인 것이다.

> 아야! 굉장히 아팠어요! 페르디난드는
> 콧김을 내뿜으며 펄쩍 뛰었어요.
> 페르디난드는 마치 미치기라도 한 것처럼
> 씩씩거리며 콧김을 뿜어 대고, 박치기를 하고,
> 땅을 긁어 대며 뛰어다녔어요.

꽃향기 속에 사는, 좀 다른 황소

사내들은 페르디난드가 엄청나게 사납고 거친 황소라고 오해하고 쾌재를 부른다. 날짜에 맞춰 페르디난드를 마드리드로 데려간다. 온 도시 사람들이 흥분해 모여든 투우장엔 이제 반데릴레로들과 피카도르들과 마타도르가 차례로 행진해 들어오고, 마지막으로 그날의 주인공 페르디난드가 들어온다.

그러나 이 엄청나게 사납고 거칠다고 소문난 황소는 정작 투우장 한복판까지 와서는 조용히 주저앉고 만다. 관중석 여기저기에 앉은 젊은 여성들 머리 장식 꽃에서 날아오는 향기를 맡느라 여념이 없다. 그러자 피가 튀고 고함과 비명으로 요란해야 할 투우장은 썰렁해지고 만다.

> 페르디난드는 투우사들이 무슨 짓을 하든,
> 싸우지도 화를 내지도 않았어요.
> 그저 앉아서 꽃 향기를 맡았을 뿐이지요.
> 그러자 반데릴레로들은 화가 났고,
> 피카도르들은 더 화가 났고, 마타도르는
> 너무나 화가 나서 울고 말았어요.
> 그의 망토와 칼로 자신을 뽐낼 수 없었거든요.

사람들은 페르디난드를 되돌려 보낼 수밖에 없다. '거 참, 이 녀석이 그 날 그렇게 날뛰던 그 녀석 맞아?' 하고 고개를 갸웃거리면서…. 고향에 돌아온 페르디난드는 취향대로 사는 삶을 되찾는다. 코르크나무 아래에 앉아 꽃 향기를 맡고 또 맡으면서 행복한 나날을 보낸다. 그 느긋하고 향기로운 생에 기대어 앉아 자못 부러운 눈길을 던지는 내게 페르디난드는 말한다.

♦ ♦ ♦

"무엇보다도 그처럼 나무 그늘 아래서 꽃향기 맡으며 가만히 앉아 살도록 내버려 둬 준 어머니와 가족들, 친구들에게 감사드릴 수밖에요. 특히 어머니께 고맙지요. 친구들이야 대충 따돌린 거라고도 할 수 있지만, 아무래도 어머니는 내 남다른 취향까지 사랑하느라 마음이 편치 않으셨을 거예요. 이제 어딘가에 나 같은 황소가 있다면, 그리고 그의 어머니가 제 이야기를 알고 있다면, 적잖이 위로가 되겠지요…. 황소든 사람이든 모두가 다 똑같고 똑같을 거라고 믿어 버리지 않는 것, 존재 하나하나의 취향에 고개 끄덕여 주는 것, 남에게 폐 끼치지 않도록 자기 취향을 건사하는 것, 그래서 제각각 따로인 존재들이 한 세상 살면서 각자 아름다운 그림이 되어 서로를 비추고 밝히고 격려하는 것… 그런 것을, 꽃 내음과 나 페르디난드를 떠올릴 때 함께 생각하고 바라면 좋겠어요."

꽃향기 속에 사는, 좀 다른 황소

06

눈바람과 결연히 맞선 심부름

『용감한 아이린』
윌리엄 스타이그 지음, 김영진 옮김, 비룡소

암만 남쪽이라 해도 한겨울에는 바닷바람이 매섭다. 두툼한 스웨터 위에 외투를 덧입고 눈, 코, 입만 빼꼼히 남긴 채 목도리로 빈틈없이 싸매어도 온몸이 꽁꽁 얼어붙는다. 몇 걸음마다 벙어리장갑 낀 손으로 떨어져 나갈 듯 시린 귀 하나를 문지르고 보자기 꾸러미 든 팔을 바꾸고, 다시 귀 하나를 문지르고 팔을 바꾸던 여덟 살배기는 문득 무슨 생각이 떠오른 것일까.

문득 걸음을 멈춘 채 제 손에 든 꾸러미를 내려다본다. 그리고 아직도 한참 가야 할 길을 가늠해 보느라 목을 뽑아 큰 길 저 너머를 바라본다…. 40년 전의 그 어느 겨울 하루뿐이었으랴. 어머니의 곗돈 심부름에서부터 막내 오빠의 연애편지 심부름에 이르기까지, 나는 집안의 사시사철 심부름꾼이었다. 심부름 거리가 생기면 으레 '막내야!' 부르는 소리가 났고, 그러면 나는 집 앞 골목에서 공기놀이며 구슬치기를 하다가도 얼른 손을 털었다.

양은 냄비를 받아 들고 집 근처 두부 공장으로 두부를 사러 가고, 1킬로미터는 족히 떨어진 아버지의 단골 이발소로 아버지를 찾으러 가고, 그보다 조금 더 먼 시장으로 달걀을 사러 가고, 성당 너머 만화가게에 오빠 언니 들이 빌려다 본 만화를 반납하러 가곤 했다. 그 숱한 심부름을 그러나 나는, 운명적으로 내가 도맡게 되어 있는 일이니 어쩔 수 없다고 생각했던 것이지 자청해서 떠맡은 건 아니었다.

앓는 어머니를 대신해 눈보라 치는 먼 길로 심부름을 나선 『용감한 아이린』의 주인공 '아이린'의 경우와는 상황이나 격이 다르다고나 할까. 책 밖의 삶에서는, 소소한 불행은 지루하게 이어지되 극적인 반전도 결말도 없게 마련이다. 그래서 아이린이, 내 심부름의 결말에는 없던 갈채와 광휘에 휩싸인 채 행복해지는 이 그림책을 펼쳐들 때면 매

179

번 부러워진다.

아이린은 양재사 바빈 부인의 외동딸이다. 바빈 부인은 공작 부인에게 파티 드레스를 주문받을 만큼 뛰어난 양재 솜씨 덕분에 남편 없는 가정을 규모 있게 꾸려 간다. 당장 땔 수 있게끔 장작이 준비된 무쇠 난로, 각각 의자 두 개와 키 작은 서랍장과 침대가 하나씩 있는 두 칸 방 등, 단둘이 살아가는 데 꼭 필요한 가구와 기물이 보여 주는 모녀의 삶은 더할 것도 덜할 것도 없이 조촐하다.

이야기는 어느 날 바빈 부인이 공들여 짓던 공작 부인의 드레스를 마무리하는 데서 시작된다. 드레스는 아이린의 감탄대로 정말 멋지게 완성되었다. 이제 오늘 밤 안으로 공작 부인이 무도회에서 입도록 저택까지 드레스를 배달할 일이 남았다. 그런데 바빈 부인은 도무지 그럴 기운이 없다. 어머니가 태산같이 걱정을 하자 아이린은 아주 대뜸 나선다.

"걱정하지 마세요, 엄마. 내가 갖다 줄게요." 옷상자는 너무 크고, 저택까지 가는 길도 너무 멀고, 게다가 눈까지 내리기 시작했다고, 어머니가 만류하지만 아이린은 또 말한다. "전 눈을 좋아해요!" 바빈 부인은 더 말릴 기운도 없지만 무엇보다도 아이린을 믿고 지지하는 터다. 안쓰러우나마 아이린이 자기한테 이불을 덮어 주고 차도 끓여 주고 난로를 더 뜨겁게 덥히고는 옷상자에 드레스를 포장하는 걸 조용히 지켜본다.

아이린은 외출 준비를 끝내고, 어머니의 뜨거운 이마에 여섯 번이나 입을 맞추고 한 번 더 맞추고, 문단속을 꼼꼼히 한 다음 집을 나선다. 집을 나서자마자 아이린은 호되게 한 방 기습당한다. 얼굴을 때리며 옷상자를 떠메고 달아날 듯 불어 닥치는 눈바람…. 눈을 좋아한다고 했던

게 후회스럽고 화가 나서, 아이린은 몸을 꼿꼿이 세운 채 "그만 불어!" 호통을 쳐 대며 한 걸음 한 걸음 나아간다.

그러나 눈송이는 점점 굵어지고 바람은 더욱 세차게 분다. 뚝뚝 나뭇가지가 부러지고 하늘과 땅에서 한꺼번에 눈이 휘몰아치며 길을 가로막는다. 그러면서 "집으로 돌아가!"라고 아이린을 을러대더니 결국 옷상자를 덮쳐 잡아채 가 버린다. 이럴 땐 어찌해야 하는지, 그만 돌아가야 하는지, 아이린은 어쩔 줄 모른다. 옷상자 속에 든 것이 엄마가 여러 날 걸려 만든 드레스라는 데 생각이 미치자 소리소리 지르며 쫓아가 있는 힘을 다해 옷상자를 붙든다.

하지만 또 한 번 눈바람이 기습해 옷상자 뚜껑을 열어제치고 공작 부인의 드레스를 끌고 가자 넋 빠진 얼굴이 되어 버린다. 어떻게 이런 끔찍한 일이 일어날 수 있는 걸까? 눈물이 나서 속눈썹이 얼어붙는다. 사랑하는 엄마가 얼마나 힘들게 일했는데…, 얼마나 오랫동안 재고, 자르고, 시치고, 꿰매고 했는데…, 어떻게 이런 일이 일어날 수 있단 말인가?

그리고 공작 부인은 이제 어쩌나요! 아이린은 그러나 새로이 결심한다. 빈 상자라도 가져가서 모든 걸 설명하기로 말이다. 아이린은, 제 또래 아이들답지 않게 야무질 뿐만 아니라 이 책의 제목 '용감한 아이린'에 걸맞게 남달리 용감한 마음의 소유자인 것이다. 눈 속을 걷다가 보이지 않는 구덩이에 빠져 발목을 삐고, 너무 아파서 눈밭에 주저앉았다가는 다시 아픔을 무릅쓰고 억지로 발을 움직여 본다.

그러면서 엄마와 따뜻한 집을 떠올리고, 그러나 집보다 공작 부인네 저택이 더 가까울 거라고 스스로를 위로하면서, 어스름 땅거미가 내려앉자마자 곧바로 어둠이 덮친 눈밭을 걷기 시작한다. 텅빈 옷상자를 꼭 붙들어 안고 막막히 걷는다. 이윽고 불빛에 싸인 공작네 저택을 발견하지만, 또 그러자마자 발이 미끄러져 나지막한 절벽으로 떨어지고 만다.

살려 달라고 소리를 질러도 그 소리를 아무도 듣지 못할 거다. 온몸이 떨려 오고 이가 딱딱 부딪친다. '이대로 얼어죽고 말지 뭐, 그럼 이 고생도 끝날 거 아냐? 안 될 거 뭐 있어? 벌써 이렇게 묻히기까지 했는데.' 하는 생각도 든다. 하지만, 아이린은 엄마를 생각하고, 엄마한테서 나는 갓 구운 빵냄새를 떠올리면서 다시 용기를 낸다. 발버둥을 쳐서 눈속을 빠져나온 아이린은 아득히 내려다보이는 저택까지 갈 궁리를 한다.

그러다가 옷 상자를 타고 미끄러져 내리는 데 성공한다. 저택 가까운 길가에 멈춰서, 이제 사람들에 둘러싸여 따뜻한 집안에 있게 될 일을 즐겁게 떠올리기도 한다. 하지만 공작 부인에게 나쁜 소식 전할 일을 걱정하던 아이린은 쿵쾅거리는 가슴을 안고 저택을 향해 다가가다가 자기도 모르게 발을 멈춘다. 도저히 믿어지지 않는 일 앞에서 입이 벌어지고 만다. 저택 앞 커다란 나무 둥치에 엄마가 만드신 그 아름다운 무도회 드레스가 붙어 있는 것이다.

"엄마, 엄마! 찾았어요!" 그렇게 부르짖으며 아이린은 드레스를 상자에 담아 저택 문을 두드린다. 아이린은 더없는 칭찬과 환대를 받고 따뜻한 난롯가에서 맛난 저녁을 먹은 다음, 무도회에 초대돼 신나는 밤을 보낸다. 그리고 다음날 아침, 공작 부인의 배려로 의사 선생님과 함께 마차를 타고 편지와 선물을 잔뜩 싣고서 어머니가 있는 집으로 돌아간다. 아이린은 내게 속삭인다.

❖ ❖ ❖

"그렇게 힘든 심부름은 처음이었어요. 눈바람이 그렇게나 차갑고, 또 심술까지 부려서 옷 상자를 빼앗아 가고, 발을 삐게 만들고, 길을 잃게 하고…. 그럴 줄은 몰랐답니다. 그냥, 엄마가 걱정하지 않게 얼른 갔다와야겠다, 그러고 나선 거예요. 그리고 엄마 생각을 해서 용감해진 거고요. 엄마가 만든 드레스를 갖다 주는 심부름이었으니까, 끝까지 잘해 내고 싶었어요. 엄마는 늘 '우리 아이린은 용감해!' 그랬거든요."

07

말과 마음이 하나인
친구를 찾아서

『행복한 사자』
로저 뒤바젱 그림, 루이제 파쇼 글,
지혜연 옮김, 시공주니어

언젠가 일본에서 10여 년 가까이 살다온 그림책 동네 작가 한 분에게서 들은 이야기. 좀처럼 가까워지기 어렵겠다고 생각했던 그들이지만 이젠 좀 마음 터놓고 친구 삼을 만한 이들이 몇 생겼다 싶어 기쁘고 마음 든든하던 무렵, 다급히 도움 청할 일이 생겼더란다. 만날 때마다 입버릇처럼 '도움이 필요하면 언제든지 찾아오라.'던 이가 생각나서 달려갔더니 집 안으로 들어오란 말도 없이 처음 보는 싸늘한 얼굴을 하는 바람에 대경실색, 사무치게 깨달았다고 한다. '오오, 이것이 이 섬나라 족속의 혼네(본심)로구나! 지금껏 간드러졌던 그 말들은 다테마에(앞에 내세우는 말)라는 거였구나!' 하고.

위와 같은 이웃 민족의 불유쾌한 성정이라든가 '그 사람, 겉 다르고 속 달라!'고 할 때의 겉과 속 얘기와는 사뭇 다른 경우이긴 하지만, 키가 커 가고 뼈 굵어져 가면서 마음과 말이 하나인 세계에서 점점 멀어지는 경험을 자주 한다. 특히 자기도 모르게 과장된 말, 의례적인 말, 상투적인 말을 흘리고 나서 곱씹는 자기 모멸감과 그럴 때 깨닫게 되는 '말과 마음의 간극'이란 머리털이 치솟는 공포를 불러일으킨다. 말이란 마음과 똑같을 때 아름다운 법이고, 말 그대로 행동했을 때라야 마음 기쁜 법이거늘!

스위스 태생 작가 로저 뒤봐젱의 작품 『행복한 사자』에서 주인공 사자는 바로 그렇게 마음과 말의 간극이 생겨 버린 어른들이 의례적으로 건네는 인사말을 고스란히 받아들이고 지낸 탓에 당혹스런 상황에 부딪힌다. 자고 나면 "잘 있었나?" 하며 웃어 주고, 눈만 마주치면 "안녕!" 하고 반가워하며, 잠깐 헤어질 때도 "또 만나자꾸나!" 하고 다짐하던 마을 사람들 모두를, 언제 어느 때든 인사말 그대로의 마음을 지닌 다정한 '친구'라고 믿었던 탓이다.

"옛날에 아주아주 행복한 사자가 살고 있었답니다." 그림책 『행복한 사자』는 무슨 일이든 다 일어날 수 있던 좋은 시절로 건너가서 이야기를 시작한다. 갈기 풍성한 머리와 꼬리를 치켜세우고 입 꼬리를 들어 올린 채 미소 짓는 이 사자는 아프리카 밀림이 아닌 프랑스의 어느 마을 공원 우리에서 혼자 살고 있다. 그런데도 늘 행복하다. 공원 관리인 아들 프랑소와를 비롯해 뒤퐁 교장 선생님, 팽송 부인 같은 마을 사람들 모두가 도랑 너머로 맛있는 음식과 고기를 던져 주며 다정하게 대해 주기 때문이다.

게다가 여름이면 일요일마다 공원 야외음악당의 악사들이 사자가 좋아하는 음악을 들려주는 것도 행복감을 더해 준다. 그런데 사자가 잠깐이나마 자신의 행복을 의심하게 되는 일이 생긴다. 어느 날 아침, 공원 관리인의 실수로 문이 열려 있는 걸 보고 마을 사람들을 만나러 우리 밖으로 나가면서다.

"그동안 친구들이 우리 집을 찾아와 주었으니 이번엔 내가 찾아가는 게 좋겠지." 사자는 중얼거리며 의기양양, 자기를 반길 친구들을 떠올리는 즐거운 상상으로 입 꼬리를 한층 더 끌어올린 채 공원 밖 거리로 나간다. 마을에 들어선 사자는 그러나 곧 황당한 일을 겪는다. 거리에서 맞닥뜨린 뒤퐁 교장 선생님께도, 자주 뵌 적이 있는 아주머니께도, 팽송 부인께도, 분명 여느 때와 다름없이 공손히 인사를 건넸지만 답례다운 답례를 받지 못한 것이다.

그뿐이 아니다. 그토록 의젓하던 뒤퐁 교장 선생님은 비명을 지르며 길바닥에 쓰러지고, 아주머니 셋은 괴물을 본 듯 소리치며 안간힘을 다해 달아나며, 심지어 야외 음악당 옆 벤치에서 온종일 뜨개질이나 하던 얌전한 팽송 부인은 야채가 든 장바구니를 냅다 자기 얼굴에 내던지기까지 한다. 갈수록 태산이라고, 그런 다음에 마주친 악대 행렬과 구경꾼들은 사자가 미처 인사를 하기도 전에 한꺼번에 비명을 내지르며 반대쪽으로 달아나기 바쁘다.

사람들 하는 짓이 하나같이 우스꽝스러워서 어리둥절해진 사자는 이제 아무리 온 세상이 '행복한 사자'라고 불러 줘도 행복하지 않다. 사람들이 높은 곳으로 올라가 사자 동태를 살피느라 거리는 텅 빈다. 사자는 주저앉아 꼬리를 늘어뜨리고 입을 한 일 자로 꾹 다문 채 골똘히 생각하고는 결론을 내린다. "동물원 밖에서 만나면 다들 이렇게 하는 거구나."

이렇게 짐짓 낙관적으로 마음을 정리하고 다시 걷기 시작했지만 마음 속 깊숙이로는 "기절도 하지 않고, 비명도 지르지 않고, 도망도 치지 않"고 진정으로 자기에게 반가운 인사를 건네 줄 친구 만나기를 간절히 바란다. 과연 그런 친구가 나타날 것인가. 그런 친구 대신 사자 앞으로 애애앵거리는 낯선 소리가 길게 꼬리를 끌며 점점 다가오고 있다. 사자는 온 마을 사람들이 무서워 쩔쩔매면서 자기를 구경하고 있는 줄은 까맣게 모른 채 느닷없이 별난 구경을 하게 되었다고 흥미로워 한다.

아예 인도 한쪽에 자리잡고 앉아서 커다랗고 빨간 소방차가 저만치 다가와 서는 것이며, 커다란 탑차가 뒷문을 열어젖힌 채 자기 쪽으로 뒷걸음질해 오는 걸 느긋이 바라본다. 총을 든 소방대원들이 다가오는 것을, 소방차의 굴대에서 굵직한 호스가 끝도 없이 풀리며 다가오는 것을 호기심 어린 눈으로 바라본다. '도대체 무슨 재미난 짓을 보여 주려고 저러는 걸까?' 사자는 소방대원들이 벌이려던 구경거리가 무엇인지 영영 모르게 되었다.

그래서 자기가 물세례를 받고 나가떨어져 탑차에 실려 가 '행복한 사자'와는 한참 먼 신세가 될 뻔한 줄도 끝내 모르게 되었다. 그토록 간절히 바랐던 '기절도 하지 않고, 비명도 지르지 않고, 도망도 치지 않는 친구' 프랑소와가 달려오자마자 다시 행복해진 것이다. 사자는 이제 프랑소와 말고는 더 바랄 게 없다.

소방대원들이 소방차를 타고 자기들 뒤를 졸졸 따라오는 것에도, 자기를 피해 높은 데로 올라 간 사람들이 그제야 여느 때처럼 인사를 외치는 것에도, 마음이 가지 않는다. 그저 얼른 공원으로 돌아가서 프랑소와와 둘이 놀 생각밖에 없다. 행복한 사자는 마을 사람들이나 마찬가지로 우스꽝스런 어른인 내게 말한다.

◆ ◆ ◆

"아직도 모르겠어요. 왜 그토록 다정하게 굴던 사람들이 갑자기 나를 보고 달아나고 쓰러졌는지 말이에요. 물론 분명하게 알게 된 게 있긴 해요. 어른들은 아이들보다 겁이 많다는 것, 어른들이 하는 말은 아이들 말과는 좀 다르다는 것…. 어쨌거나 난 변함없이 '행복한 사자'랍니다. 언제 어디서든 나를 보면 달려와 줄 친구, 말과 마음이 하나인 친구 프랑소와가 함께 있으니까요."

08

콩, 콩, 콩,
가슴이 뛰는 이유

『사랑에 빠진 개구리』
맥스 벨트하우스 지음, 이명희 옮김, 마루벌

 쿵 탕 탕
    내 가슴속으로 들어오는 망치

쿵 탕 탕

내 가슴속으로 들어오는 망치

쿵 탕 탕

내 가슴속으로 들어오는 망치

내 가슴속의 망치는 당신이지요.

쿵 쿵 쿵

내 가슴속으로 들어오는 북

쿵 쿵 쿵

내 가슴속으로 들어오는 북

쿵 쿵 쿵

내 가슴속으로 들어오는 북

내 가슴속의 북은 당신이지요.

지금 내 가슴은 부드럽게 두근거립니다

지금 내 가슴은 부드럽게 두근거립니다

지금 내 가슴은 부드럽게 두근거립니다

모두 당신을 사랑하는 마음 때문이지요.

(마거릿 와이즈 브라운 「사각 사각 사각」 중)

언젠가 그림책 공부하는 분들에게 '시 그림책' 얘기를 하면서 『벌레와 물고기와 토끼의 노래』를 펼쳐 이 시를 골라 읽어드렸더니 한 분이 얼굴이 빨개진 채 얘기를 꺼냈다.

"하루는 학교 수업이 끝날 때쯤 됐길래 집 앞 언덕길에서 초등학교 1

『사랑에 빠진 개구리』

학년 딸을 기다리고 있었어요. 그런데 저 아래서부터 애가 막 달려 올라오는 게 여느 때 같지 않았어요. 아니나 다를까 저를 보자마자 '엄마, 자꾸 가슴이 쿵쿵거려! 나, 숨도 못 쉬겠어!' 쌔근거리는 거예요. 어이쿠, 애가 뭔가 크게 탈이 났구나 싶어 가슴이 철렁하는데, 덧붙이는 말이 '엄마, 왜 집에 오는 길에 '대' 자가 이렇게 많아?' 이래요. 직감적으로 휴, 이게 아프다는 소리는 아닌가 보다, 싶어서 "대" 자라니? '대' 자가 어디 어디에 있었는데?' 했더니 '몰라, 여기도 있고 저기도 있고 온 사방에 '대' 자야,' 그러면서 '아이 참, 또 쿵쿵하네, 또!' 그래요. 집에 들어와서도 한참을 수선을 떨고 횡설수설하는 걸 잠자코 들으면서 열심히 짜 맞춰 봤더니 그게 새로 앉은 짝꿍 남자애를 좋아한다는 소리였어요. 걔 이름에 '대' 자가 들어 있는 거고요.(좌중, 웃음 바다) 이 시를 진작 알았더라면 근사하게 대처했을 텐데, 참 아쉽네요…."

그 분의 후회인즉슨 아이가 쩔쩔매는 게 귀엽기도 하고 우습기도 하고, 요 녀석이 되바라지게 벌써 사랑 타령인가 싶어 창피하기도 해서, 웃었다가 짜증을 냈다가 재미없고 한심하게 오락가락하다 말았단다. 그 어머니뿐이랴. 감정 드러내는 걸 상스럽게 여기는 이 선비 나라 사람들 대부분이 똑같은 상황에 맞닥뜨리면 오십보백보, 비슷하게 재미없이 굴고 말지 싶다. 텔레비전 광고에서는 물론 온갖 곳에서 껴안고 입 맞추며, '사랑해!'란 말을 만났다 헤어지는 인사 겸 안부 인사로 흔전만전 쓰는 현실과는 딴판으로 말이다.

네덜란드 작가 맥스 벨트하우스(혹은 '막스 벨튀이스')의 『사랑에 빠진 개구리』는 이처럼 설명하기 요령부득인 '사랑'의 면면을 담박하게 그려 낸 작품으로, 예쁘지도 밉지도 않고 성별도 알 수 없는 주인공 개구리가 봉착한 혼돈과 갈망이 유머러스하고도 곡진하게 펼쳐진다. 어느 날부터 개구리는 낯설고 묘한 감정에 휩싸여 꿈속인 듯 강둑을 헤매고 다닌다. '내가 어디가 아파 이런 것일까?' 궁금하던 차에 딸기 바구니를 든 친구 돼지를 만나는데, 돼지는 자기 바구니의 먹음직스러운 딸기도 본척 만척 시무룩한 얼굴의 개구리가 이상해서 어디가 아픈 거냐고 개구리에게 묻는다.

"나도 모르겠어. 웃고 싶기도 하고, 울고 싶기도 해.
그리고 여기 이 안에서 무언가 콩, 콩, 콩 뛰고 있어."

개구리만큼이나 경험이 일천한 돼지한테서 감기인 것 같으니 누워 있으라는 말을 듣고 집으로 돌아가던 개구리는 책이 많은 토끼네 집에 들러 물어 본다. 몸이 뜨거웠다 차가웠다 하고, 가슴 안에서 뭔가 콩, 콩, 콩 뛰고 있단 말이지…. 토끼는 한참 생각한 다음 책을 뒤지더니 결론을 내린다. 그건 누군가를 아주 많이 사랑해서 생긴 현상이라고. 아파서 그런 게 아니라 누굴 사랑해서라니! 개구리는 너무나 기뻐 날아갈 듯한 마음 그대로 껑충 뛰었다가 친구 돼지 앞으로 떨어진다.

그러고는 친구가 캐묻는 통에 자기가 누구를 사랑하는 건지 곰곰 생각하게 된다. 그리고 그 사랑의 화살표 끝에 "예쁘고, 상냥하고, 마음씨 착한 하양 오리"를 꿰게 되는데, 돼지는 개구리가 오리를, 초록이 하양을 어떻게 사랑할 수 있느냐고 의아해 한다. 그러거나 말거나 개구리는 이제 하양 오리를 향한 갈망에만 마음이 탄다. 하지만 용기가 없어 솜씨 있게 그린 멋진 그림도, 한아름 꺾은 향기로운 꽃다발도 오리네 집 문간에 두고 올 수밖에 없다.

"어떻게 하면 오리에게 내가 사랑한다는 것을 보여 줄 수 있을까?
다른 친구들이 하지 못하는 것을 해야 될 텐데."

며칠째 잠도 못 자고 밥도 못 먹던 개구리는 당연히 엉뚱한 결론을 내린다. '누구보다도 높이 뛰어오르는 거야!' 개구리는 날마다 높이 뛰어오르는 연습을 한 끝에 구름에까지 닿는다.

그러자마자 친구들이 걱정하던 대로 잘못 떨어져 다치고 말지만, 결국 이 눈물겨운 분투기는 보람찬 결말에 이른다. 마침 그 분투 현장을 지나가던 하양 오리가 다친 개구리를 자기 집으로 데려가 돌봐 줌으로, 개구리는 역전의 행복을 맞는다. 하양 오리를 사랑한 초록 개구리가 내게 말한다.

❖ ❖ ❖

"그림책 말미에서 얘기한 대로, 서로 달라도 얼마든지 사랑할 수 있어요. 그뿐 아니라 사랑은 '다름' 속에 있는 '같음'을 발견하게도 해 준답니다. 정말이에요! 오리랑 나, 우리 둘은요, 물에서 노는 걸 좋아하는데요. 또 둘 다 똑같이 '수륙 양용형'이라 강둑도 함께 거닐 수 있거든요. 물론 이런 사실을 발견하자면 서로 상대가 좋아하는 걸 알아내고 그걸 함께 하려 애써야 한답니다. 어쨌든…사랑은 영원히 쉽고도 어려운 문제인 듯해요."

09

'나'는 무엇이고 누구이며,
무엇을 위해 태어났을까?

『바바빠빠』
아네트 티종·탈루스 테일러 지음, 이용분 옮김, 시공주니어

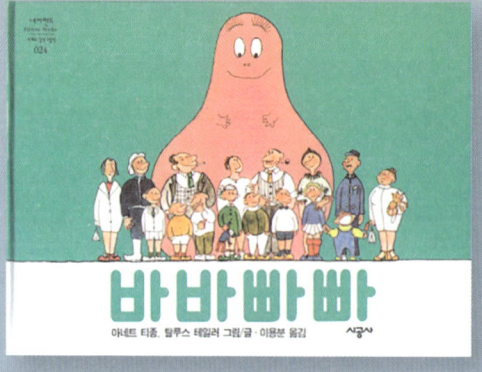

늦은 봄에 시골집 텃밭에 서면 푸성귀 자라는 모양새에 살짝 멀미를 느낄 정도다. 한 주일에 두어 번 꼴로 얼쩡대는 나 자신은 구태의연 지리멸렬하기가 속속들이 변함 없는데, 며칠만에 본 그것들은 얼마나 눈부시게 가지 뻗고 키 커져 있는지! 원기 왕성한 이 흙땅에서는 무엇이든 태어나고 자라날 것 같고, 그래서 문득 창세기의 조물주가 흙으로 인간을 빚었다는 이야기마저 새삼스레 가슴을 때리며 파도쳐 오곤 한다.

『바바빠빠』의 주인공 바바빠빠도 흙에서 태어난 동물이다. 프랑스의 어느 집 꽃밭 땅 속에서 튤립 알뿌리며 데이지 뿌리, 나무 뿌리 들과 함께 무럭무럭 자라나다가 그 집 꼬마 소년 프랑수아가 물을 주던 어느 날, 거대하게 미끈하고 둥그런 모습으로 솟아난다. 프랑수아는 마음 맞는 친구가 없어서 꽃밭에나 마음을 주고 있었던 것일까? 어쨌든 프랑수아와 바바빠빠, 둘은 한 마디 말도 필요 없이 올려다보고 내려다보며 서로 눈을 맞춘 채 그윽이 감탄한다. 멋진 친구가 생긴 사실을 기뻐하는 것이다!

그러나 이 낯선 존재를 받아들일 수 없어 새들은 한꺼번에 짹짹거리고 고양이는 날카롭게 울어 댄다. 그 소리에 놀라 뜨개질을 하다 말고 뛰쳐나온 프랑수아네 엄마 눈에도 바바빠빠는 한눈에 위협적인 괴물로 보일 뿐이다. 그렇다고 놀라 날뛰는 프랑수아네 엄마를 붙들고 '나는 위험한 동물이 아니에요. 그냥 댁의 아들과 사이좋은 친구로 지낼 거랍니다.' 하고 설명할 수도 없는 것이, 바바빠빠 저도 갓 태어난 처지라서 자기가 누구이며 왜 태어났는지 알 수가 없다. 그저 눈물을 흘리며 프랑수아와 헤어져서는 동물원에 가는 신세가 된다.

누구든 거대한 철망 우리 속에 갇혀 지내다 보면 자신에 대해 깊이 생각하고 또 생각하게 되리라. '옥중 성찰' 결과 바바빠빠는 자기에게 몸을 마음대로 바꾸는 능력이 있음을 알게 된다. 그 능력을 믿고, 또 이 동물원 어딘가에 프랑수아를 대신해 줄 친구가 있으리라는 걸 믿고, 여기저기 친구를 찾아 헤매고 다닌다.

바다코끼리한테 가서는 바다코끼리 모습으로, 홍학이랑 낙타한테 가서는 홍학과 낙타 모습으로 몸을 바꿔 가며 공을 들여 보지만 결과는 신통치 않다. "첫눈에 서로 좋은 친구가 되리라는 걸 알아차렸"던 프랑수아 같은 친구란 또다시 없는 것이다! 게다가 철장 안에 얌전히 갇혀 있지 않는다고 해서 동물원에서도 내쫓기고 만다. 잠깐 여기서 두번째 눈물을 흘리는 바바빠빠의 얼굴을 읽고 가자.

눈썹을 잔뜩 치켜세운 채 입을 길게 앙다물고 있는 바바빠빠. 프랑수아네서 쫓겨 나올 때의 어리둥절하게 슬픈 표정과 달리 서운하고도 분한 기색이 역력하다. 거듭되는 수난을 통해 사리를 분별하면서 감정이 진화되는 모양이다. 바바빠빠는 하릴없이 거리를 서성댄다. 그저 서성댈 뿐인데도 거대한 덩치 때문에 교통이 마비된다.

성난 사람들이 퍼붓는 비난 속에서 쩔쩔매던 바바빠빠는 극장을 발견하곤 기대에 차서 다가간다. 상영 중인 영화 '여왕의 목걸이'를 볼 생각이라기보다는 그저 좀 쉴 곳을 찾아간 것인데, 그러나 매표원은 쌍수를 들고 거절한다. 그러는 사이 날이 저문다.

아예 잠잘 곳을 찾아 나섰더니, 불 켜지지 않은 빈방이 수두룩한 게 한눈에 보이건만 호텔의 지배인은 '만원' 팻말을 가리키며 고개를 내젓는다. 바바빠빠는 그동안 참고 참았던 서러움이 북받친다. "너무 슬프고 외로워서 눈물을 뚝뚝 흘"린다. 하염없이 흐르는 눈물! '도대체 나 바바빠빠는 무엇이고, 누구이며, 어디로 가서, 무슨 일을 하기 위해 태

어난 것일까?'

어디 가서 물을 수도 없고 누울 곳도 없는 바바빠빠의 막막한 신세는 뜻밖의 사고 덕분에 뒤바뀌게 된다. 바바빠빠가 눈물을 흘리며 서 있던 바로 뒷편 건물에서 불이 난 것이다. 바바빠빠는 순식간에 계단 모양으로 몸을 바꿔 불길에 갇힌 사람들을 무사히 구출해 낸다.

뒤늦게 도착한 소방수들은 할 일이 없을 정도다. 아침이 밝아 오고, 화재 현장이 수습된 다음 소방수들은 바바빠빠의 활약을 칭찬하며 축배를 건넨다. 늘 밀어 내고 내쫓던 사람들에게 환대받자 바바빠빠의 커다란 눈은 더욱 커진다. 그 순간 또다시 끔찍한 사고가 터진다.

실황 중계를 하자면 이렇다. '지금 동물원에서 뛰쳐나온 표범이 파리 시내 한복판을 달리고 있습니다. 근처의 시민들은 위험하니 얼른 건물 안으로 대피하시고, 이 지역으로 볼 일이 있는 분들은 일정을 바꾸시기 바랍니다.'

사이렌이라도 울릴 판인데, 표범이 입맛을 다시며 엉덩이까지 바싹 추격하고 있는 사람은 바로 바바빠빠를 내쫓은 동물원 관계자다. 주인공과 동일시 감정에 이입된 독자들이라면 이런 사실을 발견하는 순간 통쾌하지 않을 수 없을 것이다.

이렇게 줄거리와 크게 상관없는 익살스럽고도 유머러스한 장치와 요소를 넣어서 눈 밝은 독자를 즐겁게 해 주는 것이 그림책이 지닌 수많은 매력 가운데 하나가 아니던가! 그렇거나 말거나 우리의 바바빠빠는 이번에도 잽싸게 몸을 바꿔 표범을 산뜻하게 처리한다. 우리 모양으로 변신해 표범을 가둔 것이다. 바바빠빠 덕분에 거리는 평화를 되찾고, 표범도 하마터면 끔찍한 죄를 짓고 목숨을 잃을 뻔한 위험에서 벗어나 "식사 시간에 맞춰" 동물원으로 돌아가게 된다.

'나'는 무엇이고 누구이며, 무엇을 위해 태어났을까?

바바빠빠는 유명해졌다. 신문, 방송 기자들이 몰려와 마이크를 들이대고 끊임없이 카메라 플래쉬가 터진다. 어른들은 아이들을 데리고 와서 이 동물이 얼마나 훌륭한 능력을 지녔는지, 그리고 그 능력을 어떻게 용기있고 재치있게 써서 수많은 생명을 구해 냈는지, 우러러보며 감탄한다.

프랑수아도 엄마 손을 끌고 바바빠빠를 보러 온다! 프랑수아의 엄마는 차마 가까이 다가가지 못하고 멀찌감치 전시탑 뒤에 몸을 숨기고 있다. '세상에! 그런 능력이 있는 줄 알았더라면 잘 데리고 있을 걸. 정원에서 가지치기 할 때도 아주 요긴할 거야.' 이리 생각하는 걸까.

이제부터는 후일담이다. 그것도 전체 길이의 4분의 1이나 되는 기나긴 후일담. 바바빠빠는 영웅이 되어 훈장을 달고 시장님 곁에 앉아 카퍼레이드를 벌인다. 여러 가지로 조건 후한 제의가 있었겠지만, 스타가 될 수도 있고 사업도 할 수 있고 시장님의 마스코트가 될 수도 있었겠지만,『행복한 사자』의 사자가 자기 집으로 돌아가서 친구 프랑소와와 놀기를 바랐듯이 바바빠빠도 친구에게 돌아가고 싶을 뿐이어서 프랑수아네 집으로 간다.

프랑수아는 물론 엄마, 아빠와 고양이도 바바빠빠를 대환영한다. 엄마, 아빠는 심지어 "꽃밭에다 바바빠빠의 몸집에 꼭 맞는 집을 지어" 준다. 바바빠빠는 사랑하는 친구 프랑수아와 신나는 나날을 보낸다. 프랑수아가 또래 친구들하고 잘 지낼 수 있도록 말타기 놀이를 시켜 주기도 한다.

그리고 바바빠빠는 공원으로 놀러 다니면서 중요한 사실을 깨닫는다. 자기는 아이들을 즐겁게 해 줌으로 행복을 느낀다. 그것이 바로 바바빠빠가 흙땅에서 태어난 이유였다. 바바빠빠는 내게 말한다.

> "곰곰 생각해 보면, 세 번이나 눈물을 흘리기 이전에도 조물주는 이미 내가 세상에 나온 이유를 가르쳐 줬더랬어요. 어린 아이, 프랑수아가 바로 그 대답이었지요! 프랑수아네서 쫓겨났을 때에도 곧바로 공원에서 노는 아이들 곁에 머물렀다면 자연스레 내게 몸을 바꾸는 능력이 있다는 것을 알았겠지요. 고달픈 일을 안 겪고서도 말이에요. 그래도 사람들을 구한 것, 무엇보다 프랑수아를 다시 찾아 간 건 정말 잘한 일이었지요. 아이들과 나, 우리는 함께 있어 행복하답니다."

'나'는 무엇이고 누구이며, 무엇을 위해 태어났을까?

10
마음먹고 뛰어 보자, 펄쩍!

『뛰어라 메뚜기』
다시마 세이조 지음, 정근 옮김, 보림

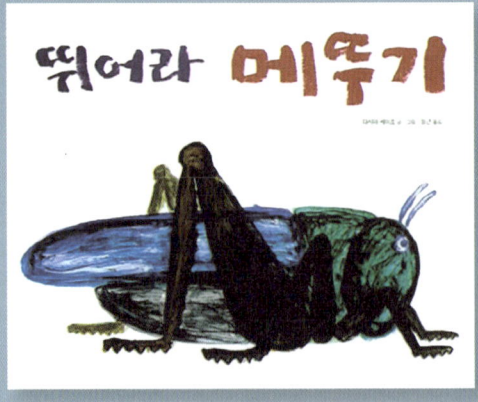

아이가 초등학교 체육 시간에도 뜀틀 넘기에 애를 먹더니, 중학교에 가서도 그랬던 모양이다. 하루는 집에 들어오자마자 초등학교 때와 크게 다름없는 뜀틀 정복의 기승전결을 엮어 대느라 교복도 벗지 않고 장광설을 늘어놓는다.

"처음엔 넘고 또 넘고… 암만 넘어 봐도 안 넘어가지는 거 있지. 체육 선생님은 내 이름을 부르면서 넘을 때까지 계속하라고 소리치고, 한 번 만에 쓱 넘은 아이들은 구경꾼이지, 뭐. 내가 뜀틀에 턱 걸려 꼴사납게 걸터앉게 될 때마다 와르르 깔깔…. 몇 번을 그러고 나니까 어휴, 막 주저앉아서 울고 싶었지.

그런데 뭐가 어떻게 됐는지, 못 넘은 애들끼리 줄을 서서 계속 다시 넘고 있는데 한순간에 내가 쓱 넘어 버린 거야… 넘고 보니 그까짓 뜀틀, 별 것도 아닌데 왜 그렇게 끔찍이 높아 보였나 싶었어. 줄줄이 우거지상이 된 채 아직도 못 넘어서 쩔쩔매는 아이들이 이해가 안 될 정도로 말야."

초등학교 때도 이 비슷한 이야기했던 걸 기억하느냐고 했더니, "내가 언제?" 까마득히 잊은 얼굴을 했다. 『뛰어라 메뚜기』는 기억하느냐 물었더라면 또 어떤 얼굴을 했을까?

일본 작가 다시마 세이조의 『뛰어라 메뚜기』는 두려움을 뛰어넘은 메뚜기 이야기다. 그림책이 흔히 차용하는, '누군가의 도움에도 실패하고 도움 받고 실패하고 도움 받고 다시 실패한 끝에 성공하는' 옛이야기 구조의 전형을 따르지 않는다.

주인공 메뚜기 혼자의 결심으로 단번에 적들과 대결해 자신도 예측할 수 없었던 뜻밖의 성취를 이뤄 낸다는 독특한 줄거리다. 파스텔 톤의 곱상한 그림을 선호하는 어머니들뿐 아니라 어지간히 다양한 그림책을 섭렵해 온 분들도 처음엔 선뜻 손이 가지 않는 그림책으로도 이름나 있다. 붓이 아니라 손가락으로 마구 그린 듯한 굵고 거친 선들, 탁한 색채, 펼침 장면 하나마다 고즈넉하게 한두 줄로 이어가는 문장….

게다가 천적 간에 먹이 다툼을 벌이는 곤충과 동물들이 엽기적이다 싶게 사납고 음흉하게만 그려졌기 때문일까. '그래도 이 그림책이 일본 그림책 상을 받은 명작이라는 데는 필시 이유가 있겠지' 하고 일부러 마음을 다잡고 앉아 깊숙이 빠져들어 보아야 한다. 그리고서야 여러 가지 매력적인 요소들과 함께 이야기의 감동을 누리게 되었다는 독후감이 유난히 많은 작품이기도 하다.

수풀 속에 메뚜기 하나가 산다. 잡아먹히고 잡아먹고 다시 잡아먹히는 먹이 사슬이라는 생태계 질서를 알 리 없는 이 메뚜기는 그저 자기 동족들이 그러듯 풀잎 뒤에 꼭꼭 숨어서 살아간다. 동족들이 순식간에 거미며 사마귀며 개구리 두꺼비며 도마뱀이며 뱀이며 새한테 먹히는 것에 깜짝깜짝 놀라면서 언젠가 자기도 그 꼴이 되고 말리라는 두려움에 떨며 하루하루를 이어간다.

시시각각 어떻게든 그들 눈에 띄지 않으려 애쓰는 것도 힘겹지만, 풀 잎사귀 뒤쪽에 아슬아슬하게 매달린 채 동족들이 천적들에게 덥석 잡아 채이는 순간의 비명을 들어야 하는 것도 무시무시한 고역이다. 수풀 또한 메뚜기의 조바심과 두려움과 충격에 감전되어 이상하게 꼬이고 비틀리고 구부러져 있다.

메뚜기는 자신에게 주어진 잔혹한 운명과 그로 인한 두려움에 익숙

[뛰어라 메뚜기]

해지는 대신 "이런 곳에서 겁먹고 사는 것이 몹시 싫"다고 느낀다. 그리고 그 느낌이 사무치는 어느 날, 단단히 마음먹는다.

무엇을 단단히 마음먹었다는 것인지, 곧장 얘기해 주지 않는 이 펼침 장면의 수풀 그림에는 메뚜기가 숨어 있는 것이 보이지 않는다. 주인공 메뚜기가 어디서 뭘 하고 있을까에 대한 독자의 의문은 다음 장면에서야 해결된다.

바위 꼭대기에서 거침없이 자기 존재를 드러내 놓고 볕을 쬐고 있는 메뚜기를 보라! 메뚜기는 이제 더 이상 숨어 살지 않겠다고 마음먹은 것이다.

온갖 천적들이 사방에서 노리는 가운데 메뚜기가 내보이는 이런 용기와 배짱은 목숨을 건 결연한 의지이다. 수만 명 병사들이 무장한 적진을 향해 혈혈단신 뛰어드는 장군의 그것과 같다. 메뚜기의 용기는 곧바로 뱀한테 도전받는다. 그뿐 아니다. 잔뜩 굶주린 뱀이 파랗게 독이 오른 눈이며 쩍 벌린 입 속의 날카로운 독니를 번뜩이며 메뚜기를 덮치려는 순간, 어디선가에서 아까부터 조용히 노리고 있던 사마귀도 가시 돋은 포획 다리를 한껏 펼치며 달려든다.

그뿐이 아니다. 가까운 곳에서는 거미가, 공중에서는 새도 노리고 있다. 자, 메뚜기는 어떻게 되었을까? 천적들 중에서는 누가 최후의 승리자가 되어 메뚜기를 차지했을까?

메뚜기는 있는 힘을 다해 펄쩍 뛰었습니다.
그 바람에 뱀은 온몸이 우그러지고, 사마귀는 산산조각이 났습니다.
거미와 거미줄은 뒤죽박죽 엉망이 되었고요.
날아가는 새는 총알을 맞은 줄 알았답니다.

마음먹고 뛰어 보자, 펄쩍!

메뚜기는 구름을 뚫고
높이높이 올라갔습니다.

구름을 뚫고 높이높이 올라간 메뚜기는 천적들이 없는 하늘나라에서 행복하게 잘 살게 되는 것이 아니라, 아래로 아래로 떨어지고 만다. 물속에서는 물고기가, 물 위에서는 두꺼비가 입을 쩍 벌리고 있는 아래로 아래로! 이 그림책에는 판타지가 없다. 철저히, 처절히, 약육강식의 현실이 계속된다. 있다면 거듭 거듭 목숨을 거는 메뚜기의 결연한 의지가 있을 뿐이다.

이제는 살 길이 없다고 생각한 순간, 메뚜기는 온 힘을 다해 날갯짓을 했습니다.
갑자기 몸이 가벼워지면서, 위로 떠올랐습니다.

죽음을 향해 끝없이 추락하던 메뚜기가 목숨을 걸고 퍼덕여 보는 날갯짓은 아름다움과는 거리가 멀다. 나붓거리는 나비, 잠자리들의 비웃음을 사기도 한다. 그러나 메뚜기는 이 뜻밖의 비행이 눈부시게 황홀하기만 하다. 천적들이 우글거리는 수풀을 발아래 까마득히 떨쳐 버리고 하늘을 날다니! 날다니!
그러면서 문득 메뚜기는 살아 있다는 것이 얼마나 뜨겁게 아름다운 일인지 깨닫는다. 세상 한가운데 드러내어 놓은 생, 온전히 제 것인 자기 생에 열광하면서 멀리 멀리 날아간다. 바다 저 너머까지 날아간다. 판권 위의 컷 그림으로 유추하자면 잡아먹히고 잡아먹는 세상의 바깥으로, 두려움 없는 세상으로 날아가서 어여쁜 분홍 메뚜기를 만나 풀잎 뒤가 아니라 풀잎 위에 앉아 당당히 사랑을 나눈다. 메뚜기는 내게 말한다.

♦ ♦ ♦

> "두려움은 두려움을 낳고, 또 새로운 두려움을 낳지요. 두려움의 고리를 끊어 버리는 데에는 그러고자 하는 마음도 필요하지만 동력도 필요하답니다. 현실 속의 자기 몸을 들어 저편으로 내던지는 것이 필요하지요. 나는 나를 두려움 저 너머 바깥으로 내던졌답니다."

11

우연히 필연코
피어나는 꽃

『신기한 주머니』
쯔찌다 요시하루 그림, 오카 노부코 글, 박은덕 옮김, 한림

숲길을 걷다가 숨은 듯 보란 듯 피어 있는 꽃을 만나게 되면 일일이 다가가 들여다보며 묻곤 한다. 어째서 다름 아닌 이 시각 이곳에 이처럼 어여쁘게 피어 있는 것이냐고. 그들 과묵한 무리는 그냥 벙긋벙긋 웃을 뿐이지만, 필시 심상찮을 그 연유를 낱낱이 듣고 싶어 나는 쉬이 허리 펴지 못한 채 일행에 뒤처져 머뭇거리곤 하는 것이다.

그런데 내겐 바로 그 '꽃이 피는 필연이자 우연인 수만 가지 연유' 가운데 하나가 비장된 것으로 등록된 그림책이 있다.『꽃길』은 숲 속에 사는 두 친구의 우정 위에 봄날의 자연이 사랑스런 풍경을 펼쳐 보이는 그림책이다. 숲 속에 사는 곰돌이가 어느 가을 날 숲 저편 친구네 집 가는 길에 주머니 하나를 주워서 가져갔다가 어느새 내용물이 다 새어 나간 걸 보고 서운해 하지만, 다음 해 봄에 깨어나 친구네 집 가는 길이 꽃길이 된 걸 보고 기뻐한다는 이 그림책은 첫눈엔 싱거울 정도로 단순하다.

곰돌이, 다람쥐, 이 두 친구만이 사는 숲 속 동네의 가을 겨울 봄 풍경, 그리고 꽃씨 주머니 하나가 그림 요소의 전부이다. 곰곰 들여다보고 즐길 재밋거리도 없고 그림도 밋밋하다. 게다가 글은, 그나마 이 단순한 그림과 떼어 놓고 읽으면 자칫 내용을 해독하기 힘든 일본 전통시 하이쿠처럼 비약이 심한 문장 일곱 개를 띄엄띄엄 늘어놓는다.

곰돌이가
주머니를
주웠어요.
"이게 뭘까?

가득히

들어 있네."

곰돌이는

친구인 다람쥐에게

물어보러 갔어요.

곰돌이가

주머니를 열자,

"어, 아무

것도 없네."

"이런, 구멍이

나 있었구나."

따뜻한 바람이

불어 왔습니다.

기다란 예쁜

꽃길이

이어졌습니다.

이 그림책을 더욱 단순하게 만드는 것은 물론 주인공 곰돌이의 면면이다. 표지를 보자. 기저귀를 못 뗀 서너 살배기 아이마냥 엉덩이가 뚱뚱한 곰돌이가 웬 주머니를 하나 든 채 어디론가 바삐 가고 있는 모습이 등신대로 꽉 차게 그려져 있다. 이 커다란 곰돌이가, 연두 바탕의 숲 이미지 면지 너머 도토리 밤 잣 고욤 같은 가을 열매를 보여 주는 펼침 장면을 또 한 장 넘긴 속표지 그림에서, 이번에는 주머니를 들지 않은 채 깊은 산 속 숲을 배경으로 걷고 있는 모습이 조그맣게 보인다.

「신기한 주머니」

곰돌이는 가을 빛에 물든 숲 속 통나무 집을 나와 부지런히 걷고 있다. 아이들이 친구 옷자락만 봐도 만사 제쳐 놓고 그쪽으로 몸과 마음이 쏠려 걸음이 꼬이는 것처럼, 곰돌이도 제가 가려는 숲 저편 나무 집 쪽을 쳐다보느라 정신이 없다. 이 집이 단 하나뿐인 친구네 집인 줄은 몇 장면 지나서야 알게 된다. 지금 건너갈 다리 위에 무엇이 하나 동그마니 놓여 있는 것도 못 본다. 다음 장면, 다리 위에서야 주머니를 발견하고 눈이 동그래진다. 그리고 높이 쳐들어 눈에 바짝 갖다대곤 이리저리 살펴 본다.

도대체 이 불룩한 주머니 속에 무엇이 들었을까… 곰돌이도, 독자도, 전혀 짐작이 가지 않는다. 어쨌든 지금 친구한테 가는 길이니까, 틀림없이 멋진 것이 들어 있을 테니까, 함께 열어도 보고 나눠 가질 생각으로 가져가기로 한다.

멀리서 보이던 그 문이랑 창문 나 있는 거대한 나무 둥치 앞에 다가간 곰돌이는 다음 장면에서야 친구랑 마주 앉아 주머니를 끄르고 있다. 그 친구란, 곰돌이 제 팔뚝만 한 다람쥐다! 그러나 주머니는 바닥이 찢어진 채 텅 비어 있고, 두 친구는 번갈아 중얼거린다. "어, 아무 것도 없네." "이런, 구멍이 나 있었구나."

그러고 있는 사이 주위를 둘러싸고 있던 가을 숲은 어둑한 보랏빛으로 뭉개어지고, 다음 장면은 눈 내리는 하얀 겨울 숲이다. 두 친구 집과 큰 나무 몇 그루 말고는 모든 것이 눈에 덮여 자취가 없다. 개울도, 다리도, 곰돌이가 다니던 친구네 집 쪽 길도, 곰곰 살펴 보아야 희미한 흔적이 보일까 말까 하다. 그리고 봄….

햇살이 쏟아져드는 통나무 집 침대에서 겨울 잠을 깬 곰돌이가 기지개를 켠다. 일어나자마자 친구 생각에 집을 나선다. 이번에는 친구 집보다 더 눈길을 끄는 것이 있다. 다리 건너서부터 친구 집까지 조르르 꽃이 피어 있는 것이다! 곰돌이가 다람쥐를 꽃길로 데려와 즐거워하는 마지막 장면에선, 새들도 날아와 꽃길 위를 난다. 이제 벌도 나비도 날아오리라.

그런데 누군가는 물을 것이다. 어째서 다른 데가 아니고 하필 곰돌이네 집 앞 다리에 꽃씨 주머니가 떨어져 있었던 거냐고, 어째서 그 꽃씨 주머니는 곰돌이가 친구네 집으로 가져가는 사이에 하필 구멍이 나서 흘렸던 거냐고, 또 그 꽃씨는 하필 길을 따라 마춤하게 흘러서 겨울까지 잘 나고 피어난 거냐고.

세상의 모든 우연에는 땅 속 저 아래 구비구비 실뿌리 끝 같은 필연의 근거가 있다고, 나는 믿는다. 그러니 이 눈부신 우연의 '꽃길'에도 틀림없이 필연의 근거가 있고, 그 근거는 주인공 곰돌이다. 곰돌이는 무엇을 애써 찾고 구하고 일구거나, 절절이 실망하고 안타까워하는 존재가 아니다. 제 갈 길 막고 있는 것을 주워서는, 친구 집 가는 길에 가져갔다가, 뭔지 모를 그것이 없어진 것에 조금 서운해하고, 까맣게 잊어버린다.

긴긴 잠을 즐기고 일어나선 뜻밖의 아름다운 풍경에 기뻐한다. 아이답게 미리 근심하지 않고 잠깐 슬퍼하고 한참 기뻐하는, 지금 이 순간의 진실만을 그득히 느끼고 즐기는 무연한 마음의 소유자, '천진 동자'인 셈이다. 이 천진 동자 곰돌이는 친구 다람쥐를 사랑한다. 겨울 잠 잘 때 말고는 아마 하루에도 몇 번이나 뻔질나게 친구네 집으로 달려가곤 할 것이다.

곰돌이네 집 앞 다리 너머서부터 다람쥐 집까지 가는 길이 그토록 훤히 나 있는 걸 보면 그렇다. 그렇게 언제나 친구랑 즐겁게 놀 마음으로,

친구를 기쁘게 해 줄 마음으로 달려갔을 것이다. 그런 곰돌이 마음이 그 자체로 '꽃'인 것이다. 그러니, 다리 위에 생뚱맞게 떨어져 있는 그 꽃씨 주머니는 곰돌이의 '꽃 마음'이 현현한 것일 수밖에 없다.

산 너머의 누군가 묵은 씨앗 주머니를 한꺼번에 져나르다 하나를 툭 떨어뜨리고 간 것이라 해도, 그 우연은 필연이다. 거기 감돌고 있는 곰돌이의 꽃 마음에 자석처럼 이끌린 것이다. 그렇다. 다름 아닌 어느 때, 어느 곳에서, 다름 아닌 그 꽃 한 송이가 피어나는 것은 필연이다. 수만 가지 연유가 꼬리에 꼬리를 물고 이어진 덕분이다. 그리고 그 가장 처음 실마리는 어떤 존재가 무심히 또는 간절히 간직한 '꽃 마음'일 것이다. 꽃길을 뛰어 놀면서 곰돌이가 내게 말한다.

◆ ◆ ◆

> "이 봄에 내겐 참 좋은 일이 생겼어요.
> 친구 집 가는 길이 예뻐졌거든요.
> 꽃길이 생겼답니다!
> 내 친구가 얼마나 좋아하는지 몰라요.
> 그래서 더 기쁘답니다."

우연히 필연코 피어나는 꽃

12
혼자서 내딛는 발자국,
곰돌이 비디의 가출

『아기 곰 비디』
돈 프리먼 지음

아이가 가출하는 것을, 발달 심리학에서는 부모의 야심과 욕구가 지나친 탓이라고 얘기한다. 부모의 기대에 부담을 느낄 때 아이가 드러내는 여러 가지 도피 행동의 하나라는 것이다. 그러나 나의 지난 날과 아이 키우면서 갖는 수만 가지 불안 앞에서는 '부모의 야심과 욕구'니 '도피 행동'이니 하는 학문적 수사가 오히려 사태를 왜곡시킨다는 생각이 든다.

무지막지한 평균에 의존할 수밖에 없는 이론가들의 얘기를 글자 그대로 맹신해 현실에 적용할 일도 아니지만, 무슨 일이 닥치든 일단 책을 펴들고 해답을 찾으려는 나 같은 이에겐 그런 관념적이고 공격적인 표현 자체가 상처를 내기 때문이다. 가출을, 마뜩찮은 환경을 적극적으로 불평하고 개선하려는 의지라고 보면 어떨까. 늘 입고 있던 옷이 작게 느껴지고 편치 않을 때 다른 입을거리가 없나 둘러보러 나서는 행동쯤으로···.

어느 해 방학 중에 용돈과 잠옷을 챙겨 시외버스를 타고 외할머니 댁으로 가 버렸을 때, 실제로 내 부모님과 외할머니는 그렇게 대처해 주셨고 그랬던 덕분에 나에게 그 일이 오롯이 기념할 만한 발자국으로 남아 있듯 말이다. 집 나가는 이야기를 다룬 그림책이 흔한 이유도 그래서이지 않을까.

발달 심리학에 따라 '도대체 내가 뭘 얼마나 억압했기에 아이가 집 나갈 생각을 다했단 말인가.' 하고 부모 스스로 혹독히 질책하며 괴로워할 일은 아닐 게다. '벌써부터 집 나가 버릇하니 앞일이 캄캄'하다고 호들갑 떨 일도 아닐 게다. '그래, 한 번쯤 울타리 너머 세상을 둘러보는 것도 괜찮지.' 하면서 아이도 어른도 건강하게 성장의 한 고개를 넘어가자는 뜻이 담겼을 것이다.

『아기 곰 비디』는 놀잇감 아기 곰이 집 나가는 이야기다. '테일러'라는 꼬마가 크리스마스 선물로 받은 비디는 태엽을 감아 주면 움직인다. 둘은 온종일 손전등을 비추며 숨바꼭질도 하고 망원경으로 주위도 둘러보며 즐겁게 지내다 밤이 되면 나란히 놓인 자기 침대에서 함께 잠든다.

물론 비디는 태엽 곰돌이답게 놀다가 말고 태엽이 풀려서 "우뚝 멈춰 섰다가 뒤로 벌렁 넘어지"기도 하고, 잠잘 때가 되었는데도 태엽이 다 풀리지 않아서 "조금 더 놀자고" 조르기도 한다.

그러던 어느 겨울날, 테일러는 가족과 함께 여행을 떠나면서 비디를 두고 간다. "언제 돌아올 건지 비디한테 얘기해 주는 걸 깜박 잊"는 실수를 한 채! 처음으로 혼자가 된 비디는 테일러의 그림책을 보며 나름대로 즐겁게 지낸다. 배반감을 애써 누른 채….

그러던 어느 날 비디는 동물 이름으로 엮은 가나다(알파벳) 그림책의 'ㄱ' 페이지를 보다가 깜짝 놀란다.

동굴 속에서 자기 같은 곰이 나오는 그림과 함께 "ㄱ은 곰의 ㄱ이다. 곰은 동굴에서 사는 용감한 동물"이라는 글이 씌어 있는 게 아닌가. 비디는 속상해서 중얼거린다. 이제껏 "왜 아무도 나한테 이런 얘기를 안 해 줬을까?" 하고.

비디는 동굴에서 살아야 하는 용감한 동물인 자기가 더는 이런 집에서 테일러 같은 꼬마하고 놀며 지내서는 안 된다고 생각한다. 창문을 열고 눈 내리는 바깥을 내다본다.

"저 언덕 위에는 나한테 어울리는 동굴이 있을까?" 테일러가 보던 망원경을 눈에 대고 살핀다. 그러다 드디어 동굴을 하나 발견한다. '나도 곰한테 어울리는 곳에서 살래 – 비디'라고, 테일러가 집 떠나면서 자기한테 저지른 것 같은 실수를 하지 않기 위해 그림책으로 익힌 글로 야무지게 메모를 써서 꽂아 놓고 비디는 곧바로 집을 나선다.

흩날리는 눈을 맞으며 가파른 눈 언덕을 쉬지 않고 오르고 올라서 마침내 동굴에 이른다. 그리고 환호한다. 마치 자기를 기다리고 있었다는 듯 동굴이 자기 몸집하고 딱 맞았던 것이다! 물론 그 속으로 들어가는 일이 적잖이 두렵고 겁도 났지만 "나같이 용감한 곰한테 딱 어울리는 동굴이야!"라고 애써 위로하면서 비디는 한 걸음 한 걸음 발을 옮긴다.

그러나 그처럼 자기한테 딱 맞고 어울린다 싶던 동굴 속에서, 비디는 밤을 꼬박 새우고 만다. 너무 "어둡고 조용"할 뿐 아니라 조금 춥기도 했고 "뾰족한 바위가 등을 찔러서" 좀처럼 잠을 이룰 수 없었던 것이다. "이 동굴에서 잘 지내려면 뭔가 더 있어야"겠다고 생각한 비디는 테일러와 함께 살던 집으로 내려간다.

자기 베개를 가져와서 잠자리를 좀더 낫게 수습하고도 비디는 잠을 이룰 수가 없다. 눈이 퀭한 채 밤을 새우면서 "그래도 뭔가 빠진 것 같"으니 뭘까 생각하고 또 생각한다. 그러다가 손전등을 가져오지만, 그래도 행복하다는 느낌이 안 들고, "읽을 것도 없이 불빛만 있으면" 소용없다는 생각에 (그림책이 아닌?) 신문을 가지고 온다.

손전등을 세워 놓고 베개에 기대어 누워 신문을 읽으면서 이제 비디가 "더 바랄 게 없"다고 생각한 것은 잠시, 신문을 다 읽고 나자 또 다시 안절부절 못하면서 장난감 같은 게 있으면 좋겠다고 생각한다. 집의 안락에 길들여진 몸은 집 밖 어디에서도 평화를 못 찾는 법이니까! 그 때 동굴 밖에서 쿵쿵대는 소리가 들려온다.

자기가 곰은 곰이되 사실은 이런 데서 사는 곰이 아닌 걸 막연히 알고 있는 비디는, 두려움에 차서 중얼거린다. "(진짜) 곰이 왔나 봐!" 다행히 진짜 곰인지 괴물인지 알 수 없는 존재와 대적할 필요 없이, 비디는 갑자기 우뚝 멈춰 뒤로 넘어진다. 태엽이 다 풀린 것이다!

넘어져 누운 채 비디가 누구냐고 소리친 끝에 돌아온 대답은 반갑게도 테일러의 목소리다. 테일러는 "나야, 테일러! 내 곰돌이를 찾으러 왔어!"라고 인사한 다음 동굴 속으로 기어 들어와 넘어져 드러누운 비디를 다정하게 내려다보며 얘기한다.

"안녕, 비디! 여기 있을 줄 알았어.
이럴 때 쓰려고 태엽 열쇠도 갖고 왔어!"
"비디 너한테는 이 열쇠가 꼭 필요해!"

다시 움직이게 된 비디는 자기도 테일러가 필요하다고, 그런데 테일러 너한테는 누가 필요하냐고 묻는다. 테일러는 비디를 꼬옥 끌어안으며 소리친다. "비디, 난 네가 필요해!"

그것으로, 비디는 언제 돌아온다는 말도 없이 자기를 두고 떠났던 테일러에 대한 서운함을 말끔히 잊는다. 테일러와 손을 잡고 나란히 언덕을 내려와 테일러네 집의 편안한 자기 잠자리에 눕는다. 집을 나가 보지 않았더라면, 캄캄하고 추운 동굴의 뾰족 바위에 등을 찔리며 밤을 새워 보지 않았더라면, 베개에 기댄 채 손전등 불빛으로 신문을 읽어 봐도 어쩔 수 없던 외로움을 겪지 않았더라면 결코 느끼지 못할 안락을 누린다. 그렇게 해서 비디는 세상에서 가장 행복한 곰돌이가 된 것이다. 비디는 내게 말한다.

♦ ♦ ♦

"집을 나설 때엔 다시 돌아오게 될지 어떨지 같은 건 생각하지 않았어요. 문을 열고 나서는 내 발걸음에만 온통 마음이 쏠려 있었거든요. 그건 마치 구름 위를 걷는 듯 위태롭고도 산뜻했어요. 들뜬 채로 또렷이 찍힌 그 발자국들…. 집에서 동굴까지 나 있는 내 눈 발자국들을 보고 테일러는 나를 찾으러 왔고, 우리는 함께 그 발자국을 되밟으며 집으로 돌아왔지요. 어떤 서운함과 두려움 속에서도 마음 깊숙이에선 내 발자국을 알아 보는 이, 내 발자국을 믿어 주는 이가 있으리라, 믿었던 거겠지요."

혼자서 내딛는 발자국, 곰돌이 비디의 가출

4부 그림책으로 자라는 이야기

01

사랑의
또 한 편 절창

『수호의 하얀 말』
아카바 수에키치 그림, 오츠카 유우조 글,
이영준 옮김, 한림

알로는 시골집 마당에서 갓난이 때부터 데려다 기르고 있는 두 살배기 진돗개다. 프랑스 어로 'Allo(Hello)?'라고 할 때의 그 '알로'인데, 내가 아침마다 갓난 강아지를 어르느라 중얼거리던 게 이름이 되었다. 애초에 그렇게 너무 예뻐만 하고 야무지게 훈련을 못 시킨 탓일까, 도무지 진돗개다운 총기나 기품을 느낄 수 없다. 어느덧 한 배 출산을 하고 자식을 거느린 지금껏 호시탐탐 그저 먹이만을 밝힐 뿐이다.

그런데도 이 개는 슬금슬금 내 인생에 끼어들더니 이제는 적잖이 자리를 차지하고 있다. 아, 알로가 아니었으면 여름 복날이 그처럼 으스스할 줄, 예고된 테러 기간쯤으로 여겨져 어서 빨리 지나가기만을 전전긍긍 바라게 될 줄 어찌 알았으랴. 무엇보다도 알로가 아니었으면 사람과 동물 사이의 온갖 오묘한 교감을 '책에 나오는 이야기'로나 알았을 것이다.

일본 도쿄에서 태어나 한창 젊은 시절 15년여를 만주에서 보낸 작가 아카바 수에키치의 그림책 『수호의 하얀말』은 몽골 전통 악기 마두금(馬頭琴)의 유래담으로, 사람과 동물이 주고받은 사랑의 또 한 편 절창(絕唱)이다. 황갈색과 암청색을 배경으로 전통 옷차림의 몽골 소년이 하얀 망아지를 안고 있는 표지를 넘기면 역시 그 황갈색 면지가 눈을 가득 채운다.

그 다음 똑같은 색깔의 윤곽선으로 그려진 마두금이 가로놓인 속표지가 펼쳐진다. 몇 가닥 줄 끝을 말머리 모양으로 장식했을 뿐 마름모꼴 울림통이 너무나 소박해 보이는 현악기 마두금이다. 그리고 바로 그 황갈색이 막막히 드넓은 사막 땅임을 보여 주는 본문 첫 장면이 옆으로 길게 펼쳐지면서 대대로 양과 소와 말을 기르며 살아가는 몽골 사람들의 전통 악기 마두금이 생겨난 이야기가 시작된다. 옛날 옛날에….

수호라는 가난한 양치기 소년이 늙은 할머니와 단둘이 살고 있었다. 아침이면 일찍 일어나 할머니와 함께 밥을 먹고는 말을 타고 스무 마리 양을 초원으로 데리고 나갔다. 초원에서 다른 양치기 친구들과 함께 온종일 양을 보살피면서 노래를 부르곤 했다. 수호는 일을 잘하는 만큼이나 노래도 잘했다. 그런데 어느 날, 해가 저물었는데도 수호가 돌아오지 않았다. 할머니는 물론 한 동네 양치기들까지 몰려 나와 걱정을 한다.

어둑해져서야 수호가 갓난둥이 하얀 망아지를 안고 돌아왔다! 수호는 좋아서 어쩔 줄 모르는 채 주인 없는 그것을 주워 오게 된 사연을 털어놓았다. 세월이 흘러 수호가 정성껏 키운 망아지는 어엿한 말이 되었다. 야무지고 단단하게 생겨서 누가 보아도 눈부시게 탐스러운 말이 되었다. 겉모습뿐만 아니라 성정도 그러해서, 한밤중에 양 우리에 침입한 사나운 늑대를 저 혼자 목숨 걸고 가로막아 싸울 만큼 용맹하고 의로운 말이 되었다.

수호는 이 하얀말을 친동생이나 되듯 사랑하고 아꼈다. 사랑하는 할머니와 하얀말과 함께 수호가 그냥 그렇게 살았으면 얼마나 좋았을까. 그러나 이 조촐한 행복을 뒤엎는 사건이 끼어든다. 어느 날 그 지역을 다스리는 원님이 말 타기 대회를 열고 1등 우승자를 자기 딸과 결혼시키려 한다는 소식이 퍼진다.

수호는 양치기 친구들의 권유에 떠밀려, 또 하얀말을 자랑하고 싶은 마음에, 말 타기 대회가 열리는 대처로 나간다. 음모를 숨긴 듯 집들이 첩첩이 늘어서 있고 소가 수레를 끌고 다니는 이상하게 낯설고도 복잡한 도시로…. 드디어 대회가 시작되었다. 곳곳에서 모여든 젊은이들이 저마다 자랑하고픈 자기 말에 올라탄다. 휘익, 채찍을 내리친다. 두건

『수호의 하얀 말』

을 휘날리며 달리기 시작한다.

> 말들은 하늘을 날 듯이 달립니다. 그러나 앞장서 달리는 것은 역시 하얀말입니다.
>
> 수호가 탄 하얀말입니다.

수호는 하얀말 탄 우승자를 찾는 원님 앞에 불려나간다. 원님은 수호가 가난한 양치기인 줄 한눈에 알아보곤 '흠, 너 따위를 내 사위로 삼을 수야 없지!' 하고 딴전을 부리며 은화 세 개를 줄 테니 하얀말만 두고 가라고 명령한다. 수호는 어이가 없어 상대가 높은 자리에 앉은 원님이라는 것도 잊고 소리친다.

> "저는 말타기 대회에 왔습니다. 말을 팔러 오지는 않았습니다."

이제 엄청난 파국이 시작된다. 오늘 새벽에 자랑스러움에 들떠 하얀말을 타고 오두막 게르를 떠날 땐 짐작도 못했던 시련이, 온갖 잘난 말을 다 제치고 하얀말과 함께 앞장서 달릴 때엔 까맣게 몰랐던 시련이 시작된 것이다. 감히 양치기 따위가 대들었으니 마침 하얀말을 빼앗을 구실을 챙긴 원님은 맘껏 노여워하면서 수호를 벌하라 소리치고, 수호는 몽둥이질에 발길질에 채찍질에 정신을 잃도록 맞고 쓰러진다.

얼굴을 아는 친구들이 집으로 업어다 주지 않았으면 죽었을 정도로. 수호는 몸만 상처투성이가 된 게 아니다. 하얀말을 빼앗긴 슬픔에 넋이 나가 버렸다. 한편 원님은 하얀말을 자랑하느라 잔치를 연다. 각지의 빈객을 모아 놓고 하얀말에 오른다. 순간 하얀말은 이 포악한 새 주인을 제 등에 올리고 싶지 않아서 사납게 날뛰고, 원님이 나동그라지면서 고삐를 놓은 김에 바람처럼 뛰쳐나간다.

빗발치는 화살을 온몸에 맞고 맞으면서 사막 저편에서 저를 잃은 슬픔에 몸져누운 수호를 향해 달리고 달린다. 사랑하는 이가 제 품에 안겨 죽는 것이, 그렇게라도 하는 것이 슬픔을 더하는지 덜하는지는 차마 저울질해 볼 수 없으리라. 하얀말이 상처투성이 몸으로 돌아와 죽고 나자 수호는 너무나 원통해 잘 수도 먹을 수도 없이 괴로워한다.

그러던 어느 날 밤 지쳐 쓰러져 깜박 잠든 꿈에 하얀말이 나타나 "언제까지나 곁에 있을 수 있"는 방법을 일러 준다. 자기 "뼈와 가죽과 심줄과 털로 악기를 만들"라고…. 그렇게 만든 마두금을 켜면서 수호는 정말 하얀말과 함께 살 수 있었다. 수호가 켜는 아름다운 마두금 소리에 몽골 초원의 양치기들도 고단한 삶을 위로받았다. 양치기들뿐만 아니라 그 척박한 땅에서 살아가는 아이들과 개들과 양들과 소들과 두꺼비, 고슴도치, 독수리들까지도. 수호는 내게 말한다.

◆ ◆ ◆

"사막 초원의 오두막 게르에서, 할머니와 단둘이 사는 나한테 하얀말은 '말' 이상이었지요. 난 하얀말한테 모든 것을 다 얘기하곤 했어요. 살아가는 일의 고단함, 고단함 속에서도 때 없이 고개 쳐드는 외로움, 앞날에 대한 막막함… 그 모든 것을요. 하얀말도 자기 얘길 했지요. 눈빛과 눈 껌벅임과 코 씰룩임과 히힝 거리는 소리의 높낮이로 별빛과 바람과 무지개 얘길 해 줬어요. 우린 함께 노래도 불렀답니다. 언제 한번 마두금을 켜 보세요. 우리의 사랑을 들어 보세요."

02
세상의 쓸모없는 것들에게
바치는 노래

『구룬파 유치원』
호리우치 세이치 그림, 니시우치 미나미 글, 이영준 옮김, 한림

이따금 우울증에 빠져 온갖 너절한 열패감에 사로잡혀 있을 때, 거울에 비친 나를 보듯 떠올리는 몇 가지 영상이 있다. 뭉크의 『절규』와 ○○○○○의 「○○○○」와 『구룬파 유치원』의 외톨이 시절 구룬파…. 이렇게 말하면, 미처 『구룬파 유치원』을 보지 못한 이들은 아주 끔찍한 그림이 실려 있나 보다 할지도 모르겠다. 또 그림책에 밝은 이들은 왜 『잃어버린 것들』이나 『빨간 나무』의 몇 장면이 아니고 그 그림책인가 할지도 모르겠다.

참말이지, 니시우치 미나미가 글을 쓰고 호리우치 세이치가 그림을 그린 일본 그림책 『구룬파 유치원』을 나 같은 경우에 떠올리는 이는 드물 것이다. 구룬파가 시커멓게 더럽고 냄새나는 몸으로 외딴 풀밭에서 뒹굴며 눈물을 뚝뚝 흘리는 그 장면을 특별히 또렷하게 기억하는 이들조차 없을지 모른다.

그보다는, 우여곡절 끝에 구룬파가 유치원을 열고 행복해하는 결말이나 구룬파가 만든 커다란 비스킷과 접시와 구두를 기억하는 이들이 대부분일 것이다.

아이들도 누구나 이 그림책을 읽고 나면 틀림없이 그런 장면을 떠올리며 즐거워하지 않던가. 우리 패랭이꽃그림책버스에서 처음으로 읽어 주기 봉사를 하시는 어머님들이 유치원 단체가 들이닥칠 때를 대비하는 그림책 몇 권 중 하나일 만큼!

『구룬파 유치원』의 첫 장면은 구룬파가 썼다는 설명을 곁들인 삐뚤빼뚤한 검정색 글자 '구룬파 유치원'이다. 커다랗게 클로즈업된 표지의 어린 코끼리하고 연결시킬 줄 아는 아이들은 "와, 코끼리가 코로 쓴 글자다!" 하고 소리칠 만큼 '구룬파'의 존재감을 생생히 느끼게 해 주기도 하고, 이제부터 시작되는 이야기의 성공적인 결말을 암시하기도 한다.

코끼리 구룬파가 어떻게 해서 자기 이름으로 유치원을 열게 되었는지, 이야기는 다음 장면에서부터 시작된다. 바로 그, 우울증에 빠진 내 자화상 같은 장면에서부터….

무슨 이유에서인지 모르지만, 구룬파는 오랫동안 외톨이였다. 엄마 아빠를 잃고 정에 굶주린 채 제멋대로 살아온 것일까? 씻을 의욕도 안 나고 누가 뭐라는 사람도 없어 지독하게 더럽고 냄새가 나는 채 살아왔다. 그처럼 더럽고 냄새가 나니 친구들이 올 리도 없다. 외로움의 악순환! 이제 구룬파는 외롭다고 울며 뒹굴곤 한다.

그러던 어느 날 구룬파가 우는 소리를 들었던지, 암만 외톨이 문제 아라도 내버려두지 말고 함께 살아가야 한다는 공동체 의식 덕분이었던지, 구룬파는 다른 코끼리들한테 둘러싸여 회의에 부쳐진다. 결론은 '일을 하게 내보내자!'는 것. 코끼리들은 구룬파를 강으로 데려가 자기들 코 샤워기로 물을 뿌려 가며 싹싹 씻긴다. 친구들의 관심이 약이 되었던지, 깨끗이 씻는 것이 그토록 위력을 발휘했는지, 어쨌든 구룬파는 심기일전해 활짝 웃는 얼굴로 친구들의 배웅을 즐기며 바깥 세상으로 나간다.

그러나 구룬파는 처음 일자리를 얻은 비스킷 가게에서 누구보다 열심히 일했는데도 쫓겨나고 만다. 너무 커다란 비스킷을 만든 탓이다. 그 다음에 간 접시 가게에서도 마찬가지. 있는 힘을 다해서 접시를 만들었더니 연못만 한 게 되어 버려 상품 가치가 없어 쫓겨나고 만다. 구두 가게, 피아노 공장, 자동차 공장에서도 비슷한 이유로 차례차례 쫓겨난다. 일자리에서 쫓겨날 때마다 풀이 죽고 속상해 하던 구룬파는 이제 기다란 코가 땅에 닿도록 절망한다.

구룬파는

더,

더,

더,

더욱

풀이 죽었습니다.

구룬파는 몹시 실망해서

비스킷과

접시와

구두와

피아노를

자동차에 싣고 나왔습니다.

또 전처럼

눈물이 나려고

했습니다.

구룬파와 구룬파의 넘치는 열정이 빚어낸 결과물들은 세상 물정 모르는 폐품이 되어 하릴없이 세상을 떠돈다. 그러다 우연히 아이가 열둘이나 되는 엄마를 만나 제 자리를 찾는다. 아이들 치다꺼리에 눈코 뜰 새 없는 엄마가 마침 나타난 구룬파를 보고 아이들과 놀아 달라 부탁한다. 구룬파는 자기가 만든, 쓸모없이 큰 피아노를 두드리며 노래 부른다. 커다란 코끼리가 두드리는 커다란 피아노 소리는 얼마나 우렁차고 흥겨울까.

아이들 열둘은 물론이고 여기저기서 수많은 아이들이 몰려든다. 구

『구룬파 유치원』

문파 자신 같은 세상 곳곳 외톨이들도 몰려든다. 구룬파는 세상 외톨이들이 얼마나 배고픈지 안다. 세상 아이들이 늘 뭘 먹고 싶어한다는 것도 안다. 그래서 쓸모없이 크게 만들어서 내다팔지 못한 비스킷을 생각해 내고 아이들에게 나눠 먹인다. 나눠 먹이며 생각하니 좋은 생각이 꼬리에 꼬리를 문다. 자기가 만든 쓸모없이 큰 것들이 여러 아이들하고 한꺼번에 놀기에 안성맞춤인 것이다.

  쓸모없이 너무 큰 구두는 재미있는 놀이 기구로 삼고, 쓸모없이 너무 큰 자동차는 누워서 뒹굴며 그림책도 읽고 낮잠도 자는 방으로 쓰자! 쓸모없이 너무 큰 접시는 물을 채워 수영장으로 쓰면 좋겠지! 쓸모없이 너무 큰 내 몸을 타고 접시 수영장으로 미끄러진다면 얼마나 신나고 즐거울까! 구룬파는 그렇게 자기가 있는 힘을 다해 만든 쓸모없이 큰 것들을 갖고 유치원을 연다. 구룬파는 내게 말한다.

◆ ◆ ◆

> "세상에 쓸모없는 것은 없답니다. 너무 큰 것들과 너무 작은 것들, 외로운 것들, 미처 사랑 받지 못한 것들과 미처 일깨우지 못한 열정이 있을 뿐이지요. 구룬파 유치원에서처럼, 언젠가는 그 모든 것들이 쓰임새를 찾을 거예요. 그때까지 우린 서로의 열정을 일깨워 주면서 서로 사랑해야겠지요."

03
진정으로
자란다는 것

『꼬마 곰과 작은 배』
낸시 카펜터 그림, 이브 번팅 글

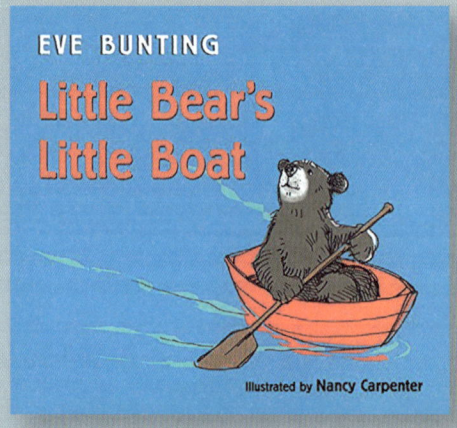

매주 월요일마다 열리는 우리 패랭이꽃그림책버스의 그림책 연구 모임에는 아기를 안고 업고 오는 분들이 평균 서넛은 된다. 불룩한 배 속에서 크고 있는 아기들부터 대여섯 살 바기 '나는 유치원이 싫어요'파 아이들까지, 층층이 연령 별로 매달려 와서는 한바탕 떼도 썼다가 엄마 젖이나 간식도 먹다가 멀뚱멀뚱 우리가 그림책 읽고 공부하는 걸 구경도 하다가 저희들끼리 어울려 놀곤 한다.

부풀대로 부푼 몸으로 출산 직전까지 참석하던 분이 산후 삼칠일 지나자마자 안고 들어오는 갓난쟁이들도 경이롭지만, 기저귀 엉덩이가 뚱뚱한 채 엉금엉금 기어다니던 배냇머리 아기들이 어느새 머리카락을 나풀거리며 오똑 오똑 걸어 들어오는 모습을 보면 매번 놀랍고 눈부셔서 입이 벌어지는 것이다. 세상 아이들이 그처럼 쑥쑥 자라나고 있다는 것이야말로 마법이요, 신비가 아닐는지….

그런데 아이들은 자신의 '성장'을 어떻게 느낄까? 제 몸에 잘 맞던 옷과 구두와 모자가 어느 날 문득 작아져 있는 것을 어떻게 받아들일까? 어른들은 아이들이 맞닥뜨린 혼란을 어떻게 다독이면서 지혜로운 도움말을 줄 수 있을까? 미국 작가들 이브 번팅과 낸시 카펜터가 글을 쓰고 그림을 그린 『꼬마 곰과 작은 배』는, 멋진 그림책이 그렇듯 이런 물음에 훌륭하게 대답하면서 아이와 어른 모두를 기분 좋은 감동으로 이끈다.

꼬마 곰한테는 자기 몸에 딱 맞는 예쁘고 작은 배가 있다. 꼬마 곰은 늘 이 작은 배를 타고 신나게 푸른 호수를 돌아다닌다. 그러다가는 배에 앉은 채 물고기를 잡기도 하고, 벌렁 드러누워 따스한 햇볕을 즐기다 졸며 꿈을 꾸기도 한다. 꼬마 곰한테 작은 배는 마음 잘 맞는 친구기도 하고 꼬마 곰만의 세계를 구현시켜 주는 마법의 매개체이자 공간이 된다.

　엄마 곰이 있는 뭍에서 조금쯤 떠나게도 해 주고, 원할 때면 언제든 돌아가게 해 주는 작은 배! 꼬마 곰은 작은 배만 타고 있으면 누구에게도 방해받지 않는 자기만의 세계를 누릴 수 있다. 꼬마 곰은 하루 종일 작은 배를 타고 자기 세계에서 놀다가 저녁 무렵 엄마가 부를 때에야 바깥으로 나온다. 배에서 내려 몹시도 서운한 얼굴인 채 작은 배를 바라본다.

　"안녕, 작은 배야." "우리 내일 다시 만나자." 하고 손을 흔들며 인사를 하고는 집으로 돌아간다. 아침에 자고 일어나자마자 달려와 또다시 작은 배를 타게 될 텐데도. 그러나 정말 서운하기 짝이 없는 일이 생겼다. 꼬마 곰한테 작은 배가 맞지 않게 된 것이다. 꼬마 곰을 폭 감싼 채 더없이 안락하던 작은 배가 점점 비좁아지더니 마침내 한 쪽 다리가 들어갈 수도 없이 작아진 것이다.

　아니, 꼬마 곰이 커진 것이다. 꼬마 곰은 나날이 커져 가는 자기 몸을 주체할 수도 없지만 그렇다고 예전의 행복을 포기할 수도 없다. 그래서 안간힘을 써 본다. 작은 배에 억지로 몸을 구겨 넣고 노를 젓는다. 그러다가 그만 작은 배와 함께 뒤집혀 호수에 빠지고 만다. 첨벙! 심상찮은 소리를 듣고 달려온 엄마 곰이, 작은 곰이랑 작은 배를 끌어내어 놓고는 조근조근 얘기한다.

　　"넌 이제 너무 커서 저 배는 탈 수가 없단다."
　　엄마 곰이 말했어요.
　　"꼬마 곰은 자꾸자꾸 자라서 커다란 곰이 되는 법이야.
　　그리고 작은 배는 하나도 안 자라고 그냥 그대로 있는 법이지."

『꼬마 곰과 작은 배』

꼬마 곰의 행복은 끝났다. 적어도 작은 배와 함께하는 행복은 막을 내린 것이다. 꼬마 곰은 슬프다. 그다지 바란 바도 없건만 훌쩍 커져 버린 자기 덩치도 슬프고, 자기와 달리 변함없이 작은 배가 '작은' 배 그대로인 것도 납득하기 힘들다. 무엇보다도 작은 배가 오도카니 쓸모없어져 버린 것이 슬프다.

작은 배가 얼마나 멋진데! 꼬마 곰 자기가 타고 다닐 때엔 작은 배도 얼마나 자기가 멋진 존재인지 알고 행복해 했는데! 하릴없이 호숫가에 앉아 슬퍼하던 꼬마 곰은 좋은 생각을 해 낸다. 늘 하는 얘기지만, 열심히 슬퍼하면 좋은 생각이 나는 법이다!

"알았다! 나만큼 내 작은 배를 좋아해 줄
다른 꼬마 곰을 찾는 거야!"

이제 꼬마 곰이 아닌, 커다란 곰은 호수를 한 바퀴 돌며 꼬마 곰을 찾아다닌다. 비버도, 수달도 못 봤다는 꼬마 곰을 파란 왜가리는 봤단다. 훨훨 나는 왜가리는 시야가 넓어서 호수 저쪽에 사는 꼬마 곰을 본 적이 있단다. 커다래진 꼬마 곰은 작은 배를 옆구리에 끼고 꼬마 곰을 찾아간다.

작은 배를 주면서, 엄마한테 들은 도움말이랑 자기가 겪어서 알게 된 얘기를 해 준다. 꼬마 곰 너도 자꾸자꾸 자라서 커다란 곰이 되리라는 것, 하지만 작은 배는 그냥 그대로 있으리라는 것, 그런 때가 오면 이제 다른 꼬마 곰을 찾아서 작은 배를 넘겨 줘야 한다는 것, 그렇게 작은 배는 언제까지나 호수를 떠다니며 행복하게 지내야 한다는 것을….

그렇게 작은 배를 넘겨 준 우리의 주인공 꼬마 곰은 새 주인과 작은

진정으로 자란다는 것

233

배가 함께 행복하게 지내는 모습을 흐뭇하게 지켜본다. 그러고는 커다래진 자기가 탈 커다란 배를 만들기 시작한다. 커다래진 꼬마 곰은 내게 말한다.

◆ ◆ ◆

"작은 배랑 함께 호수에 빠졌을 땐 무척 속상했어요. 우린 언제나 꼭 맞는 하나였는데, 이렇게 되다니! 무슨 나쁜 일에 휘말린 것 같았지요. 무엇보다도 커다래진 내 덩치가 버겁고 못마땅했답니다. 그런 식으로 내가 큰다는 걸 미리 알았더라면 덜 슬펐을지도 모르겠어요. 하지만 다른 꼬마 곰을 찾아 낼 생각을 했을 때, 다른 꼬마 곰을 찾아내어서 내 작은 배를 건네줬을 때, 그땐 내가 컸다는 것이 좋았어요. 크지 않았더라면 그렇게 할 수 없었을 테니까요!"

04

조용히 부지런히
아름다움에 몰두하기

『소피의 달빛 담요』
제인 다이어 그림, 에일린 스피넬리 글, 김홍숙 옮김, 파란자전거

창을 열면 무성한 초록에 얹혀 개구리 소리, 새 소리가 밀려든다. 홋/홋/홋/홋, 워꾹- 워꾹-, 따다다다다, 꽈악 꽈악…. 방충망마저 열고 서서 새 소리를 좇으며 맑은 바람을 거듭 들이다가 나는 어이쿠, 하고 부르짖는다. 허둥지둥 커다란 책상 앞으로 돌아온다. 자꾸 넋빠지게 만드는 바깥 풍경을 커튼으로 반만 가려 놓고서….

이 즈음 글 쓰러 와 있는 이 낯선 방은 주위 풍치는 물론이고 방안의 기물까지 어느 하나 거슬리는 바 없이 흡족하다. 커튼만 해도 그렇다. 은은히 윤 나는 진초록빛부터가 바깥 풍경하고 차분히도 어울리거니와, 문득 고개 들고 바라본 커튼 윗단의 우아하니 봉긋한 주름도 여느 바느질장이 솜씨가 아니다.

예전에 더러 만들어 봐서 알지만, 엄청난 크기의 천을 펼쳐 놓고 정확히 계산한 대로 표시해서 침을 꽂아 모양을 잡고 재봉틀로 박는 일은 결코 쉽지 않다. 더구나 이처럼 균일하고 기품 있는 맵시를 내기는 어렵다. 같은 일을 적어도 10년 이상 해 온 내공이 느껴진다고나 할까. 이 커튼을 쳐다보노라면 그지없이 손을 재게 놀리며 온갖 아름다운 창문을 상상하며 골똘히 바느질에 빠져 있는 '장이'가 떠오르기도 한다.

소피도 그렇게 솜씨 뛰어난 '장이'다. 어릴 때부터 실로 뭔가를 짜고 노는 데 열심이었다. 소피가 짠 걸 보면 가족과 친구들도 감탄했다. 언젠가부터는 마음먹은 대로 천을 짜는 장인이 되었고, 실로 짜는 것마다 근사한 작품이 되었으며, 마침내는 언제 어디서든 자기 재주를 아름답게 쓰려고 애쓰는 진정한 예술가로 살다가 세상을 떠났다. 소피가 어디에 살았던 누구냐고 궁금해 하시는 분들을 위해 좀 더 자세히 얘기해 보자.

소피는 그림책 『소피의 달빛 담요』에 나오는 거미다. 골무를 의자 삼아 앉아서 별이며 솔잎을 원피스 호주머니에 넣은 채 팔다리를 교묘하게 움직이며 별 무늬 레이스 커튼을 짜고 있는 베레모 여인 소피를 담고 있는 표지의 이 그림책은 '짧고 아름답게 살다 간 소피의 전기'이기도 하다. 거미 소피는 다 합쳐 여덟 개인 발 중에서 둘을 손으로 정해 놓고 쓴다.

이 그림책 어디서나 꽁무니 실을 길게 길게 뽑아서는 가느다란 손발을 부지런히 움직여 아름답고 섬세한 레이스를 짜는 소피 모습이 나온다. 그처럼 소피는 먹이 잡기 좋은 튼튼한 거미줄을 만드는 대신 멋지고 아름다운 무늬를 만드는 데 골몰한다. 다행히 이 거미 동네에서는 남다른 짓을 한다고 해서 꾸짖거나 말리는 이들이 없다. 친구들도 엄마도 소피를 자랑스러워하며 소피가 만들어 낸 작품에 박수를 보낸다. '소피라면 언젠가 정말 멋진 작품을 만들 거'라고 격려하고 기대하면서….

이제 소피는 자라서 독립할 나이가 되었다. 가방을 끌고 지고 가족과 친구들을 떠나 혼자서 살아갈 '하숙집'으로 떠난다. 그런데 이 하숙집은 "칙칙한 녹색 벽에 색이 바랜 카페트"에, 커튼마저 밑단 레이스가 너덜너덜 떨어진 채 낡았다. 소피는 이런 꼴을 일 초도 볼 수 없다. 곧바로 "비단 거미줄에 황금빛 햇살을 섞어" 현관 창문에 달 거미줄 커튼을 짜기 시작한다. 집에 들어서는 순간 포근한 기분이 들게 해 줄 커튼을, 창문으로 새어드는 바람을 막으면서 살랑살랑 흔들릴 커튼을, 너무 눈부신 햇살이나 달빛을 살짝 가리워 줄 커튼을….

그런데 소피는 커튼 작품을 완성할 수가 없다. 소피를 발견한 주인아주머니가 비명을 질러 대며 야단을 부린 것이다. 덩치도 우람한 이 아주머니는 비명을 지르며 걸레를 휘둘러 공들여 짠 소피의 작품을 떼어

내기까지 한다. "소피는 아주머니가 자기를 싫어한다는 걸 알"고 수긋이 그 집을 떠난다. 벽을 가로질러 선장이 사는 다락방으로 올라간다.

선장 아저씨네 방도 아름다운 구석이란 눈을 씻고 찾아 볼 수 없는 잿빛 투성이다. 특히 벽에 걸려 있는 아저씨 옷이 그렇다. 소피는 조금 전의 설움은 까맣게 잊고, 선장 아저씨에게 하늘처럼 파란 옷을 선물하기로 마음먹는다. 부지런히 소매와 깃을 짜기 시작한다. 그러나 이 선장 아저씨도 덩치에 어울리지 않게 거미 소피를 보자마자 비명을 지른다. 심지어 소피를 피한다고 창문턱을 밟고 지붕으로 기어오르기까지 한다. 소피는 "자기 때문에 선장 아저씨가 지붕에서 떨어지는 건 너무 싫"어서 얼른 사라져 준다.

얼떨결에 요리사의 슬리퍼 속으로 들어간 소피는 곧바로 그 임자한테 들켜 내동댕이쳐진다. "이 흉측하고 밥맛 떨어지게 못생긴 거미 좀 봐!"라고 소리치는 가슴 아픈 얘기를 들으면서 "애써 품위 있는 걸음걸이로" 요리사 앞을 벗어나 위층 계단으로 오른다. 그리고 젊은 여인이 혼자 사는 3층 방에 도착해 뜨개질 바구니 속에 들어가 잠든다.

어느새 거미 나이로는 할머니가 되어서, 소피는 이제 그토록 좋아하는 거미줄 레이스 짜기도 할 수가 없다. 간신히 자기가 쓸 베갯잇과 여덟 짝 양말을 짜면서 지낸다. 그러다 그 방의 젊은 여인에게도 모습을 들키고 만다. '아이고, 어쩌면 좋아!' 이 여자도 비명을 지르고 뜨개질 바구니를 쏟고 걸레를 휘두르며 야단법석을 부릴 테지. 이제 기운도 없는데 또 어디로 떠나야 할까, 걱정하는 소피에게 뜻밖에도 여인은 조용히 미소지어 준다.

"여인은 소피를 전혀 방해하지 않고" 뜨개질을 한다. 소피도 마음 놓고 젊은 여인이 뜨개질하는 모습을 지켜본다. 그러다 이 여인이 곧 태어날 아기의 스웨터와 양말은 다 떠서 준비했지만, 이제 더는 아기 담요를 뜰 털실도, 털실을 살 돈도 없다는 걸 알게 된다. 다락에 있는 오래된 담요를 덮어 주면 된다는 주인아주머니의 무정한 얘기를 듣자마자 소피는 견딜 수가 없다. 갓 태어난 아기한테 그런 걸 덮어 줄 수 없다고 생각하고 "자신이 담요를 짜야겠다고" 결심한다.

소피는, 기운이 하나도 없는 늙은 거미인 자기가 과연 어떻게 며칠 만에 담요를 짜 낼 수 있을까 하고 의심하거나 걱정하지 않고, 곧장 담요를 짜기 시작한다. 달빛에 별빛을 섞어서, 향기로운 솔잎 이슬 조각도 넣어서, 밤의 도깨비불과 옛날에 듣던 자장가와 장난스런 눈송이도 넣어서…. 하얗게 늙은 소피는 있는 힘을 다해, 자기 가슴 한 조각마저 넣어서 짠 마지막 작품 '달빛 담요'를 남기고 세상을 떠난다.

> 그날 밤 집주인 아주머니가 준 담요로 아기를 덮으려던 젊은 여인은 창문턱에 놓인 담요를 보았어요.
> 그것은 너무도 부드럽고 아름다워 왕자님에게나 꼭 어울릴, 그런 담요였어요.
> 여인은 그것이 보통 담요가 아니라는 걸 알았지요.
> 사랑과 놀라움으로 가득 찬 여인은 잠든 아기에게 그 담요를 덮어 주었어요.
> 그리고 나서 한 손을 담요에 얹은 채 잠이 들었지요.
> 이 달빛 담요야말로 소피 생애 최고의 작품이었어요.

소피는 내게 말한다.

조용히 부지런히 아름다움에 몰두하기

◆ ◆ ◆

"난 아름다운 것을 만드는 게 좋았어. 내가 만드는 것으로 주위와 세상이 조금씩 아름답게 바뀌어 가는 게 즐거웠지. 그걸 몰라 주는 사람들도 있었어. 그러나 내가 만든 것을 아름다워 하며 자기한테 가장 소중한 존재에게 덮어 준 사람도 있었으니 내 소망은 헛되지 않았다 싶어. 단 하나 아쉬운 것은, 사람들이 우리 거미를 터무니없이 두려워하고 싫어한다는 점이지. 어떤 존재든 나름대로 아름다움을 알고 즐기며 추구하는 삶을 살고 있다는 걸 자주 상상해 주길 바라."

05
세 가지 소망

『미스 럼피우스』
바버러 쿠니 지음, 우미경 옮김, 시공주니어

이따금 지나는 남한강 옆 한적한 국도에서 번번이 눈길을 붙드는 마을이 하나 있다. '황산 마을'이라고 일찌감치 마중 나온 솟대 모양 표지부터가 근처 시골 마을의 어김없이 육중한 석조 표지와는 다르게 심상찮은 디자인 감각을 담고 있다. 동구 어귀에 다 이르러서는 세계 각국 깃발을 그려 넣은 장승 수십여 개가 우르르 서 있고, 거기서부터 꺾여 들어가는 마을 길가에는 멀리 소실점까지 아이들 것이 틀림없는 만국기 그림 표석이 죽 늘어선다.

아, 그 길을 지날 때마다 언제고 한 번 들어가 보리라, 벼르며 짐작해 본다. 그 마을엔 틀림없이 '미스 럼피우스' 비슷한 이가 사는 거라고. 바바버러 쿠니가 그림을 그리고 글도 쓴 그림책 『미스 럼피우스』는 꼬마 목소리의 내레이터 '나'가 얘기하는 '루핀 부인 이야기'다. '나'는 바닷가 집에 사는 이 부인 이야기를 시작하면서, 아이들 화법 그대로 이 이야기 저 이야기를 종잡을 수 없이 늘어놓는다.

> 루핀 부인 집은 아주 작아요. 하지만 그
> 집에선 바다가 보인답니다. 집을 빙 둘러 있는 바위
> 틈새에는 파란 꽃, 보라 꽃, 빨간 꽃들이 피어 있지요.
> 루핀 부인은 아주 작고 늙었는데요, 하지만 처음부터
> 그랬던 건 아니래요. 그건 나도 잘 알아요. 루핀 부인이
> 바로 우리 고모할머니인데, 할머니가 나한테 그렇게
> 말해 줬거든요.

자기 관심사와 흥미 순서대로 이야기하는 이 깜찍한 화법이 못 견디게 사랑스럽고 재미있긴 하지만 서둘러 줄거리를 요약해 본다.

『미스 럼피우스』

'나' 앨리스랑 어릴 때 이름이 같은 고모할머니 루핀 부인 '미스 럼피우스'는 할아버지 대에 미국으로 들어온 이주민이다. 어릴 땐 "커다란 돛단배들이 북적북적"하고, 선구상과 얼음 창고와 생선 가게와 돛 꿰매는 집과 방앗간과 호텔이 늘어선 바닷가 항구 도시에서 살았는데, 할아버지는 집에 딸린 1층 가게에서 뱃머리 장식품과 인디언 모형을 조각하고 자기 그림도 그리는 예술가였다.

꼬마 앨리스는 할아버지네 가게를 놀이터처럼 드나들며 바다 건너 세상과 항해하는 배를 주로 그리는 할아버지 그림에 색칠하며 놀았다. 또 저녁이면 벽난로가 환히 타오르는 거실에서 할아버지 무릎에 앉아 그림 속 바다 건너 세상 이야기를 듣곤 했는데, 이야기가 끝날 때마다 자기도 어른이 되면 그렇게 아주 먼 곳에 가봐야겠다고, 그리고 나이 들면 바닷가에 와서 살아야겠다고 종알거리곤 했다.

그러면 할아버지는 좋은 생각이라고 맞장구쳐 주면서, 어른이 되어 꼭 해야 할 일 한 가지가 더 있는데 그건 세상을 좀 더 아름답게 만드는 일이라고 말씀하시곤 했다. 그럴 때마다 앨리스는 그게 어떻게 하는 일인지는 잘 모르는 채 그러겠다고 대답했고, 세월이 흘러 어른이 되자 '집을 떠나 아주 먼 곳에 가 봐야겠다'는 첫 번째 소망을 따른다.

바다에서 멀리 떨어진 도시에 가서 도서관 사서 '미스 럼피우스'로 살았던 것이다. 이 시절 앨리스 럼피우스는 홀로 공원 식물원에 놀러가곤 했는데, 어느 겨울 식물원 문을 밀고 들어서자마자 재스민 꽃향기와 함께 따뜻하고 축축한 열대를 느끼곤 곧바로 열대 섬으로 떠난다.

집집마다 원숭이랑 앵무새를 키우는 그 섬에서 모래사장을 거닐며 예쁜 조개껍질을 줍기도 하고 원주민 촌장네 집에 머물다 떠날 땐 촌장이 손수 천국의 새를 그려서 준 진주 조가비 선물도 받는다. 그렇게 시작한 미스 럼피우스의 '아주 먼 곳' 여행은 만년설이 덮인 산봉우리 등반과 정글과 사막 횡단을 거쳐 어느 날 문득 허리를 앓으면서 끝나게 된다.

두 번째 소망대로 바닷가로 돌아와 거처를 마련한 미스 럼피우스는 집 둘레 바위투성이 땅에 정원을 가꾸느라 꽃씨를 뿌리고는 행복감에 휩싸인다. 그리고 문득 할아버지와 약속한 세번째 소망을 떠올린다. "하지만 내가 해야 할 일이 한 가지 더 남아 있어. 난 세상을 더 아름답게 할 무슨 일인가를 해야 해."

그러나 지금 이 순간에도 너무나 완벽히 멋진 세상을, 어떻게 해야 더 아름답게 할 수 있겠는지 알 수 없는 채 다시 허리를 앓게 되자 침대에 누워 지낸다. 그러던 어느 봄날, 지난 여름에 뿌린 씨앗이, 특히 루핀 꽃이 색색깔로 피어나 바깥 풍경이 아름다워진 것을 보고 내년엔 좀더 씨앗을 많이 뿌려야겠다고 막연히 생각한다.

그러나 몸이 생각을 따라 주지 않아 씨 뿌릴 때를 놓치고 내처 겨울까지 누워 지내게 된다. 새 봄을 맞고서야 거동을 시작한 미스 럼피우스는 모처럼 산책을 나서는데 집 맞은편 언덕을 오르고는 자기도 모르게 탄성을 터뜨린다. 거기까지 루핀 꽃이 만발한 것이다!

  미스 럼피우스는 기쁨에 가득 차서 무릎을 꿇었어요. "바람이야! 바람이 우리 집 정원에서 여기까지 꽃씨를 싣고 온 거야! 물론 새들도 도왔겠지!"
  그 때, 미스 럼피우스에게 근사한 생각이 떠올랐어요!

근사한 생각이란 바로 자기 마을을 루핀 꽃 천지로 만들겠다는 것.

미스 럼피우스는 씨앗 가게에다 루핀 꽃씨를 180리터나 주문하고, 여름 내내 온 마을에 그것을 뿌려 댄다. 마을 사람들한테 '정신 나간 늙은이'란 소리를 들으면서도 즐겁고, 허리 아픈 줄도 모른다. 과연 이듬해 봄이 오자 온 마을은 루핀 꽃 천지가 되었고, 마을 사람들 모두가 행복을 느낀다.

마침내 미스 럼피우스는 할아버지에게 약속했던 세 번째 소망, 도무지 방법을 알 수 없던 "세상을 좀더 아름답게 만드는 일"을 해 낸 것이다. 이제 마을 사람 누구나 루핀 부인으로 부르는 '나' 앨리스의 고모할머니 미스 럼피우스는 백발의 허리 굽은 노파가 되어 동네 아이들한테 머나먼 세상 이야기를 들려주곤 한다.

그럴 때면 '나' 앨리스는, 미스 럼피우스가 어릴 때 그랬듯, 이 다음에 크면 머나먼 세계로 가겠다고, 나중에 돌아와 바닷가 집에 살겠다고 말하고 고모할머니는, 고모할머니의 할아버지가 그랬듯, 대답한다. "아주 좋은 생각"인데, 세상을 아름답게 만드는 일을 한 가지 더 해야 한다고. 그러면 또 '나' 앨리스는 "그게 어떻게 하는 건지" 모르는 채 고모할머니 말씀에 알겠다고 대답한다.

복제와 재생산은 우리가 끔찍이도 싫어하는 일이지만, 두 세대 앨리스에게 이어지는 '세상을 좀 더 아름답게 만드는 일'에 관한 이 되풀이 문답은 거듭 거듭 같은 음으로 울리는 산사의 종소리처럼 여겨진다. 인류의 과제를 깨우쳐 주기 위해서나, 우리네 일상의 노예들이 잊어 버린 삶의 명분을 깨우쳐 주기 위한 것처럼 뜻깊게 여겨지는 것이다.

물론 삶은 나날의 일상이 지어 올리는 건축이고, 일상이란 대개 잡다하고 너절한 법이다. 좀처럼 근사한 하루 하나를 빚지 못할 뿐더러, 먹고 자는 일 하나를 해결하느라 처음부터 끝까지 거기 있는 해와 달과

별의 아름다움도 보지 못하며, 티끌보다 사소한 것에 소망도 걸고 운명을 걸어 버리는 법이다. 그러나 보란 듯이 이런 일상을 생략하고 소망 그대로를 살았던 미스 럼피우스는 내게 말한다.

◆ ◆ ◆

> "태초에 소망이 있었다고, 나는 얘기하고 싶어요. '소망을 잠식당하지 않으려면 어떻게 해야 하는가.' 하는 질문은 애초에 품지도 않았지요. 어떻게 해야 세상을 아름답게 만드는 건지 몰랐던 것과 같다고 해야 할까요. 내 삶은 그저 처음의 소망을 따르고 따르고 따랐답니다. 부디, 모쪼록, 처음의 소망을 기억하세요."

06

아이들을 제대로 사랑한 어른

『검피 아저씨의 뱃놀이』
존 버닝햄 지음, 이주령 옮김, 시공주니어

날들이 흘러간다. 한 번 가고 나면 다시는 똑같이 오지 않는 단 한 번뿐인 날들! 그래서 월급쟁이도 날품팔이도 어떻게든 날을 잡아 바다로 산으로 아이들을 끌고 가는 것이다. 파도를 타넘고 뛰어 놀아 보라, 계곡에서 물장구치고 놀아 보라, 소리쳐 이르고는 카메라 셔터를 눌러 유년의 시간 한 움큼을 아이들 손에 쥐여 주는 것이다. 아이들에게 헌납된 날들이야말로 불멸하리라는 듯이.

그러나 아이들이란 쥐여 주는 대로 누리는 존재가 아니다. 말할 수 없이 아름다운 비경 속에 데려다 놓아도 길바닥의 한갓 달팽이에 마음을 빼앗기거나 기념품 가게의 조악한 놀잇감에 넋을 잃고 그걸 가지려 비난과 꾸중을 불사한다.

조용히 새 소리를 들어 보자 해 놓고도 산 속에 매어 둔 염소를 발견하고 달려가 새까만 콩알 똥을 쏟아 내는 꽁무니에 입을 벌리고 경탄한다.

때와 장소와 대상을 가리지 않고 마음 가는 대로 몰두하고 열광하는 것, 그것이 아이들의 천성인 줄 뻔히 알면서도 그럴 때의 어른들은 하나같이 난처해하며 울그락 불그락 얼굴을 붉힌다. 단 한 사람 '검피 아저씨'만 빼놓고. 검피 아저씨! 존 버닝햄이 만들어 낸 그림책 『검피 아저씨의 뱃놀이』 속 주인공이, 여름이면 내 마음에 커다랗게 들어찬다.

커다랗게 들어차 있으되, 이 인물을 똑 부러지게 소개할 재간은 없다. '소피는 어릴 때부터 꽁무니 실로 아름다운 것을 짜 내길 좋아한 거미'(『소피의 달빛 담요』)라든가, '누구의 고양이로도 살고 싶지 않은 백만 번 산 고양이'(『100만 번 산 고양이』)라는 식으로 처음부터 주인공의 캐릭터를 선명하게 드러내는 여느 그림책과는 사뭇 다르다. 그저

『검피 아저씨의 뱃놀이』

'내 식대로, 할 말만 한다'는 존 버닝햄 본인 화법으로 이야기를 시작하기 때문이다.

농가 앞뜰에서 물뿌리개를 들고 있는 작업복 차림의 농사꾼 한 사람을 선(線) 그림으로 보여 주며 '이 아저씨가 바로 검피 아저씨야.'라고 소개한 다음 '아저씨네 집엔 배가 있었지. 아저씨네 집은 강가에 있었거든.' 하고 덧붙인다. 마치 어눌한 부모들이 아이한테 못 이겨 이야기 하나 해 준다면서 뜬금없이 인물을 만들고는 뒤를 대느라 얼렁뚱땅 꿰어맞춰 내는 식이다.

그렇게 소개된 검피 아저씨가 이번엔 온통 초록빛에 물든 강가 집을 뒤로하고 이제 막 배를 풀어 밀어 내는 컬러 그림으로 등장하지만, 그게 전부다. 시대 배경을 흑백 화면으로 보여 준 다음 컬러 화면으로 이야기를 시작하는 영화하고는 또 다르게 이 그림책은 '조금 전의 과거'를 뜻하는 단색 선 그림과 '지금 이 순간'을 뜻하는 컬러 그림을 섞어 가며 이야기를 진행한다. 검피 아저씨에 대한 더 이상의 정보 한 줄 없이 이야기가 시작된다.

어느 날, 이 검피 아저씨가 배를 끌고 강으로 나오자 맨발로 놀던 동네 꼬마 둘이 달려와 자기들도 따라가도 되느냐고 묻는다. 싸우지만 않는다면 좋다고, 조건부 승낙 아래 아이들을 태워 배를 계속 저어 가는데 이번에는 강가 덤불 숲에서 토끼가 나와 따라가도 되는지 묻는다…. 그런 식으로 고양이가, 개가, 돼지가, 닭들이, 송아지가, 염소가 차례 차례 등장해 묻고, 검피 아저씨는 동네 아이들한테 했듯이 말썽을 피우지 않으면 된다는 조건부 승낙 아래 모두 배에 태워 준다.

아이들과 동물들을 한꺼번에 싣고 검피 아저씨가 배를 저어 가는 이 장면은 얼핏 '노아의 방주'를 떠올리게도 한다. 그러나 검피 아저씨가 입 아프게 일일이 내건 승선 조건은 하나도 지켜지지 않고, 마침내 배가 뒤집혀 모두가 물에 빠지는 대소동이 벌어진다.

사람과 동물이 함께 뒤섞여 기슭까지 무사히 헤엄쳐 나가 한숨 돌리고, 강둑에 올라가 웃으며 날개며 털을 말리는데, 이 장면에서부터 차츰차츰 검피 아저씨는 진면목을 드러낸다.

한 마디 꾸중이나 한 점 언짢은 기색 없이 "다들 집으로 돌아가자. 차 마실 시간이다."라며 앞장서는 것이다. 이토록 너그러운 제안을 받았으니 아이들과 동물들은 배 안에서 치고 받느라 거칠어졌던 마음이나 물에 빠져 놀란 마음은 구순해졌을 것이다! 검피 아저씨를 따라 하얗게 부서져 내리는 하오의 햇살 덕분에 연둣빛으로 뭉개어져 보이는 언덕을 줄줄이 내려가는 행렬은 그지없이 평화롭고 다음의 펼침 장면에서도 평안은 계속된다.

차와 과일과 케이크가 차려진 식탁에 그득히 둘러앉아 먹고 마시는 걸 빙그레 웃는 얼굴로 바라볼 뿐 검피 아저씨는 말이 없다. 식탁에 둘러앉기만 하면 아이들이 잘못한 일을 꺼내어 나무라고 '다시는 그러지 않겠다'는 대답을 받아 내려 애쓰는 보통 어른들과는 꽤 다르다. 그리하여, 어느 새 어둑한 저녁이 되고, 그때껏 먹고 마시고 놀았던 게 틀림없는 아이들과 동물들을 배웅하는 마지막 장면에서 검피 아저씨가 손 흔들며 하는 인사는 감동적이다.

"잘 가거라. 다음에 또 배 타러 오렴"

'검프(gump) - 얼간이, 멍청이'에서 따왔을 '검피(Gumpy)'라는 이름이 뜻하는 그대로 검피 아저씨는 틀림없는 시골뜨기일 것이다. 시골에서 태어나 여태껏 바깥 나들이를 두어 번 하거나 말거나 한 채 흙냄새 안 맡고는 마음 붙이고 살 수 없는 사람이며, 이해득실 따지는 데엔 캄캄하게 어두운 사람일 것이다.

그러나 아이들과 동물을 대단히 좋아하는 만큼, 아이들과 동물들에 대해서만큼은 모르는 것이 없는 사람이다.

아이 둘을 배에 태우면 싸우게 마련이고, 토끼란 녀석은 깡충대게 마련이며, 고양이란 녀석은 괜스레 다른 동물을 쫓아 다닐 게 뻔하고, 개란 녀석은 고양이만 보면그러나 아이들과 못살게 굴 게 틀림없다는 걸 뻔히 안다. 돼지란 녀석은 아무 데나 콧김을 뿜어 대며 침을 묻히게 마련이며, 양이란 녀석은 시도 때도 없이 매애~거린다는 것도 안다. 닭들은 아무 때나 날개를 퍼덕이게 마련이고, 송아지란 녀석은 한시도 가만 있질 못하고 쿵쿵거리며 돌아다니게 마련이며, 염소란 녀석은 심심하면 아무한테나 뒷발질해 댄다는 것도 잘 안다.

그러면서도 한 번 믿어 본 마음이 보기 좋게 배반당한 거지만, 무엇보다도 검피 아저씨는 아이들과 동물들이 아무리 그러지 않겠다고 단단히 약속해 봤자 자기들 안에서 약동하는 기운을 억누를 수 없는 존재라는 걸 안다.

약속을 어긴 대가로 큰 위험을 겪었으나 무사하니 그걸로 다행인 줄 알고, 한바탕 소동 끝에는 먹고 마시는 게 얼마나 간절한지도 알고, 다음엔 그러지 말라 구구절절 다짐 안 해도 나름대로 교훈을 새겼으리라는 걸 아는 어른이다.

그 모든 걸 알고, 아는 대로 행하는 것으로 이미 검피 아저씨는 본받고 싶은 위대한 인물이다. 이 검피 아저씨는 내게 말한다.

♦ ♦ ♦

"내게도 어린 시절이 있었고, 너그러운 어른이 우리 동네에 살고 있었지. 어른들 사이에선 그다지 칭송받지 못하는 분이었지만, 언제나 우리를 행복하게 해 줬단다. 그 분 덕택에 우리의 보잘것 없는 시간은 눈부시게 빛났고, 거칠게 날뛰는 마음은 구순해졌지. 그런 모습으로 그 분은 오래 오래 내 안에서 살았고, 이제는 그 분처럼 되었어. 적어도 아이들을 어떻게 사랑하는지는 알게 됐단다. 그것 말고 난 달리 아무 할 말이 없어. 나는 Gumpy, 멍청한 얼간이란다."

07
빈손으로 외치는 행복

『행복한 한스』
펠릭스 호프만 그림, 그림 형제 글, 김기택 옮김, 비룡소

행복을 원하고 구하는 것. 그것을 나는 꽤나 오랫동안 멸시하고 조롱해 왔다. 어쩐지 치열하게 사는 삶의 반대편에 걸린 모토 같았으며, 지나치게 소박하거나 옹졸한 소망 또는 불우한 세계를 저버리는 비겁한 희망쯤으로 여겼다.

'행복'이 결코 '안일'이나 '자기 만족'이 아니라는 것, 과거 완료형이 아니라 미래 긍정형 개념이라는 걸 언제 깨달았을까. 아마도 내 아이가 생기고, 그 아이가 행복하길 바라면서, 그 아이의 친구들을 비롯해 세상의 모든 아이가 함께 행복하길 바라면서, 그러기 위해 나 또한 행복하길 바라면서였을 것이다.

『행복한 왕자』『행복한 사자』『행복한 청소부』『행복한 하하호호 가족』『행복한 눈사람』『행복한 돼지』『행복한 마시로』『행복한 크리스마스』『행복한 하마가 되는 비결』『행복한 한스』『행복한 미술관』…. 그림책에 '행복한'이라는 형용사가 포함된 제목이 많은 것 또한 아이들의 생이 긍정적으로 출발되기를 바라는 기성 인류의 바람이리라.

『행복한 한스』는 그림 형제의 동화를 재화 그림책으로 즐겨 만들어 온 펠릭스 호프만의 작품이다. 판권을 살펴 보니 독일에서 원서가 출간된 시점이 작가가 세상을 떠난 1975년이란다. 작가가 생의 마지막 성찰 또는 결론적 메시지를 담은 만년의 작품일까? 아니면, 일찌감치 만든 작품이지만 어떤 이유로 묵혀졌다 작고하던 해에 나온 것일까.

작가는 출간된 책을 보고 나서 세상을 떠났을까. 대단찮은 궁금증은 눌러둔 채 고수머리 벌렁코에 잇새가 벌어진 얼굴, 한눈에도 좀 모자라 뵈는 한스가 멋진 말을 타고 웃고 있는 표지를 열어 보자. 어머니 품을 떠나 7년이나 남의 집 머슴살이를 해 온 한스가 집에 돌아가고 싶다고 하자 주인은 후하게도 한스 머리 크기의 금덩이를 품삯으로 건넨다.

『행복한 한스』

금덩이를 보자기에 싸들고 길을 떠난 한스는 얼마 안 가서 금덩이 때문에 곤욕을 치른다. 어깨에 올려도 보고, 옆구리에 끼어도 보고, 두 손으로 모아 들어 보기도 하지만 금덩이가 짐스럽기는 마찬가지다. 그 때 마침 편안히 말을 타고 가는 신사와 마주치고선 신사의 처지를 부러워한다.

뜻밖에도 신사가 순순히 말과 보따리를 바꾸자 제의하고는 말에서 내린 다음 한스를 손수 올려 태워 주더니 보따리를 들고 떠난다. 보자기 속 물건이 금덩이라는 걸, 신사는 알았을까. 알았을 만큼 세상 경험이 많은 얼굴이기도 하고, 모르는 채 넉넉히 베풀기 좋아하는 얼굴이기도 하다. 한스는 금덩이 짐에서도 해방됐을 뿐더러 말을 타고 단숨에 집에 가게 되었으니 기쁜 마음 가눌 길 없어 호기롭게 '이랴!' 소리를 치며 말 옆구리를 차 본다.

그러나 고삐를 허술하게 잡은 한스 탓인지, 새 주인을 얕잡아 본 말 탓인지, 말이 크게 날뛰는 바람에 한스는 도랑으로 내동댕이쳐진다. 다행히 맞은 편에서 소를 몰고 오던 농부가 말을 잡아 줬지만 이제 한스는 또다시 말을 타고 싶은 마음을 접은 채, 마음대로 날뛰지도 않고 "가는 대로 따라가기만 하면 우유랑 버터도 얻을 수 있"는 농부의 소를 가졌으면, 하고 바란다. 그리고 이번에도 자기 바람대로 말과 소를 바꾸고는 휘파람을 불며 기쁘게 길을 떠난다.

그러나 막상 목이 마른 한스가 모자를 벗어 들이대고 젖을 짜려 하자 너무 늙은 소는 젖을 내놓지도 않을 뿐 아니라 성가시게 구는 한스를 호되게 걷어차고 만다. 길바닥에 나동그라진 채 어쩔 줄 모르던 한스는 푸줏간 주인이 돼지를 끌고 지나가는 걸 보고 이번엔 돼지 갖기를 소망한다. 말에 비하면 훨씬 만만해 보이고 고기랑 소시지까지 내어 줄 돼지!

그러나 이 돼지도 결코 만만치않게 속을 썩인다. 갑자기 네 다리를 딱 버티고 서서 꿈쩍 않더니 급기야 바닥에 드러눕고 마는 것이다. 돼지가 일어나기만 기다리며 우두커니 서 있던 한스는 한 소년이 거위를 옆구리에 끼고 다가오자 이 골칫덩이 돼지를 깃털도 고기도 주는 거위랑 맞바꾼다. 이어서 칼을 갈며 신나게 콧노래를 흥얼거리는 사람을 맞닥뜨리자 칼 가는 숫돌 둘과 거위를 다시 맞바꾼다.

양손에 하나씩 숫돌을 들고 길을 가던 한스는 우물이 나오자 진작부터 시달리고 있던 갈증을 끄려고 걸음을 멈춘다. 우물가에 숫돌을 놓고 시원하게 물 한 모금을 마신 다음 허리를 펴다가 숫돌을 잘못 건드려 우물에 빠트리고 만다. 그러자 챙기고 나를 짐이 없어진 게 기쁘고 기뻐서 깡충깡충 뛴다. "나는 세상에서 가장 행복한 사람이다!" 소리치고는, 저 멀리 어머니가 자기를 기다리고 있는 집을 향해 달려간다.

7년 세월의 고된 노동의 대가인 금덩이를 말로, 말에서 소로, 소에서 돼지로, 돼지에서 거위로, 거위에서 숫돌 두 개로, 숫돌 두 개에서 물 한 모금으로 바꾼 한스의 거래는 누가 봐도 분명 실수투성이의 어리석은 짓이다. 그러니, 한스가 빈손이 되고도 그처럼 자신이 세상에서 가장 행복한 사람이라 외치는 것은 첫인상과 마찬가지로 좀 모자라기 때문일 것이다.

그럼에도 불구하고 그림책을 넘기는 방향으로 계속되는 한스의 여정을 따라 온 '모자라지 않은' 독자에게도 '한스의 행복'은 적잖은 공감을 준다. 이를 믿으며 유치원생, 초등생 등 여러 연령대 아이들에게 읽어 준 다음 특별히 이 마지막 장면의 기쁨에 대해 얘기를 나눴다. 그러나 뜻밖에도 유치원생 중 몇몇은 큰 재산을 잃은 한스가 너무도 안쓰러워서 마지막 장면의 기쁨에 동참하지 못한 채 걱정스런 얼굴이 되기도 했고, 초등학교 4학년들 중 몇몇은 화를 내기까지 했다.

심지어 한 아이가 "바보 같은 녀석! 이제 자기 엄마한테 엄청 혼날 거야. 금 덩어리를 잃어버렸으니 죽도록 매를 맞겠지!" 하고 중얼거리는 바람에 그야말로 분위기가 썰렁해지고 내 마음도 복잡해져 버렸다. 허겁지겁 "어쨌든… 좋아, 우리 모두 다 함께 소리쳐 보자. 한스처럼! '나는 세상에서 가장 행복한 사람'이라고." 그렇게 어거지로 거듭 거듭 함께 소리를 질러야 사태가 수습되었다.

한스처럼 금덩이의 가치를 모르는 '모자라는 인물'은 옛이야기 속에 수두룩하다. 우리 옛이야기에도 숯막 안이 온통 금인 것을 모르고 살던 가난한 숯쟁이 총각이 똑똑한 색시 덕에 부자가 된다는 서사가 있다. 금덩이의 가치를 모를 뿐만 아니라 한스는 말의 가치, 소와 돼지와 거위의 가치도 잘 모른다. 그저 그것들과 수월히 길을 가고 원할 때 먹을 것을 좀 얻을 수 있으리라는 막연한 소망을 따를 뿐이다.

그것들을 자꾸 바꿔 대는 것도 다름 아니라 제 생각과 다르게 구는 탓에 어이없고 속상해서 얼른 다른 대체물 쪽으로 마음을 옮기는 것일 뿐이다. 온몸을 내던지듯 놀잇감 하나에 집착하다가도 금세 새로운 것에 마음을 앗기는 아이들의 본성과 같다. 무엇보다도, 한스는 환금 가치에 관심이 없다. 펠릭스 호프만이 주인에게 금덩이를 받는 한스를 그린 첫 장면에서, 보통 사람이라면 금덩이 쪽으로 갈 법한 눈길을 주인 쪽으로 향하게 그린 것도 같은 맥락이리라.

한스에게 말이라면 올라 타서 이랴! 소리칠 수 있는 존재고, 소라면 우유와 버터를 얻을 수 있는 동물이며, 돼지라면 고기와 소시지를 얻을 수 있고, 거위라면 깃털과 고기를 얻을 수 있으며, 숫돌이란 즐겁게 콧

노래를 부르며 칼을 갈 수 있는 물건이다. 그리고 한스는 이 모든 것이 없어질 때 더욱 좋고, 이것들이 사라질 때 더 행복해진다. 펠릭스 호프만의 '행복한 한스'는 내게 말한다.

❖ ❖ ❖

> "나의 행복은 한시라도 빨리 어머니에게 안기는 것. 그러니 집까지 빠르게 달려가 줄 수 있는 말을 빼고는 애초에 무엇이든 들고 끌고 가는 것이 달가울 리 없었지요. 마침내 두 손과 두 팔이 자유로워지자 몸 가뿐히 달려가서 어머니를 껴안을 수 있다는 생각에 너무도 기뻤어요. 누가 뭐라든 내겐 그것이 행복이랍니다."

08
들쥐 시인의
겨울 나기

『프레드릭』
레오 리오니 지음, 최순희 옮김, 시공주니어

내가 사는 소도시에서 멀찍이 높아 보이는 것은 다 산이다. 모든 것이 그 산에서 시작되는 듯하다. 산에서 불어 내려오는 바람 소리는 대도시보다 더 크게 들리고, 돌비서라운드 시스템 음향처럼 거의 입체적으로 들린다. 더욱이 내년 가을에 그 산 속으로 짐 꾸려 들어가 살 생각이 꼬리에 꼬리를 물고 웅성웅성 머릿속 그득히 수런거리는 이즈음은 벌써 거기 들어가 지내는 듯 바람 소리가 한층 원시적으로 느껴진다.

바람뿐이랴. 심심찮게 폭설주의보가 발을 묶는 영동권이니, 여기 한 채 저기 한 채 뚝 뚝 떨어져 위치한 산골짜기에서 겨울 한 철 보내는 일부터가 분명 녹록치않으리라. 그런 생각 끝에 문득 궁금해지는 것이 겨울잠 자지 않는 산짐승 들짐승들의 겨울나기이다. 바람 불면 바람 부는 대로, 눈 퍼부으면 눈 퍼붓는 대로, 추위와 배고픔과 맞서야 하는 털가죽 맨 몸의 산짐승 들짐승들은, 대체 이 겨울을 어떻게 나는 것일까?

어쨌든 도시 삶을 마감하게 된 정황에서는 언덕배기 10층 아파트에서 먹고 자는 일도, 그 베란다에서 내려다보는 소도시 풍경도 일일이 새삼스럽다. 그림책도 그렇다. 이 곳 원주에서는 물론, 횡성으로 강릉으로 영월로 광주로 서울로 돌아다니며 어른, 아이들한테 만날 읽어 주고 보여 주는 그림책들도 새삼스런 구도로 마음에 찍히곤 한다. 작품성이며 완성도가 뛰어난 그림책일수록 겹겹이 층층이 의미가 새롭고, 구석구석 알콩달콩하다는 사실에 다시 한 번 크게 고개 끄덕이는 중이다.

레오 리오니의 걸작 그림책 『프레드릭』도 그 중 하나. 그 전에는 프레드릭이 전면 부각되는 중반 이후의 장면, 특히 프레드릭이 다른 들쥐들 앞에서 시를 읊고는 "프레드릭, 넌 시인이야!" 하고 친구들이 감탄하자 "나도 알아" 하는 마지막 장면에 주로 눈길이 쏠렸다. 이즈음엔 맨 앞 쪽에서 머뭇거리곤 한다. 이야기를 시작하기 위해 무대와 등장인물 소개를 겸해 들쥐들의 생태와 서식처를 펼쳐 보이는 장면에서 오래 오래 눈길이 멈추는 것은, 꼭 그처럼 자연 속에 덩그러니 놓일 내 삶의 서식처를 겹쳐 그려 보기 때문인지도 모른다.

농부들이 이사를 가자, 헛간은 버려지고 곳간은 텅 비었습니다.
겨울이 다가오자, 작은 들쥐들은 옥수수와 나무 열매와 밀과 짚을 모으기 시작했습니다.
들쥐들은 밤낮없이 열심히 일했습니다.
단 한 마리, 프레드릭만 빼고 말입니다.

재잘재잘 얘기나 하고 딸기나 따 먹고 놀던 들쥐들이 찬바람이 불자 일제히 먹이 모으기에 나선다. '이제 곧 먹이 한 톨 구경할 수 없는 혹독한 겨울이 닥친다, 이것저것 부지런히 모아 두지 않으면 틀림없이 굶주려 죽게 된다.' 그런 유전자 정보가 들쥐들 내부에서 빨간 경고등이라도 켠 듯 제각기 알아서 낱알과 열매를 이고 지고 돌담 틈의 구멍 속 은신처로 나른다.
그러나 프레드릭을 움직이는 유전자 정보는 좀 다른 모양이다. 프레드릭은 시종일관 다른 들쥐들을 등지고 앉았다. 이 장면에서 독자들은 프레드릭이란 주인공의 캐릭터를 또렷하게 인식하는 한편 '다 함께 일하고 먹고 자는 공동체에서 도리에 어긋난 행동을 하는 반역아로구나!' 하고, 주인공이 반사회적이고 비도덕적인 존재인 데 마음 불편해지기 시작한다. 그래서 독자들은 다른 들쥐들이 프레드릭의 반역을 거론하는 대목에서 안도감을 느끼곤 한다.

잠깐, 이 질문을 별도로 찬양하고 지나가고 싶다. 이 얼마나 산뜻하고 깔끔한 질문인가! '프레드릭, 넌 우리가 이렇게 고생하는 게 안 보여?'라든지, '프레드릭 넌 도대체 양심이 있는 거야?'라든지, '웬만하면 거들어 보지 그래?'라고 꾸짖거나 에둘러 빈정거리지 않고 반짝이는 눈을 동그랗게 뜨고 정곡을 찌르는 아이들 질문 방식 그대로 묻는다.

그렇게 물으니 우리의 주인공 또한 '나도 일하고 있어, 난 춥고 어두운 겨울날들을 위해 햇살을 모으는 중이야.'라고 두려움 없이 얘기하고, 질문자들 또한 프레드릭의 대답을 수긋이 받아들이게 되는 것이리라. 햇살을 모은다던 프레드릭이 어느 날엔 바위 위에 올라앉아 풀밭을 내려다보자, 들쥐들은 궁금증을 참지 않고 또다시 묻는다.

"프레드릭, 지금은 뭐해?"

이 짤막하고 간단한 질문 또한 말할 수 없이 순결한 내면을 지니고 있다. 프레드릭이 앞서 해 준 대답을 잘 믿고 있다는 것, 그러나 또 새로운 궁금증이 생겼다는 걸 숨김없이 내어 보이는 것이다.

다른 들쥐들의 질문이 언제나 진실한 것처럼 프레드릭의 대답 또한 언제나 진실하고, 그래서 프레드릭이 거의 조는 듯 보일 때도 들쥐들의 질문은 거침이 없다. 나중에 다른 들쥐들에게 햇살과 색깔과 시를 선물함으로 그 진실은 입증된다.

"프레드릭, 너 꿈꾸고 있지?"

들쥐들이 나무라듯 말했습니다. 그러나 프레드릭은 말합니다.

[프레드릭]

"아니야, 난 지금 이야기를 모으고 있어.
기나긴 겨울엔 얘깃거리가 동이 나잖아."

들쥐들은 언제나처럼 프레드릭의 대답을 믿었고, 그토록 애면글면 모았던 양식이 다 떨어져버린 겨울날의 궁핍 속에서 눈이 세모꼴이 되어갈 즈음 자기들의 믿음을 떠올려 프레드릭에게 묻는다.

"네 양식들은 어떻게 되었니, 프레드릭?"

프레드릭도 자기가 모은 것들을 깜박 잊고 있었을까? 아니면 다른 들쥐들의 양식이 모두 바닥나 자기 것을 내어 달라고 할 때까지 기다렸을까? 어쨌든 프레드릭은 대단히 시의적절하게 햇살과 색깔과 이야기를 차례차례 나누어 준다. 그리고 들쥐들은 아름다움이라고는 없는 춥고 황량한 시간을 프레드릭이 간직했던 금빛 햇살로 몸을 데우고 마음 그득 꽃빛을 담으며 봄 여름 가을 겨울의 자연 섭리를 신비롭게 되새긴다. 프레드릭은 내게 말한다.

◆ ◆ ◆

> "시인은 홀로 있으면서 함께 있어야 해요. 무리를 벗어나 자연 속에 덩그러니 홀로 있는 것을 두려워하지 않아야 하고, 홀로 하는 그 일이 마침내는 다른 이들과 함께 할 수 있는 것이라야 하지요. 그래서 내가 시인인 것을 다른 들쥐들이 먼저 외쳐 불러 줬을 때 말할 수 없이 행복했답니다."

09
미래에 대한
통쾌한 대답

『꼬마 부엉이는 무엇이 되었을까?』
호세 아루에고·아리안 듀이 그림, 로버트 크라우스 글

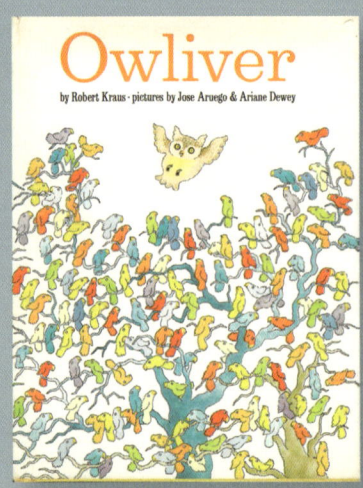

오래 전 일이지만, 오드리 헵번이 주연한 영화「사브리나」를 보다가 참으로 멋진 직업이 등장하는 데 놀랐다. 주인공 사브리나 아버지의 직업인 자가용 운전 기사 말이다. 어째서 그것이 내게 참으로 멋진 직업이었는지는, 왜 자가용 운전 기사가 됐느냐고 묻는 딸한테 건네는 아버지의 대답이 설명해 준다. "주인님을 기다리는 동안 책을 읽을 수 있거든."

어떤 직업이든 주관적으로 운용하기에 따라 얼마든지 취향을 누릴 수 있다니! 이것 아니면 저것이어야 하고 저기 아니면 꼭 여기인 채 쬐죄쬐죄하기 이를 데 없던 삶이 문득 유쾌해졌던 기억이 난다. 그래, 왕은 손수 문 여는 기쁨을 모른다지 않던가! 이 초록 행성의 대다수 사람들이 '어떻게 살 것인가'가 아니라 '무슨 일을 해서 벌어 먹고 살 것인가'를 고민한다. 직업이 곧 나아갈 진로요, 미래가 된 지 오래다.

모양 좋게 먹고 살 수 있는 방편으로서든, 능력과 개성과 적성을 다해 자아를 실현하고 사회성을 수행하는 기회로서든, 그것이 우리 삶의 중대한 관건이 되고 만 것이다. 그래서일까. 그림책에서도 아이들의 미래를 얘기할 때엔 거의 빠짐없이 직업이 등장한다.

『꼬마 부엉이는 무엇이 되었을까?』는『행복한 청소부』만큼 진지하게 '직업'의 의미와 취향의 문제를 얘기하진 않는다. 그러나 아이들 일상 속에 뜬금없이 끼어드는 어른들의 질문과 대답, 그것이 퍼뜨리는 직업에 관한 그릇된 통념과 오해를 깜찍하게 비틀고 꼬집는 그림책이다. 아니 그보다는, 영원한 퀴즈요 흥미진진한 미스터리로 남겨 둬야 할 아이들의 미래를 보호하고 격려하는 그림책이다.

주인공 꼬마 부엉이는 자기가 고아라고 소개한다. 엄마도 아빠도 없는 외톨이라며 몸부림친다. 누구든 보는 이마다 가여워하지 않을 수 없다. 그러나 알고 보니 엉뚱한 소리였다. 아빠도 있고 엄마도 있다. 대체 왜 그랬던 걸까? 꼬마 부엉이는 한 번 그런 척해 본 거라고 대답한다. 연기하는 게 재미있어서 그런 거라고.

그러고 보니 정말 꼬마 부엉이는 하루 종일 연기를 하고 논다. 벌새처럼 선인장 꽃 둘레를 맴돌고, 따오기처럼 떨어져 내리고, 기러기 대열에 끼어 날고, 홍학처럼 외다리로 선다. 그런가 하면 큰코뿔새처럼 사슴을 위협하고, 주머니쥐처럼 거꾸로 매달리고, 타조처럼 모래 속에 머리를 묻는다. 심지어 말똥가리처럼 높은 산쪽대기에 둥지를 틀어 앉고, 박쥐 떼랑 함께 밤하늘을 날기도 한다.

꼬마 부엉이를 지켜보던 엄마는 결론을 내린다. "우리 아이는 연기에 재능이 있어요." 그런 것 같긴 하지만 아빠도 양보할 수 없다. 생각해 둔 바 있어 고집을 피운다. "그래도 의사나 변호사가 되어야 해."

이제 꼬마 부엉이는 미래의 직업을 염두에 둔 엄마 아빠의 독려에 따라 새로운 놀이를 시도한다. 우선 아빠가 사 준 의사 놀이 장난감으로 새들을 검진하고 뱀한테 붕대를 감으면서 논다. 개미핥기의 기다란 코를 진맥하거나 악어 눈을 돋보기로 들여다보기도 한다. 아빠가 사 준 또 하나의 장난감, 변호사 놀이 세트로 분장하고 까마귀 떼가 일러바치는 대로 대머리 독수리를 호되게 꾸짖기도 한다.

꼬마 부엉이는 엄마의 지도 아래 연기력 향상에 매진하기도 한다. 기쁜 연기, 화난 연기, 겁먹은 연기, 슬픈 연기, 착한 연기, 미워하는 연기, 사랑에 빠진 연기를 연습한다. 내친김에 엄마는 무대 매너를 곁들인 탭 댄스까지 지도한다. 꼬마 부엉이는 무엇을 해도 잘 한다. 그럴듯하게 모양을 낸다. '아마 커서도 틀림없이 저런 직업을 갖고 돈 걱정 없이 잘 살겠지!' 엄마 아빠는 아마도 그런 마음으로 꼬마 부엉이가 살아갈 모습을 떠올리며 흐뭇해한다.

그러나 꼬마 부엉이한테는 그것이 문제가 아니다. 그렇게만 하고 끝낼 수가 없다. 왜들 그러시는지는 알 수 없지만, 엄마 아빠가 어쨌든 자기 때문에 다시는 애태우고 다투지 않도록 해 드리고 싶다. 그래서 이번에는 부모의 소망을 한꺼번에 만족시켜드릴 공연을 펼치기로 한다. '의사와 변호사'가 나오는 '연극'을! 과연 엄마 아빠는 제각기 너무도 흡족해한다. 혹시 꼬마 부엉이는 남다른 의협심의 소유자인가?

사실 꼬마 부엉이는 한 번도 자기 미래를 구상해 본 적이 없다. 내일도 모르고 어제도 모르는 존재, 오늘만 아는 꼬마답게 그냥 하루하루 신나게 놀았을 뿐이다. 그러니 차근차근 살펴 보자. 꼬마 부엉이는 정말 연기에 소질이 있는 걸까? 소질도 있고 재미있어도 하지만, 그 모든 것은 꼬마들의 천성일 뿐이다.

변호사는? 의사는? 그것은 훨씬 더 커서나 채울 수 있는 능력과 자질로 성취되는 직업이다. 어이없게도 이런 사실을 엄마나 아빠는 놓쳤다. 안정된 미래를 준비시켜야만 한다는 책임과 의무에 내몰려서 어서 빨리 취향과 재능을 확인하고 직업을 결정 짓고 싶어할 뿐이다. 그림책의 결말은 다행히도, 통쾌하게도, 꼬마 부엉이가 엄마 아빠의 섣부른 결정에 떠밀리지 않았음을 확인시켜 준다.

첩첩이 봉우리진 산을 넘고 넘어 빨간 양동이를 걸고 날아가는 부엉이의 뒷모습과 아득히 먼 산에서 까맣게 피어오르는 연기…. 그 펼침 장면에 이어진 마지막 장면을 보자. 빨간 소방관 모자를 쓴 채 불이 난 말뚱가리 둥지에 양동이 물을 끼얹고 있는 다 큰 꼬마 부엉이의 침착한 모습을! 꼬마 부엉이는 내게 말한다.

> "언제 어느 때, 어떻게 해서 소방관이 되기로 결심했는지는 잘 모르겠어요. 그럴듯하게 연기해 보이느라 거듭 거듭 연습하고 연습하던 끈기, 누구든 힘들어하면 도와 주지 않고는 못 배기는 기질, 낯선 곳과 새로운 일을 탐하는 모험심… 굳이 얘기하자면 이런 것들을 바탕 삼았겠지요. 꼭 말해 두고 싶은 건, 어릴 때 우리 부모님이 오해하셨듯, 지금의 내 삶도 이 직업에 의해 완전히 결정된 건 아니라는 거지요. 더 좋은 삶이 되도록, 새로운 직업이라기보다는 변수와 기회의 순간을 기다릴 거랍니다."

10

잠옷 차림으로,
밤새워 이룬 약속

『크리스마스 선물』
존 버닝햄 지음, 이주령 옮김, 시공주니어

지금 이 순간 작고 작은 한 아이가 난생 처음 크리스마스 이야기를 귀 기울여 듣고 있다면, 그것은 벌써 누대에 걸친 인류 공동의 판타지 속으로 발을 들이밀었다는 얘기가 된다. 캐롤 소리와 산타 할아버지와 사슴 썰매와 선물 보따리로 건설된 가슴 뛰는 세계에 그렇게 발을 들이밀고 나서, 우리 또한 얼마나 오래, 최소 한 달은 거기서 지내는가. 그것이 우리 황인종과는 조금도 관계없는 먼 나라 종교 관습에서 비롯되었다는 사실, 콜라 회사의 재화(再話)를 거쳐 오늘날 백화점 매출 신장 최고의 계절 이벤트로 거리에 나 앉고 만 고약한 현실 앞에서도 그곳을 떠나 버릴 생각이 없다.

더욱이 이 『크리스마스 선물』 같은 그림책을 만나고 나면 누구라도 영영 그곳을 떠날 수 없게 된다. 존 버닝햄은 『크리스마스 선물』에서 산타 할아버지가 '세상 모든 아이들에게 선물을 나누어 주고 돌아오는' 장면으로 이야기를 시작한다. 끊임없이 반복되고 변주되며 제자리를 빙빙 돌던 크리스마스 이야기를 훌쩍 뛰어넘는다. 선물을 받게 될지 말지, 어떤 선물을 받게 될지, 조바심내며 안달하는 아이들 이야기와 꿈과 현실의 경계를 넘나들며 산타 할아버지의 존재를 확인하려는 이야기에서 성큼 나아가는 것이다.

이 그림책 속 산타 할아버지는 신기루처럼 애매하게 등장하지 않는다. 세상 모든 아이들에게 선물을 나누어 주고 온 것이 분명하게 고단하고, 그토록 고단한 채 앓아누운 순록을 돌보고, 마침내 잠들 수 있게 된 순간 침대 발치의 선물 자루 속에 빠트린 선물이 남은 걸 발견하곤 고민한다.

할아버지는 선물을 꺼냈습니다. 그것은 하비 슬럼펜버거한테 줄 선물

『크리스마스 선물』

이었지요.

할아버지는 하비 슬럼펜버거를 잘 알고 있었습니다. 하비 슬럼펜버거네 부모는 너무 가난해서 아이에게 크리스마스 선물을 사 줄 수가 없었습니다. 하비 슬럼펜버거는 여태껏 선물이라곤 딱 한 번밖에 받아 보지 못했습니다. 그건 바로 산타 할아버지가 준 선물이었지요. 하비 슬럼펜버거는 아주아주 멀고먼 롤리폴리 산 꼭대기 오두막집에 살고 있었습니다.

산타 할아버지는 몹시 지쳐 있었습니다. 순록들은 벌써 잠이 들었고, 게다가 한 마리는 끙끙 앓고 있었지요.

"하지만 산타 할아버지는 하비 슬럼펜버거에게 선물을 갖다 주어야" 한다고 결정한다. 퉁퉁 부은 발에 장화를 꿰어 신고 줄무늬 잠옷 바지 위에 외투를 걸치고 선물 임자를 찾아 나선다.

"무척 추운 겨울밤"을 썰매도 없이, 그전엔 썰매를 타고 순록들이 데려다주는 대로 갔기에 어딘지 얼마나 걸릴지 짐작할 수도 없는 "아주 아주 멀고 먼 롤리폴리 산 꼭대기 하비 슬럼펜버거 네 오두막집을 향해 무작정 터벅터벅 걷기 시작"한다. 다행히 얼마 가지 않아 비행기와 조종사를 만나고 산타 할아버지는 솔직히 딱한 사연을 털어놓고 도움을 청한다.

"이보시오, 나는 산타 클로스라오. 내 자루 속에는, 아주아주 멀고먼, 롤리폴리 산 꼭대기 오두막집에 사는 하비 슬럼펜버거에게 줄 선물이 아직 남아 있다오. 그런데 이제 곧 날이 밝겠구려."

틀림없이 해마다 크리스마스 선물을 받으면서 자랐을 조종사는 기

잠옷 차림으로, 밤새워 이룬 약속

꺼이 산타 할아버지를 비행기에 태운다. 그러나 갑자기 함박눈이 쏟아져 비행기가 불시착하는 바람에 산타 할아버지 홀로 눈발을 헤치고 터벅터벅 걸어 고개를 넘는다. 조종사가 일러 준 대로 자동차 정비소에서 '지프를 가진 남자'를 만나 지프를 얻어 탄다.

그러나 롤리폴리 산을 향해 들판을 가로지르던 지프는 미끄러져 나무를 들이받고, 할아버지는 홀로 언덕을 내려가 강을 건넌다. 지프 차 가진 남자가 일러 준 대로 '오토바이를 가진 소년'을 찾아내 오토바이 짐받이에 얹혀 탄다.

오토바이 역시 꽁꽁 언 눈길에 미끄러지자, 계곡을 지나 숲 속으로 들어가면 '스키를 가진 소녀'가 있다는 말을 좇아 소녀의 스키에 얹혀 타고, 그 스키도 부러지자 가파른 산등성이만 넘어가면 롤리폴리 산 기슭인데 그곳에 '튼튼한 밧줄을 가진 등산가'가 있다는 말에 등산가의 밧줄을 잡고 산을 오른다. 하지만 밧줄도 이내 끊어지고 만다.

"산타 할아버지, 죄송합니다. 밧줄이 끊어져서 더는 못 올라가겠어요.
하지만 저 절벽을 올라가 바위덩이 몇 개만 넘으면
산꼭대기에 조그만 오두막집이 있어요.
하비 슬림펜버거는 바로 그 오두막집에 살고 있어요."

절벽을 올라가 바위덩이 몇 개를 넘으니 과연 산꼭대기에 오두막집이 한 채 연기를 피워 올리고 있다. 산타 할아버지는 지붕을 기어오른 다음 굴뚝을 타고 내려가 하비 슬림펜버거 방에 이른다. 잠들기 전 하비 슬림펜버거가 자기를 기다리며 침대에 걸어 둔 초록 양말 속에 선물을 넣는다. 그러고는 다시 집을 향해 눈길을 나선다.

『크리스마스 선물』

올 때와도 비슷하게 도움을 청한 듯 하얀 말도 타고, 줄도 타고, 오토바이와 킥보드와 썰매와 자전거와 헬리콥터와 기구도 타고, 배도 타고, 롤러 스케이트와 스케이트로 얼음길도 지쳐서, 화물 열차 꽁무니 난간에도 실려서, 터벅터벅 걸어서, 집으로 돌아온다.

돌아와서 "아픈 순록이 괜찮은지 살펴보고 이불을 잘 덮어" 준 다음 크리스마스 아침 해가 떠오르는 창가의 침대로 가서 곯아떨어진다. 그리고 바로 그 시각, 세상의 모든 아이들과 다름없이 "아주아주 멀고먼, 롤리폴리 산 꼭대기 오두막집에 사는 하비 슬럼펜버거"도 침대 발치에 걸어 둔 양말에서 선물을 꺼낸다.

점 찍은 듯 쬐그만 눈만 둘인 채 눈두덩이 조금 부어오르거나 처지는 식으로 고단함과 곤혹함을 얼핏 보일 뿐 대체로 무표정한 얼굴, 토씨 하나 틀리지 않게 똑같은 말로 도움을 청할 뿐 대체로 묵묵하게 크리스마스의 기적을 이룬 불굴의 산타 할아버지는 내게 말한다.

◆ ◆ ◆

"애초에 그 선물을 빠트린 게 큰 실수였어…. 산타 클로스라면 그런 실수를 해선 안 되는 거지. 어쨌든 잠옷 바람으로 돌아다닌 얘기가 널리 알려져서 부끄럽긴 하지만, 아이들은 크리스마스 이브에 좀 더 편안한 마음으로 잠들 수 있을 거야. 선물을 받을 수 있을까 의심하지 않고…. 아무리 멀고 먼 산꼭대기 외딴 곳에 사는 아이라도 하비 슬럼펜버거처럼 기쁜 아침이 오리라 믿고 잠들 수 있겠지…. 그리고 크리스마스 아침에 받은 선물이 좀 하찮더라도 산타 클로스의 정성이거니 생각하고 고마워 해 줄 거야. 친구들, 메리 크리스마스!"

11
하얗고 하얀 눈 나라

『눈 오는 날』
에즈라 잭 키츠 지음, 김소희 옮김, 비룡소

 엄마 얼굴도 아빠 얼굴도 언니 얼굴도
어저께하고 마찬가지인데
무엇이 새해냐.
방 세간도 마루 세간도 장독대도
어저께하고 마찬가지인데
무엇이 새해야.
저 나무도 저 산도 저 하늘도
어저께하고 마찬가지인데
무엇이 새해야.
(윤석중 「아기와 새해」에서)

새해가 왔다. 그러나 위 동시에서 아기가 갸웃 갸웃 의문을 품듯, 세상은 지난해하고 다름이 없다. 새로울 것이 없다. 그렇다. 세상은 새로이 태어날 수가 없고, 그러니 어찌해도 새 세상이 될 수는 없는 것이다. 사람의 아기들과 짐승 식물의 아기들이 새로이 세상에 태어날 뿐이다. 그렇기는 해도, 간혹 밤새 눈이 내려 쌓인 하얀 아침을 맞닥뜨리면 그때만큼은 영락없이 새 세상을 맞는구나 싶다.

색 바랜 지붕과 녹슨 난간과 칠 벗겨진 홈통과 깨어지고 패인 길들이 감쪽같이 사라지고, 집과 길과 나무가 일제히 간결해지는 하얀 세상은 번번이 신세계로 느껴진다. 눈은, 낡디 낡은 세상이 안쓰러워 그렇게 한 번씩 마음먹고 내려서 덮어 주는 것일까? 아니면 어떤 열망이 눈의 힘을 빌어 새 아이들에게 새 세상을 보여 주려 마련하는 잔치일까? 하얗고 하얀 그 신세계의 아침을, 내 유년도 눈이 휘둥그레지도록 눈부시게 처음으로 대면한 적이 있다.

눈이 드물었던 바닷가 도시에서 혼자 너무 일찍 깨어난 어느 겨울날 아침, 적산가옥의 길쭉한 마루 창 너머로 느닷없이 하얗게 아름다워진 세상을 마주하곤 망연히 넋 잃었던 기억이 생생하다. 발자국 낼 엄두를 못 내고 하염없이 사방을 두리번거리고 두리번거렸던 그 순백의 아침은, 떠올리자고 마음만 먹으면 믿어지지 않을 만큼 또렷한 채 언제든 흠 없이 떠올려지곤 하는 것이다.

에즈라 잭 키츠의 그림책 『눈 오는 날』은, 그래서 내겐 바로 그 유년의 하얀 아침에 대한 아메리카 버전 추억담으로 읽혔다. 꼭 나만 한 피터가 꼭 나처럼 놀라고 감탄하며 두리번거리고, 자신의 전 존재를 찍어 보듯 눈 발자국을 찍어 본다. 그 신비로운 물질을 마구 뭉쳐 던져대고 짓밟으며 거침없이 구는 동네 형들 둘레를 맴돌다가, 그들이 던진 눈에 맞고는 찔끔 눈물을 흘리기도 하면서, 자기만의 놀이를 찾아 낸다. 눈부시게 새롭고도 여느 날과 변함없이 몽롱하게 심심했던 바로 그 날의 내 이야기로 다가온다.

『눈 오는 날』은 네댓 살배기로 짐작되는 아이 피터가 처음으로 눈 덮인 하얀 세상을 온몸과 마음 그득히 놀며 느낀 하루 동안의 이야기다. 어느 겨울날 아침, 피터는 잠에서 깨어나 창밖을 보고는 깜짝 놀란다. 눈이 내려 쌓여 온통 하얗기만 한 세상과 처음으로 마주친 것이다. 피터는 아침을 먹는 둥 마는 둥 하고 제가 가진 옷 중에서 가장 따뜻하고 마음에 드는 (것일 게 분명한) 모자 달린 빨간 외투와 빨간 바지를 입고 바깥으로 달려나간다.

피터가 달려나가 본 세상은 창밖으로 봤던 세상과는 또 다르게 놀랍다. 여느 때 이웃집들이 보여 주던 오밀조밀한 풍경은 간데없고 큼직큼직한 건물 형체와 눈더미만 남은 채 멀리 또 가까이로 나있던 길조차 사라져 버린 것이다. 납득할 수 없는 풍경 속에서, 어리둥절한 얼굴로 얼마나 서 있었을까.

문득 피터는 갈 바를 모르고 내딛는 자기 발이 눈 속으로 빠져들며 뽀드득 소리를 내고 있다는 걸 깨닫는다. 새로 한 발을 내딛고 또 새로 한 발을 내딛으며 뽀드득 소리를 즐기던 피터는 이번엔 또 또렷이 눈에 새겨지는 자기 발자국을 발견한다. 그러자마자 곧 보폭과 진행 속도를 조절하는 대로 새로운 모양을 만들 수 있다는 걸 알게 되고, 발자국으로 갖가지 무늬를 만들어 찍고 그리며 감탄하고 즐거워한다.

그 바람에 피터는 어떻게 길을 찾아 걷나 하는 근심과 두려움 따윈 까맣게 잊었다. 게다가 마침 눈 속에서 삐죽 나와 있는 나무 막대를 주웠으니 새로운 놀잇감 한 가지가 더 생긴 참이다. 오히려 분발해서 제 키로 만져 보기엔 어림없이 큰 나뭇가지의 눈을 나무 막대기로 건드려 보기도 한다.

그러다 그만 눈 뭉치가 떨어져 머리 위로 쏟아지자 놀랍고 차갑고 무안해서 종종걸음으로 현장을 벗어나 달아난다. 피터의 종종걸음 발자국은 동네 형들이 눈싸움하며 내지르는 소리를 따라가 눈 언덕에서 멈춘다. 저들끼리의 격전에 빠져 피터 같은 꼬마는 안중에도 없는 형들 주위를 빙빙 돌다가 어느 쪽에서 던진 것인지도 모를 눈 뭉치에 맞기도 하면서, 피터는 눈싸움이라는 것이 자기가 끼어 즐기기엔 너무 거친 놀이라는 것도 깨닫는다.

피터는 낙담하지 않고 동네를 어슬렁거리다 혼자서 하는 눈 놀이를 찾아 낸다. 볼품없이 작기는 하지만 자기처럼 웃는 모습의 눈사람도 만들고, 눈 언덕에 드러누운 채 양 팔 양 다리를 휘저어 천사 모양을 여럿 그려 내기도 한다. 또 눈 언덕을 영차 영차 올라가서 죽 미끄러져 내려

오는 눈미끄럼 타기 놀이도 창안해 낸다.

　엄마가 불렀든지, 제 스스로 실컷 놀았다고 생각되었든지, 피터는 이제 집으로 돌아간다. 돌아가면서, 함께 놀았던 친구 '눈'과 내일 또다시 놀 궁리를 한다. '아하, 눈을 모아 뭉쳐서 호주머니에 넣어 두면 되겠구나!' 자기가 내린 결론에 완벽히 행복해져서 호주머니에 눈뭉치를 간직한 채 따뜻한 집안으로 피터는 뛰어 들어간다.

　젖은 양말을 벗겨 주는 엄마한테 자기 혼자 눈길을 걸으며 눈 발자국을 찍고, 눈언덕에 가서는 눈사람과 눈천사를 만들고 눈미끄럼을 타고 놀았던 얘기를 종알종알 늘어놓는다. 그러나 피터는 왠지 제가 얘기한 오늘 있었던 일들이 믿기지 않는다. 씻으러 들어간 욕조 속에 앉아 오늘 하루를 혼자 생각할 때엔 더욱 꿈을 꾼 듯 아련하고 아득하다. '오늘 있었던 온갖 멋진 일들이 진짜 있었던 일일까?' 피터의 불안은 잠자기 전에 정체를 드러낸다.

　외투 호주머니에 넣어 두었던 '눈뭉치'가 감쪽같이 사라진 것이다. 눈뭉치가 사라진 것과 함께 즐거웠던 하루도 감쪽같이 사라졌다! 피터는 말할 수 없이 속상하고 슬픈 채 잠자리에 든다. 그리고는 해님이 그 아름다운 눈, 세상을 하얗게 덮어 주었던 눈을 몽땅 녹여 버리는 무서운 꿈을 꾼다.

　그러나 다음 날 아침에 일어나니 그 무서운 꿈과는 반대로 하얀 신세계가 어제 그대로 되살아났다. 게다가 내일도 모레도 걱정 말라는 듯 하얀 눈이 펑펑 내리고 있는 것이다. 피터는 맛나게 아침밥도 먹고, 이 새 하루의 눈세계를 함께 즐기고 기억하고 증명해 줄 옆집 친구까지 데리고서 눈 속으로 나선다. 걸어가면서 내게 속삭인다.

"어제는 그 하얗고 신비로운 세계가 처음 보는 거였어요. 즐겁게 놀았지만 어쩐지 모든 것이 꿈 같고 아슬아슬 믿어지지 않았지요. 그런데 지금 눈이 오고 또 오잖아요. 눈 발자국 찍기며 눈천사 눈사람 만들기며 눈 미끄럼 타기도 다시 할 수 있게 말예요. 이제 눈 온 아침을 맞을 때면 어제 아침만큼 놀랍진 않겠지요. 하지만 조금 놀라는 대신 많이 신날 거예요."

| 추천하는 글

그림책의 아름다움이 갖는 본질로

김지은 _어린이 책 평론가

　그림책은 무엇일까. 세상의 많은 사람들이 그림책이 무엇이라고 이야기한다. 그림책은 다양한 '무엇'의 집합일 것이다. 하지만 '무엇'의 세계로서의 그림책은 몇 마디로 그 정의가 정확하게 떨어지는 것이 아니어서 '무엇'이라고 말하는 순간 그림책과 더 멀어지는 일이 벌어지기도 한다. 출판물로서 그림책은 정교하고 체계적인 기획과 편집과 제작 공정을 통과하여 수직적 유통을 거쳐 독자의 손에 쥐어지는 선명한 상품이지만 한 사람의 독자와 책의 만남이라는 측면에서 볼 때 그림책은 서정적이고 수평적이며 수용적인 예술작품이다.

　물 위에 떨어뜨린 물감이 번지듯이, 둥지에서 떨어진 작은 새를 품에 안아 올리듯이, 다림질을 마친 비단 블라우스에 손바닥을 넣어 조심스럽게 개키듯이 그렇게 가늠해서 보아야 그림책이 무엇인지 어렴풋이 알 수 있다.

어린이 독자가 그림책을 만난다면 그 낱말의 부드러움과 독자의 마음을 말갛게 비추는 이야기의 투명한 성질과 생동하는 이미지의 윤곽은 더욱 증폭된다. 첫 발을 디디는 아기의 걸음마가 유난히 뭉클한 것처럼 첫 책을 읽는 어린이 독자가 그림책을 펼치고 앉은 장면은 바라보는 것만으로도 벅차다. 그림책에게 행운이 있다면 누군가의 첫 책이 될 운명을 타고 났다는 사실이다. 그리고 그 책은 아마도 그의 마지막 책으로 마음에 남아 끝까지 곁을 지킬 가능성도 높다.

그런 점에서 그림책을 이야기하는 일은 인생의 모든 순간이 지닌 결을 쓰다듬는 일이며 몇 장의 가벼운 종이 묶음을 펼쳐 그림에 담긴 무수한 질문과 대답의 무늬를 찾는 일이다.

대부분의 그림책이 '무엇'일 수는 있으나 '무엇을 위한' 수단이 되기 어려운 것은, 목적을 향하지 않는 예술적 동기에서 출발한 창작 작업이기 때문이다. 목적이 없기에 독자를 떠나 홀연히 멀리 갈 수 있고 그래서 독자는 더 열심히 그림책을 찾아 나서게 된다. 어린이 독자들은 선입견과 편견에 자신을 가두지 않기 때문에 상대적으로 그림책을 더 쉽게 자신의 것으로 만든다. 어른 독자들은 의미의 이면을 들여다보는 경험의 폭을 지니므로 그림책을 더 깊게 간직한다.

그래서 그림책은 모두에게 사랑받는다. 그러나 그림책은 너무나도 자유롭기에 독자의 상상을 가로질러 훨훨 날아간다. 태도를 정중히 갖추어 그림책의 의미를 발견하는 작업에는 정성과 인내심이 필요하다. 그림책이 곁에 머물러주는 사람이 되는 일은, 그만큼 쉽지 않다.

만약 그림책이 어떤 책인지 알기 위해서 딱 한 사람을 만나 이야기를 들어야 한다면 이상희 선생님을 만나는 것이 가장 좋은 길이라고 생각한다. 번지는 물감처럼, 작은 새를 안아 올리듯이, 온기가 남은 블라우스에 손을 가져다 대는 것처럼 그림책을 읽고 만나는 태도가 무엇인지 알기 위해서는 이 분의 그림책 읽기를 지켜보라고 권하고 싶다.

그는 그림책에게 의사를 직접 확인할 수만 있다면, 아마도 그림책 스스로 이 분 곁에 머무르고 싶다고 말할 것이 분명한, 그림책과 가장 가까이 자리한, 태도의 권위자이자 해석의 전문가다. 시인의 언어로 그림책에 내려앉는 우리말의 맵시와 무게를 가장 먼저 고민한 그림책 번역의 개척자이며 작가이다. 정성과 인내심으로 그림책과 시민의 만남을 이끌어 오늘의 그림책 생태계를 만든 그림책 운동가이다. 우리를 경탄하게 하는 그림책을 쓰고 그리는 여러 작가들을 가르쳐 온 오랜 스승이었으며, 지금도 새 그림책을 향한 배움과 탐구를 거듭하는 그림책 현장의 예리한 연구자이다.

어디에서 그림책을 배웠느냐는 질문을 받을 때 망설임 없이 떠올리는 몇몇 다정한 시공간이 있고 그 안에는 늘 이상희 선생님이 있었다. 이제는 사라진 신촌로터리의 한 서점에서 몇 권의 정돈된 문장으로 옮겨진 그림책을 읽었고 번역가로서 이상희 시인을 만났다. 나를 서늘하게 베어내는 것 같던 시집, 『잘 가라 내 청춘』의 시인이 내가 한 눈에 반해버린 그림책을 옮겼다는 것이 믿기지 않았다. 겁이 날 정도로 두근거리는 순간이었다.

내 마음 속 마거릿 와이즈 브라운과 신시아 라일런트와 바버러 쿠니는 이상희 선생님으로부터 온 것이다. 쏟아지는 걸작 그림책들의 카리스마에 정신을 못 차리고 있을 때 "먼저 보고 싶은 대로 마음껏 봐요. 그리고 나서 찬찬히 생각해요."라는 조언을 들려준 것도 이상희 선생님이었다. 번역과 기획과 편집을 포함하면 아마도 수백 권 가까운 그림책이 이상희 선생님의 손을 거쳐서 세상에 나왔을 것이다.

그러던 어느 날 선생님으로부터 "버스를 하나 찾고 있어요."라는 말씀을 들었다. 수명을 다하고 버려진 버스를 '그림책버스'로 만들어 그림책을 좋아하는 어린이와 어른들이 언제나 상상 여행을 떠날 수 있게 하고 싶다는 얘기에 그날 자리에 있던 사람들은 흥분을 감추지 못했다. 곧 옅어질 수도 있는 상상이지만 즐거웠다. 그런데 선생님의 손에서 현실이 되었다.

2004년 원주의 박경리문학공원에 그림책버스가 자리 잡았고, 그 버스를 중심으로 그림책을 사랑하는 어린이와 어른들이 모여들었고, 그림책을 위한 사회적협동조합이 출범했고, 마침내 2021년 10월에는 원주시그림책센터가 문을 연다. 수사적 표현이 아니다. 이상희 선생님이 아니었으면, 그림책을, 그림책도 놀랄 만큼 사랑하는 사람이 아니었다면 이룰 수 없었을 꿈이다.

『그림책 속으로』는 그림책을 향한 걸음걸이를 일러주는 책이다. 보폭과 속도, 시야와 발을 디디는 강도까지 이 책의 모든 문장은 그림책의 아름다움이 갖는 본질로 향한다. 1부 '그림책 도서관 이야기'에서 그림책의 물리적 집으로서 도서관에 대해 이야기한다면 2부 '그림책·책·사람'에서는 그림책의 정신적 거처로서 사람, 독자에 대해 이야기한다. 3부 '그림책 주인공 이야기'는 우리가 그림책을 통해 맺은 우정에 대한 아카이브다. 결별할 수 없는 사랑스러운 캐릭터들은 왜 단순히 하나의 캐릭터가 아니라 우리들의 영원한 친구가 되는지를 말한다. 4부 '그림책으로 자라는 이야기'는 그림책이 곧 우리들의 성장이며 인생임을 보여주는 독보적인 서사들을 살펴본다.

이 책은 그림책에 대한 이상희 선생님의 '이상한 의협심'의 기록이기도 하다. 그러나 그 이상한 의협심이 없었더라면 우리가 오늘 즐기고 누리는 그림책의 이데아는 지금과 많이 다른 모습이었으리라고 확신한다. 그림책을 그리고, 쓰고, 만드는 사람 모두가 기초부터 다시 다지듯이 이 책을 읽으면 좋겠다. 그림책의 애독자들은 이 책의 탁월한 안목을 모셔갈 것이라고 믿는다.

무엇보다 나는 그림책을 아직 모르는 분들, 이 세계의 매력을 못 만난 분들에게 이 책을 선물할 예정이다. 지금까지 그림책이 아니어도 괜찮은 삶이었다면 이제부터 그림책이 있는 삶, 그림책이어야 하는 삶은 어떠냐고 말씀드릴 때 이 책만큼 적절한 선물은 없으리라.

'아이들을 제대로 사랑한 어른'과 이 책에 담긴 '아름다움에 몰두하기'의 비법에 대해 이야기 나누고 싶다. 그림책에 대한 책이지만 우리 자신에 대한 책이며 책 읽기에 대한 책이다. 그림책의 모든 것을 알려주는 한 권의 책은 없지만 그림책에 모든 것을 바친 한 사람의 시간은 있다. 그 진행형의 시간에 이 책을 통해 동행할 수 있음에 감사한다.

| 엮은이의 글

"사람도
한 권의 책이다"

조원경 _엮은이

    한국 창작 그림책이 주목받기 시작한 때는 1990년대입니다. 그전에는 옛이야기 그림책들과 번역 그림책들이 전집 형태로 책 동네에 나왔지요. 특히 1988년 『백두산 이야기』(류재수, 보림)가 나온 후 새로운 형태의 창작 그림책들이 나타났습니다. 그림책을 주로 출판하는 전문 출판사들과 좋은 어린이 책 연구 모임들도 많아졌지요.

    지난 30년 동안 우리 그림책은 다양한 모습으로 원숙하게 발전해 왔습니다. 그림책에 매료된 작가들과 전문 출판사들이 열심히 그림책을 만들었지요. 전국 곳곳에 생긴 그림책 읽는 모임들, 그림책 만드는 모임들, 어린이 도서관과 초등학교들에서 여러 종류 그림책들이 널리 퍼져 나갔습니다.

    저는 2000년부터 어린이 책 전문 인터넷 서점 오픈키드에서 어린이 책 일을 했습니다. 어린이 책 도매상에서 골라 보내오는 좋은 어린이 책들이 하루 열 권 남짓, 그 중 이야기 책과 학습 교재를 빼고 그림책은

3분의 1 정도였지요.

처음에는 그림책들이 어려웠습니다. 그림이 먼저 펼쳐지긴 하는데 어떤 원칙으로 집중해야 하는지 난감했습니다. 그림 내용부터 볼지, 그림들 연결에 집중할지, 글과의 어울림을 파악할지, 무엇부터 판단할지 애매했습니다.

이 무렵 알게 된 이상희 작가는 제게 그림책 스승입니다. 작가는 폐버스를 활용한 '패랭이꽃그림책도서관'을 원주 박경리문학공원 뜨락에 앉히고는 매일 오후 어린이와 어른들을 불러모아 그림책을 읽어 주는 시인이셨습니다. 서울에서 만날라치면 그림책을 잔뜩 욱여넣은 보따리 보따리를 들고 나타나십니다.

그림책을 조금씩 느끼고 이해하도록 돕는 글을 청하여 받았지요. 여기 『그림책 속으로』에 모인 글들 덕에 저도 조금씩 그림책을 알아갔습니다. 처음부터 끝까지 우선 한 차례 봅니다. 몇몇 마음에 남는 점들에 집중하여 다시 보며 살핍니다. 따뜻함 나눔 우애 배려 성장 사랑 등 여러 종류 기쁨을 선물하는 그림책들을 그저 보듬어 안고서 예뻐하면 되는 일이었습니다.

이상희 작가 주변엔 사람들이 늘 많습니다. '그림책도시'나 '원주문화도시'가 여는 모임에 참석하면 모이는 숫자가 많아 늘 놀랍습니다. 소규모 회의에는 수십 명, 강의 때는 수백 명이 모입니다. 모여서 하는 일은 물론 그림책 이야기이지요.

이 작가의 '패랭이꽃그림책도서관'은 역사 속에서 발전합니다. 폐버스에서 그림책 활동을 함께 펼치며 연대한 동료들은 문화 시민 역량으로 성장하지요. 이 문화 집단은 '사회적협동조합 그림책도시'를 결성하고 원주시가 유네스코 지정 '창의문화도시' 되게 하는 데 기여합니다.

2021년 10월부터는 작가가 오래 소망한 '그림책 전문 공간' 꿈을 현실에서 이룹니다. 원주의 오래된 고등학교 부속 도서관 건물이 '원주시그림책센터'로 탈바꿈하지요. 그림책에 관한 모든 활동을 할 수 있는 이 공공시설 운영 책임자는 바로 '그림책도시'입니다.

폐버스에서 시작된 그림책 함께 읽기가 이제 협동조합으로, 창의문화도시로, 그림책센터로 번졌습니다. 다음은 어딜까요. 작가가 열심히 '패랭이꽃그림책버스' 활동을 진행하던 10년 동안 그를 매혹시킨 그림책 46권 이야기가 이 책 『그림책 속으로』의 몽글몽글 어여쁜 꽃송이들 속에 담겼습니다.

1부에는 특히 책과 도서관에 집중한 이야기들, 2부에는 그림책과 사람을 함께 바라본 이야기들, 3부에는 그림책 주인공에 집중한 이야기들, 4부에는 그림책으로 자라는 아이들과 우리 이야기가 담겼습니다.

"사람도 한 권의 책이다, 라고 생각합니다." 책 본문 중 제 마음에 가장 깊이 남은 한 줄입니다. 여전히 그림책에 마음 떨리는 이들에게도, 어떤 책이 좋은 그림책일지 묻는 이들에게도, 도서관에서 살기를 꿈꾸는 여러 생명체들에게도 이 책은 다정한 벗이 되겠습니다.

이상희

그림책 작가이고 시인입니다. 원주 박경리문학공원에서 폐버스를 활용한 '패랭이꽃그림책버스'를 운영합니다. 이 그림책버스 활동을 함께하면서 형성된 그림책 시민 문화 집단은 '사회적협동조합 그림책도시'를 꾸리고 원주가 '유네스코 창의문화도시'에 지정되는 데 기여합니다. 2021년에는 '원주시그림책센터' 운영을 맡아 평생 소망한 그림책 도서관을 드디어 실현합니다. '사회적협동조합 그림책도시' 이사장 등 여러 직함을 가집니다. 저서가 『책이 된 선비 이덕무』(보림 2017) 『이야기 귀신』(비룡소 2012) 등 여럿입니다.

그림책 속으로

지은이 이상희
펴낸이 백재중 **엮은이** 조원경 **꾸민이** 박재원
초판 1쇄 발행 2021년 9월 1일
펴낸곳 건강미디어협동조합
등록 2014년 3월 7일 제2014-23호
주소 서울시 사가정로49길 53
전화 010-4749-4511 **팩스** 02-6974-1026
전자우편 healthmediacoop@gmail.com
값 16,000원 **ISBN** 979-11-87387-20-6 03010

* 이 책에는 그림책 46권 표지가 실렸습니다. 그림책 표지 수록을 허락하신 출판사들에 감사드립니다.
* 이 책은 2004~2013년에 어린이책종합서평지 『월간 열린어린이에』 실렸던 글 모음집입니다.